国家社科基金青年项目"统计数字腐败的法律规制研究"（13CFX001）研究成果。

国 | 研 | 文 | 库

统计数字腐败的
法律规制研究

王 松——著

光明日报出版社

图书在版编目（CIP）数据

统计数字腐败的法律规制研究 / 王松著 . -- 北京：
光明日报出版社，2021.7
ISBN 978 - 7 - 5194 - 5674 - 0

Ⅰ.①统… Ⅱ.①王… Ⅲ.①反腐倡廉—立法—研究
—中国 Ⅳ.①D922.110.4

中国版本图书馆 CIP 数据核字（2020）第 052387 号

统计数字腐败的法律规制研究

TONGJI SHUZI FUBAI DE FALÜ GUIZHI YANJIU

著　　者：王　松

责任编辑：许　怡　　　　　　　责任校对：傅泉泽
封面设计：中联华文　　　　　　责任印制：曹　净

出版发行：光明日报出版社

地　　址：北京市西城区永安路 106 号，100050

电　　话：010 - 63169890（咨询），63131930（邮购）

传　　真：010 - 63131930

网　　址：http：//book. gmw. cn

E - mail：xuyi@ gmw. cn

法律顾问：北京德恒律师事务所龚柳方律师

印　　刷：三河市华东印刷有限公司

装　　订：三河市华东印刷有限公司

本书如有破损、缺页、装订错误，请与本社联系调换，电话：010 - 63131930

开　　本：170mm×240mm

字　　数：205 千字　　　　　　印　　张：16.5

版　　次：2021 年 7 月第 1 版　　印　　次：2021 年 7 月第 1 次印刷

书　　号：ISBN 978 - 7 - 5194 - 5674 - 0

定　　价：95.00 元

前　言

　　利用权力干预统计、在数字上弄虚作假是一种严重的腐败。党的十八大报告中明确提出，坚决反对腐败、建设廉洁政治，是党一贯坚持的政治立场，也是人民群众关注的重大政治问题。进行统计数字造假、弄虚作假的统计数字腐败行为是众多腐败行为的一种，是在统计工作中出现的一种新型腐败。统计数字腐败将反映客观真实的"统计"蜕变为一种可任意编造的"算计"，其危害远远不止于统计本身，其不仅会严重地影响党和政府制定的社会发展决策，还会导致社会公众对政府统计的真实性和公信力产生强烈质疑。尽管统计数字腐败的性质和后果如此恶劣，然而其在许多领域和行业中却普遍存在，特别是部分地方人民政府的单位负责人随意修改统计数字、弄虚作假的现象严重。然而，《中华人民共和国统计法》1984年正式实施以来，在我国因统计数字腐败而受到惩处的官员最高级别是厅级，而追究责任的方式是予以行政处分，根本谈不上任何的刑事制裁，处罚显得过于轻微，震慑力明显不足。这一方面是因为理论上对于统计数字腐败的问题还未给予足够的重视，研究方面还显得较为薄弱，缺乏足够有分量的理论成果支持；另一方面也是由于我国在行政立法、刑事立法、行政执法和司法追究等具体实践方面对统计数字腐败的法律规制还存在着一些不足之处。我们应当充分认识到，统计数字腐败其本身具有一定的社会危害性，采取科学、有效的措施预防和惩治各种统计数字腐败行为，也是顺利推进反腐败斗争和全面加强党风廉政建设的一项重要任务。因此，加强对统计数字腐败问题的相关研究，健全和完善我国的行政立法、刑事立法、行政执法和司法追究等法律制度，依靠各种法律手段和方式对统计数字腐败加以全面、系统、有效的规制，落实依法治"统"、实现统计法治，就具有十分重要的理论价值和显著的实践意义。

首先，对统计数字腐败的法律规制问题进行研究，较为符合当前反腐败斗争的现实需要。从党中央、国务院到社会普通民众，对统计数字造假行为都是深恶痛绝的，然而，却很少有人从反腐败的角度对统计数字造假行为进行深入研究，现有的理论成果较少。本书的研究在一定程度上弥补了学术界存在的空白，拓展了反腐败的对象范围和研究角度，希望能够引起学术界以及社会公众对统计数字腐败问题的重视，从而推动我国反腐败斗争的深入开展和顺利进行。

其次，由于统计数字腐败是一种新型腐败形式，而本书通过明确阐述了统计数字腐败的具体含义，厘清了其与权力腐败等其他腐败之间的联系和区别；通过分析统计数字腐败表现形式，总结归纳了其所具有的基本特征；还从内在动因和外部环境两方面对统计数字腐败的产生原因进行了分析。这些成果都有助于确立统计数字腐败的基本理论范畴和研究目标对象，同时也为用法律手段规制统计数字腐败所应制定和采取的各种具体措施提供了充分的理论支持。

最后，本书还从立法、执法和司法方面对统计数字腐败的规制问题进行研究，并且提出了相应的完善建议。其一，本书中提出的行政立法建议将为国务院、国家统计局等行政立法机构在未来制定和修改统计数字腐败相关行政法规、规章等规定时提供一定的借鉴。其二，本书提出的刑事立法建议将为最高人民法院和最高人民检察院制定出台统计数字腐败犯罪相关司法解释时提供参考。其三，本书从行政执法角度提出了查处统计数字腐败的保障建议和改进措施，可为我国统计行政执法机构加强和改进对统计数字腐败的统计行政执法提供有益的借鉴。其四，本书从司法追究角度所提出的完善建议，可以为监察委员会和人民检察院查处统计数字腐败犯罪提供具体参照意见，促进案件调查与责任追究有效衔接。

　　本书共分为五个部分。第一部分是统计数字腐败的基本理论问题，主要论述了统计数字腐败的基本内涵，将其分为四种类型，总结了其基本特征和产生原因。第二部分是统计数字腐败的行政立法规制，主要内容包括明确统计数字腐败责任主体，规范行为认定标准，并阐述了对统计数字腐败的事先防范机制和事后处置措施。第三部分是统计数字腐败的刑事立法规制，其中主要是提出了"自行造假"和"指使造假"可构成滥用职权罪，而"打击报复"可构成打击报复会计、统计人员罪，"严重失察"可构成玩忽职守罪。第四部分是统计数字腐败的行政执法规制，其内容主要是指出当前在统计行政执法主体机制和行政执法手段方式方面都存在欠缺，亟须采取措施加以解决。第五部分是统计数字腐败的司法追究规制，主要内容是详细分析了监察委员会和人民检察院查处统计数字腐败方面的具体职权和程序，并且在处罚建议、调查管辖等方面提出了一些具体的建议措施。

目　录
CONTENTS

第一章

统计数字腐败的基本理论问题

中国共产党作为执政党，面临的最大威胁就是腐败。[①] 清除腐败现象，是任何社会政治生活健康和稳定发展的关键一环。[②] 统计数字腐败，就是一种利用手中权力干预统计工作，在统计数字上弄虚作假的腐败行为。众所周知，以国内生产总值（GDP）为代表的统计数字在认识国情、反映国力、把握国势等方面发挥着越来越重要的作用，在国家宏观调控和社会监督体系中也具有极为重要的地位，统计数字越来越受到社会各界的普遍关注。改革开放以来，由于始终坚持以经济建设为中心，党中央、国务院往往会以代表经济增长速度的统计数字来考察地方各级的领导干部，非常重视包括国内生产总值等在内的统计数字指标的完成情况，甚至将其作为地方领导干部职务晋升的重要标准。为此，就有少数人为了满足自己的私利，不惜动用手中的权力干预统计工作，在统计数字上弄虚作假，甚至对抵制者进行打击报复，导致在现实中出现了种种统计数字腐败行为。

统计数字腐败也是一种腐败行为，应当受到相应的法律规制。因此，我们首先要认识和掌握统计数字腐败相关的基本理论问题，这也是

[①] 习近平. 在庆祝中国共产党成立 95 周年大会上的讲话［M］. 北京：人民出版社，2016：1.

[②] 王沪宁. 反腐败：中国的实验［M］. 北京：三环出版社，1990：1.

研究如何对其进行法律规制的前提和基础，所以，本章的内容是本书研究的起点。本章在总结和吸收国内外已有的相关统计数字腐败的理论研究成果基础之上，密切结合我国当前的现实国情和司法实践，围绕以下研究思路展开分析，具体可分为以下四个环节：第一，通过对已有研究成果归纳总结，系统概括了统计数字腐败的基本内涵，将统计数字腐败与其他类似的腐败行为进行了区分界定；第二，对"自行造假"、"指使造假"、"打击报复"和"严重失察"四种统计数字腐败行为基本类型，在日常统计工作中的具体表现形式进行详细分析；第三，从统计数字腐败的行为目的、责任主体、手段方式和危害后果四个方面，总结归纳统计数字腐败的基本特征；第四，从统计数字腐败的责任主体内在主观意识和行为实施的外部客观环境两方面入手，尝试分析统计数字腐败产生的原因。总之，本章试图通过以上的分析阐述和研究总结，尝试确立统计数字腐败的基本理论范畴和研究目标对象，为下面进一步研究统计数字腐败的相关法律规制奠定必要的前期基础，同时也为提出规制统计数字腐败应采取的具体措施提供充分的理论支持。

第一节　统计数字腐败的基本内涵

一、腐败相关概念的文献综述

"概念乃是解决法律问题所必需的和必不可少的工具。"① 人们在进

---

① ［美］E. 博登海默. 法理学——法律哲学与法律方法［M］. 邓正来，译. 北京：中国政法大学出版社，1999：486.

行法学研究时，之所以能够清晰地认识某一个法律现象，或是要弄清楚社会中的某一个法律问题，首先都离不开对概念的理解。深入理解并分析阐明一个概念，是开展法学研究的逻辑起点，也是理性研究和思考法律问题的关键所在。从统计到统计数字，再从统计数字到统计数字腐败，这是一个渐进的和必经的研究过程。因此，我们在研究这些概念的时候，也要采取层层递进的顺序。

（一）国内学者对腐败概念的论述

有学者认为汉语中的"腐败"一词最早出现在《汉书·食货志》中："太仓之粟，陈陈相因。充溢露积于外，腐败不可食。"① 当然，也有学者认为该表述最早见于《汉书·食货志》的说法有失准确，实际上该表述更早出现在《史记·平准书》中。② 而根据最新版《现代汉语词典》的解释，"腐败"一词既可以作为动词，也可以作为形容词。当其作为动词时，"腐败"与"腐烂"同义，是指"机体由于微生物的滋生而破坏"。而作为形容词时，"腐败"有两种用法：一种是专门对人而言的，用来形容人的"思想陈旧，行为堕落"，如我们经常说的"腐败分子"；另一种用在除人之外的其他客体方面，如制度、组织、机构、措施等，形容这些客体"混乱、黑暗"，如"政治腐败"。③ 从《现代汉语词典》的上述解释中我们可以看出，腐败作为动词使用时，实际上属于生物学的范畴领域，就像《汉书·食货志》中提到的那样，是指粮食等有机物的腐烂变坏。正如何家弘教授撰文指出："腐败本来是一个生物学概念，意指有机物的腐烂变质。近代以来，腐败一词被引

① 张杰. 科学治理腐败论［M］. 北京：中国检察出版社，2012：4.
② 邓杰，胡廷松. 反腐败的逻辑与制度［M］. 北京：北京大学出版社，2015：1.
③ 中国社会科学院语言研究所词典编辑室. 现代汉语词典［M］. 7 版. 北京：商务印书馆，2016：406.

申至政治学和社会学的领域。及至现代，腐败一词多指运用公权谋取私利的行为。"① 在我国法学研究领域，较早开始对腐败相关问题进行研究的刑法学者陈兴良教授认为："腐败是一个政治学的概念，指公职人员利用公共权力以谋取私利，严重地违反公职行为规范的行为。从法律意义上来说，以贪污、贿赂为主要表现形态的违法犯罪行为是腐败的典型形式。"② 行政法学者马怀德教授认为："腐败的本质就是利用公权力设租寻租，权钱交易。"③ 而在我国政治学领域，最早开始对腐败问题进行专门研究的王沪宁教授也明确指出："对腐败这一概念，人们大体上有一个基本的共识，这就是运用公共权力来谋求私人利益。"④ 由此可见，在国内的学术界，无论是在法学还是在政治学领域，在对涉及"腐败"相关问题进行学术研究时，大都采用"腐败"在汉语词典中的动词含义，将其由原来单纯用以表示食物腐烂的这一动词用法予以扩大化，引申出来专门用于描述在当今社会政治生活和各个行业领域中所存在的各种以权谋私行为。

当然，对于如何对腐败进行明确的界定，不同学者有不同见解。刘金国教授指出："腐败总是权力的腐败，是指利用公权力谋私利和扩张权力以便捞取更大的利益。"⑤ 王世洲教授认为："政府官员是受雇于为公众利益服务的，因此不得滥用权力谋取私利。"⑥ 姜明安教授认为："任何公权力，均有膨胀和腐败的趋势。"⑦ 人类自脱离"自然状态"形成社会共同体以后，公权力伴之而生。但是，公权力产生以后，并没

① 何家弘. 中国腐败犯罪的现状评估［J］. 现代法学，2014（6）.
② 陈兴良. 腐败的成因及其抗制［J］. 法律科学，1995（6）.
③ 马怀德. 改革创新是反腐败的关键一招［J］. 中国监察，2013（24）.
④ 王沪宁. 反腐败：中国的实验［M］. 北京：三环出版社，1990：2.
⑤ 刘金国. 权力腐败的法理透析［J］. 法学杂志，2012（2）.
⑥ 王世洲. 美国预防行政官吏腐败的基本制度［J］. 中外法学，1993（4）.
⑦ 姜明安. 正当法律程序：扼制腐败的屏障［J］. 中国法学，2008（3）.

有完全如人类创设它的初衷：为共同体成员提供"公共物品"。公权力执掌者在很多时候和很多情况下不是利用公权力为共同体成员谋福利，而是利用公权力为自己谋取私利，损害共同体的公共利益或侵犯共同体成员的利益。公权力的此种"异化"，就是腐败。① 林喆教授认为，"腐败"概念一般作为"权力腐败"概念的简称，泛指行为主体为其特殊利益而滥用权威或偏离公共职责的现象。② 也有学者认为，腐败的本质特征是以权谋私、权钱交易，其主要表现是贪污贿赂、挪用公款、徇私舞弊等经济犯罪与渎职犯罪，以及其他损公肥私、侵犯群众利益及腐化堕落、虚报浮夸、挥霍公共财物等违法违纪行为。③ 陈云生教授认为："当前腐败现象严重，严重就严重在许多公共权力部门和公共服务行业已经和正趋向腐败。其突出表现在：在市场经济大潮的催动下，权力正迅速实现资本化，由原本为公众谋取福祉的公共权力异化为为个人、部门、地方、行业捞取好处的工具。"④ 当然，有不少学者从经济学的角度来研究腐败问题。例如，有学者认为："腐败这种'以权谋私'现象，在经济学术语上叫做设租和寻租活动。"⑤ 还有学者认为，腐败是一种寻租活动，是少数人利用合法或非法手段谋取经济租金的政治活动和经济活动。⑥ 总之，因为腐败问题涉及法学、政治学、社会学、经济学、管理学等各个领域，因此，国内不同学科领域的学者对腐败的认识

① 姜明安. 加强程序制约，让公权力腐败不易、不能［J］. 中国法律评论，2014（4）.

② 林喆. 权力腐败与权力制约：修订本［M］. 2 版. 济南：山东人民出版社，2012：79.

③ 廖增昀，冯锐. 当前腐败现象剖析与廉政建设建言［J］. 法学研究，1995（6）.

④ 陈云生. 关于反腐败的几点思考［J］. 中国法学，1998（4）.

⑤ 陈可雄. 反腐败必须釜底抽薪——访著名经济学家吴敬琏教授［J］. 新华文摘，1994（1）.

⑥ 胡鞍钢，康晓光. 以制度创新根治腐败［J］. 改革与理论，1994（3）.

肯定会有所不同。由于认识和研究腐败问题的角度多样，不同领域的学者们对腐败的概念在界定方面有所差异确实在所难免，然而，这对于我们从多个角度思考腐败问题并深刻认识把握腐败的本质特征却具有积极意义。笔者认为，国内专家学者对腐败定义虽然各有不同，但是存在一个普遍的共识就是腐败包含以权谋私的行为。

（二）国外学者对腐败概念的论述

与经济全球化相伴的是腐败的全球化。① 腐败一词在英文中的表述是单词"Corruption"，根据《牛津法律大辞典》中的解释，Corruption是"指从原本纯洁的状态中发生的堕落"②。但是，对于腐败一词国际上一直缺乏一个通用的定义，赛义德·侯赛因·阿拉塔斯（H. A. Syed）认为"腐败乃是基于私人利益而对信任的利用"，这与帕尔米（Parmi）认为腐败是"为了私利而利用公职"的观点基本一致。③ 内伊（有的翻译为"奈伊"）（J. S. Nye）从公职角度出发，对腐败提出的定义在国外学者中接受度最高，影响范围也最为广泛，内伊对腐败的定义是："因考虑金钱或地位上的好处而偏离公共角色规范职责的行为，或者违背某些规制而以权谋私的行为。"④ 内伊尤其是将各种贿赂、裙带关系、侵吞公共财产行为都包括在腐败的内涵之中。⑤ 对此，罗斯·艾克曼（Rose A.）就认为，内伊对于腐败的定义非常具有实用性，因为他将腐

---

① 卢建平. 美国《反海外腐败法》及其启示［J］. 人民检察，2006（13）.
② ［英］戴维·M. 沃克. 牛津法律大辞典［M］. 北京：光明日报出版社，1989：213.
③ ［英］保罗·海伍德. 政治腐败：问题与透视［J］. 何增科，译. 马克思主义与现实，1998（6）.
④ 王沪宁. 腐败与反腐败：当代国外腐败问题研究［M］. 上海：上海人民出版社，1990：18.
⑤ NYE J S. Corruption and political development：A cost－benefit analysis［J］. American Political Science Review，1967，61（2）：417－27.

败的范围在一定程度上进行了扩延，将各种不道德行为、过度施压影响政策的行为、以及不作为等都包括在了腐败当中，这样就可以将腐败这个词适用于绝大多数的场合。内伊对腐败的定义一方面主要是强调从表现方式和行为要素上来看，认为腐败是一种个人为了谋取私利所得而故意地偏离正轨的行为，另一方面从腐败定义的内容上来看，内伊对于腐败的定义也基本上涵盖了大多数学者从市场角度提出的、关注最大化金钱收益的定义。① 詹姆斯·司各特（James C. Scott）则将腐败定义为："因为考虑私人的财富或者地位得益而偏离某一公共角色正式职责的行为，或者违反了禁止为私利而行使某种影响的原则。"② 国际货币基金组织则将腐败定义为："腐败是滥用公共权力以谋取私人利益。"③ 而在全世界范围内对于研究腐败等相关问题较为知名的透明国际组织（Transparency International）对腐败的最新定义是："滥用委托权力谋取私人利益。"④ 从以上的论述中可以看出，国外学者或者组织对腐败的认识基本上也都是围绕公共权力与私人利益之间的关系而展开，大多数也都认为腐败是一种运用公共权力来谋求私人利益的行为。因此，再结合我国学者对腐败的定义，笔者认为腐败产生的原因有很多，表现形式也是多种多样，但是其在本质上就是一种以权谋私的行为。

---

① ROSE A，SUSAN. Corruption：A study in political economy ［M］. New York：Academic Press，1978：205.

② ［美］詹姆斯·司各特. 腐败通论 ［M］//王沪宁. 腐败与反腐败：当代国外腐败问题研究. 上海：上海人民出版社，1990：118.

③ 任建明，杜治洲. 腐败与反腐败：理论、模型和方法 ［M］. 北京：清华大学出版社，2009：16.

④ ［新西兰］杰瑞米·波普. 制约腐败：构建国家廉政体系 ［M］. 清华大学公共管理学院廉政研究室，译. 北京：中国方正出版社，2003：5.

（三）腐败与相关概念的区别联系

1. 腐败与腐败犯罪之间的关系

如前所述，大部分法学领域学者都认为腐败是一种违法并具有社会危害性的行为。当然，腐败可以是作为，也可以是不作为。作为的腐败较为常见，如贪污受贿、滥用职权等；而不作为也可以构成腐败，如玩忽职守等。李克强曾一针见血地指出："尸位素餐本身就是腐败，不作为的'懒政'也是腐败！"① 但是，腐败是否都构成犯罪？或者说，腐败是否能与腐败犯罪等同呢？对此有学者认为腐败就是指违反法律规范的贪污、贿赂等犯罪行为，即腐败的典型形式就是那些以贪污、贿赂为主要表现形式的违法犯罪行为。② 当然，并非所有的权力腐败都处于违法状态中，更非一切权力腐败都是腐败犯罪；只有达到触犯刑律的程度，在法律上构成犯罪的腐败行为，才被视为是腐败犯罪行为。③ 针对以上观点笔者认为，腐败这个概念不能与腐败犯罪这个概念等同，因为腐败行为不一定会构成犯罪。假设一种腐败行为已经构成犯罪，我们就可称之为"腐败犯罪"，这说明其已经触犯了《中华人民共和国刑法》（下面简称刑法）的有关规定，需要按照其情节定罪量刑。但是，无论是作为的还是不作为的腐败，从法学研究的角度来看，其违反的法律规范应当不仅仅是指《中华人民共和国刑法》，其所违反的"法律规范"应当泛指一切相关的法律规定，也就是说，其也有可能是违反其他法律，如《中华人民共和国公务员法》《中华人民共和国统计法》等；也可能是违反了行政法规，如《行政机关公务员处分条例》《中华人民共

---

① 李克强. 尸位素餐就是典型的吏治腐败 [N]. 京华时报, 2015－07－09.
② 李建华, 周小毛. 腐败论 [M]. 长沙: 中南工业大学出版社, 1997: 15.
③ 林喆, 马长生, 蔡雪冰. 腐败犯罪学研究 [M]. 北京: 北京大学出版社, 2002: 10.

和国统计法实施细则》等；或者是违反了规章，如《中华人民共和国国家审计准则》《中华人民共和国统计违法违纪行为处分规定》等；甚至还有可能是其作为党员领导干部，违反了党内法规，如《中国共产党章程》《中国共产党纪律处分条例》等。所以，行为人如果并没有违反刑法规定，而只是如上所述违反了其他法律、行政法规、规章、党内法规等法律规范中的规定，将会只受行政处罚或纪律处分，而不会构成犯罪。因此，腐败与犯罪两者虽然是密切相关的概念，但是，腐败与犯罪不能完全等同，也不能互相替代。因此，只要行为人没有违反刑法规定，未达到犯罪构成要件，则均不属于犯罪行为，不能予以定罪量刑。

有学者认为腐败犯罪就是职务犯罪，是国家公职人员私用或滥用公共权力，致使国家和人民遭受重大损失，从而按照法律应受刑罚处罚的行为。① 从以上论述可以看出，腐败犯罪只是腐败行为发展的极端化形式，是一种违反刑法并具有较大社会危害性，应当承担刑事责任和受到刑罚惩罚的行为，而所有的腐败行为不见得在社会危害性方面都会达到上述的严重程度，因此，我们绝对不能一概而论地将腐败行为统统归结为腐败犯罪。反之，也并非所有的腐败犯罪行为都是腐败，因为作为一种犯罪行为其是否属于腐败行为，要在犯罪构成要件等方面进行多角度的衡量。首先，在腐败犯罪的犯罪主体方面，腐败犯罪要求必须具有国家工作人员的特殊身份。因为，腐败犯罪者本人必须是自身担任特定的职务，才能有机会和条件做出腐败行为。其次，在腐败犯罪的犯罪客体方面，由于腐败犯罪主要侵犯了国家公共职务和公共权力的纯洁性，侵犯了国家工作人员公共职务的廉洁性，因此腐败犯罪的犯罪客体是一种复杂客体。再次，腐败犯罪在犯罪客观方面具体表现为以权谋私，具体

---

① 林喆. 权力腐败与权力制约：修订本［M］. 2 版. 济南：山东人民出版社，2012：84.

地说就是腐败犯罪的主体出现了违反其应当承担公共职责的行为，为了私利滥用公共权力或者玩忽职守，致使国家和人民利益遭受重大损失的行为。最后，腐败犯罪在犯罪主观方面，一般是故意，也有少量的过失，其犯罪动机具有贪利性。① 《中华人民共和国刑法》在"贪污贿赂罪"和"渎职罪"中规定了腐败犯罪的各种表现，而其他种类的犯罪不能简单认为就是腐败行为。

2. 腐败与权力腐败和政治腐败的关系

有学者认为，腐败也就是权力腐败，凡是行为主体为其特殊利益而滥用权威或偏离公共职责的现象都可以视为权力腐败。② 由于腐败总是与权力交织在一起，而且往往总是发生在政治领域，因此，在世界范围内关于腐败问题的研究，也一直与权力腐败和政治腐败的研究密切联系在一起，呈现了多样性和复杂化的发展趋势。③ 而在西方的法学、政治学、经济学等各个领域，至今也没有形成一个能够被大家普遍接受的腐败概念，很难做出适用于全世界各个范围各个领域的关于腐败的一个绝对标准的定义。④ 有学者认为，之所以各个国家各个领域各个学科对腐败难以做出一个定义，原因就在于腐败其本身就是一种非常具有地方性的现象。⑤ 由于腐败总是与特定国家自身的政治环境、独特政治体制、历史文化习俗等方面是密切联系的。因此，各个国家不同的政治制度安排，迥

---

① 林喆，马长生，蔡雪冰. 腐败犯罪学研究 [M]. 北京：北京大学出版社，2002：11 - 16.

② 林喆，马长生，蔡雪冰. 腐败犯罪学研究 [M]. 北京：北京大学出版社，2002：9.

③ HEIDENHEIMER A J, JOHNSTON M. Political Corruption: Concepts and Contexts [M]. 3rded. New Brunswick: Transaction, 2001.

④ MARK P. Access, Accountability and Authority: Corruption and the Democratic Process [J]. Crime, Law & Social Change, 2001 (36): 357 - 377.

⑤ FRIEDRICH C J. Political Pathology [J]. The Political Quarterly, 1966 (37).

异的文化习俗差异也会给我们理解腐败现象、分析腐败问题带来不少困难。① 因此，试图对已有关于腐败的定义进行梳理本身就是一件非常具有挑战性的工作，这也是目前学界缺乏相关研究的重要原因。在政治文明的论域里，政治腐败会败坏社会关系，侵蚀社会经济基础，尤其会腐蚀民主制度，严重阻滞社会政治文明的进程。权力腐败可能发生在立法领域、行政领域和司法领域，还可能出现在选举或其他政治领域。有学者指出，抑制政治腐败可以采取的方式包括：保障必要的物质待遇，实现以薪养廉战略；强化和张扬政治道德，以高尚人格抵制政治腐败；加强和改进制度建设，以制度阻止政治腐败。② 由此可见，无论是提出"权力腐败"还是提出"政治腐败"的观点，实际上都强调了腐败行为本身所具有的某一方面特征。权力腐败的着力点在于强调腐败产生的外在原因，是由于腐败者本身具有行政职务、享有行政权力；政治腐败的着力点在于强调腐败发生的主要领域，指出腐败行为是一种对政治制度的破坏，对政治环境有影响。因此，权力腐败完全体现了腐败的责任主体和行为方式方面的特征，政治腐败则完全体现了腐败发生主要行业领域方面的特征。但是，由于腐败一词含义广泛，权力腐败和政治腐败也不应当完全等同于腐败一词。国内外的专家学者对腐败问题的研究虽然在采取的角度、研究的方式、各自的侧重点等方面有所不同，但是其丰富的理论内容和深入的剖析阐述，都为本书研究提供了可供借鉴的理论成果。统计数字腐败虽然只是各种腐败行为当中的一种表现形式，但是，对统计数字腐败进行法律规制仍然需要借助现有的理论成果并在其基础上展开。因此，国内外研究成果为本书研究奠定了坚实的理论基础。

① 李莉. 海外中国腐败研究文献述评 [J]. 当代中国政治研究报告，2013（1）.
② 肖金明. 论政治腐败及其控制—政治文明不能忽略的论题 [J]. 法学论坛，2004（3）.

二、统计数字腐败的概念界定

（一）统计与统计数字的联系

统计最基础性和原始性含义，就是记录各种相关数字，然后再进行汇总分析。通过这样一种方式来认识世界发展状况和社会运行规律的统计，可以称得上是我们人类自身在地球上自出现以来最古老、最原始的活动之一。也可以这样认为，人类文明当中最初数字的出现，就是因为人们开始需要对数字进行统计，由此出现了统计活动而产生的，也就是说，人类最开始是为了"统计"的需要而"创造"了数字。① 在《现代汉语词典》中，"统计"一词有两个解释：一是指总括的计算，如把人数统计一下，这个解释其实就是体现了上述统计最基本的"记数、汇总"的含义；二是指对某一现象有关的数据进行收集、整理、计算和分析等②，是人们为了认识、研究客观现象，对其数量特征进行搜集、整理和分析的活动。③ 第二个解释，才是一般意义上统计的概念，也是作为"研究统计理论和方法的学科"的"统计学"所指的统计，本文研究的统计数字腐败用的也是这个概念。

统计通常分为政府统计、民间统计、单位内部统计。在世界上大多数的国家中，都有一个特定机构专门来负责经济和社会的统计工作，为人们提供关于一个国家的现状和发展前景的重要的数量化信息，这就是

① 程子林. 统计法基础知识［M］. 北京：中国统计出版社，2010：1.
② 中国社会科学院语言研究所词典编辑室. 现代汉语词典［M］. 7 版. 北京：商务印书馆，2016：1316.
③ 安建. 中华人民共和国统计法释义［M］. 北京：法律出版社，2009：1.

所谓的政府统计。① 这个特定的从事统计工作的专门机构，在我国就是国家统计局。由于统计在认识国情、反映国力、把握国势等方面发挥着极为重要的作用，在国家宏观调控和社会监督体系中具有十分重要的地位，因此，统计也越来越受到社会各界的广泛关注。国家统计局作为我国专门的政府统计机构，运用科学的统计方式和统计方法，对我国的经济发展、社会现状、人口总量、环境污染等各种情况进行统计调查、统计分析，为整个社会经济的正常健康发展和运行提供分析咨询意见，为政府管理经济和社会事务提供决策性的依据，为人们提供关于我国基本的国情现状和发展前景等方面重要的数量化信息。《中华人民共和国统计法》自 1984 年 1 月 1 日起正式施行。同时，为了更好地贯彻和实施《中华人民共和国统计法》，在 1987 年 1 月 19 日经过国务院批准，国家统计局还制定出台了《中华人民共和国统计法实施细则》，在该实施细则的第二条就对统计的概念做了明确的规定，统计法所指的统计，是指运用各种统计方法，对国民经济和社会发展情况进行统计调查、统计分析，提供统计资料和统计咨询意见，实行统计监督等活动的总称。这是从立法解释的角度对统计的概念做了明确规定。因此，我国统计法及其他统计法律法规相关规定中"统计"一词的概念，应当专门是指"统计实践活动"这一具体含义。由此可见，统计与统计数字两者是密切相关的，而且统计数字的真实准确是统计工作的生命，因此，提高统计数字质量是统计部门的一项严峻任务。② 还有学者认为，统计数字与数学中用的数字和会计工作中的数字有所不同，其本身具有社会性和总体性特征，数字只有在经过了合计、对比或平均等过程统计之后，才是统

① 熊振南．统计法导读［M］．北京：中国统计出版社，2001：2．
② 颜德纶．论统计数字的全面质量管理［J］．统计研究，1990（2）．

计数字。①

（二）统计数字与腐败的联系

最早将统计工作与腐败问题两者联系起来的，是曾任全国人大常委会副委员长的陈慕华，她指出在统计工作中弄虚作假的行为，违背了党的实事求是的思想路线，败坏了党的优良作风，损害了党和政府的形象，削弱了党和政府的权威。因此，在统计上弄虚作假也是一种消极腐败行为，我们必须依法进行查处。② 陈慕华的此次讲话随后在全国媒体进行了公开报道。这也是国内第一次提出将统计数字上的弄虚作假行为上升到腐败问题的高度。至此之后，国内理论界的一些专家学者和在统计工作领域的一些领导干部开始将统计数字造假等弄虚作假行为与腐败直接联系起来，并且从不同的角度来研究、讨论和解决这个问题。例如，《中华人民共和国统计法》在 1996 年进行了第二次修订。为此，《统计与咨询》杂志特邀评论员借此机会，并且结合之前黑龙江省在统计执法大检查中发现的几起违法案例，公开发表了《严肃统计法纪消除弄虚作假的腐败现象——写在〈决定〉发表之际》的文章，号召全省各级统计部门及广大统计工作者认真学习统计法，要以这几起案例为戒，严肃统计法纪，消除弄虚作假的腐败现象，并且指出随意篡改统计资料或编造虚假数据，将会受到行政处分甚至被追究刑事责任。③ 之后的 1998 年，江苏省沛县统计局的陈后俭撰文发表《统计监督是反腐败斗争的重要手段》的文章，该文章认为虚报、瞒报、伪造篡改统计

---

① 陈仁恩．"数字"与"统计数字"［J］．中国统计，2006（7）．
② 陈慕华在统计法颁布 10 周年纪念会上说——在统计上弄虚作假也是腐败行为［J］．河南统计，1994（1）．
③ 本刊特邀评论员．严肃统计法纪　消除弄虚作假的腐败现象——写在《决定》发表之际［J］．统计与咨询，1996（4）．

数据等腐败歪风的出现，从某种意义上这些虚报浮夸所造成的腐败的性质和危害远大于贪污受贿等腐败行为。因此，统计部门应当高举统计法律这一正义之剑，加大监督力度，依法惩治数字腐败，切实发挥统计监督在反腐败斗争中的特殊作用。① 另外，还有些地方领导干部充分认识到了统计数字腐败的危害，指出统计数字弄虚作假属于"政治腐败"。例如，时任湖北省常务副省长周坚卫在湖北省统计工作会议上就强调，统计数字弄虚作假其实质上就是一种政治腐败。② 作为承担我国政府统计工作重要职责的国家统计局，也认可了统计数字弄虚作假是腐败行为的观点。例如，曾任国家统计局局长的马建堂同志在《深入贯彻落实中央关于反腐倡廉指示精神 全面推进统计系统党风廉政建设和反腐败工作》一文中就曾明确指出要加快建立健全统计机构与纪检监察机关联合办案制度、联席会议制度等行之有效的工作机制，建立健全统计执法执纪协调配合制度，建立健全重大统计弄虚作假案件曝光制度，努力在统计系统健全反对和制止在统计上弄虚作假的制度机制。③ 2015 年长沙召开的全国统计法治工作会议强调指出，坚决遏制数字腐败是党中央国务院的明确要求，是依法统计、依法治统的重中之重。④ 2018 年 7 月26 日，中央纪委国家监委网站公布了十九届中央首轮巡视的 16 家单位的反馈情况，其中指出国家统计局的一些重点部门和领域存在廉洁风险，统计数字腐败、利益输送问题时有发生。可见，统计数字与腐败的联系十分密切，统计工作中也会出现各种腐败行为。

---

① 陈后俭. 统计监督是反腐败斗争的重要手段 [J]. 江苏统计，1998（3）.

② 李明星，蔡受清. 统计弄虚作假也是一种政治腐败 [N]. 中国信息报，2004 - 02 - 24.

③ 马建堂. 深入贯彻落实中央关于反腐倡廉指示精神 全面推进统计系统党风廉政建设和反腐败工作 [J]. 中国统计，2010（3）.

④ 深入贯彻四中全会精神 全面推进依法统计依法治统 [N]. 中国信息报，2015 - 06 - 05.

(三) 统计数字腐败的内涵界定

1. 统计数字腐败与数字腐败和统计腐败的联系

当然，对于在统计工作中弄虚作假的腐败行为应当如何定义的问题，不同学者也有不同的观点。有些学者认为应当将其叫作"数字腐败"，如《浅谈〈统计法〉与遏制"数字腐败"》一文中，提出应当遏制在统计数字上弄虚作假、虚报浮夸的消极腐败行为。① 有学者认为："数字腐败的危害，绝不亚于贪污受贿等腐败行为。"② 有学者从经济学研究角度，提出"数字出官与官出数字"本质上是政绩评估者与被评估者之间基于利益得失的考虑而进行的一种博弈过程。数字腐败出现的原因是"数字出官与官出数字"博弈过程中存在制度缺失，要完善作为"数字出官与官出数字"博弈规则的相关制度。③ 还有学者认为"数字腐败"影响了统计数据的质量。因此，上级单位必须建立科学指标体系、改进政绩衡量标准和完善政绩考核方法。④《人民日报》刊发的《杜绝"数字腐败"》指出，虚报、瞒报、伪造、篡改统计资料违法行为约占全部统计违法行为的 60%。统计中存在着严重的弄虚作假现象都是为了追求"政绩"和经济利益，人为干预统计数据的违法行为。"数字腐败"已成为各种腐败行为中的一种。⑤

此外，还有一些学者认为统计工作中的弄虚作假应当称为"统计腐败"。如有学者认为因为统计数据的真实性是统计的生命线，而统计腐败已威胁到了这条生命线，并对社会造成了极大的危害，统计反腐迫

① 徐英．浅谈《统计法》与遏制"数字腐败"[J]．贵阳市委党校学报，1999（1）．
② 史跃萍．论数字腐败及其治理[J]．浙江统计，2003（8）．
③ 蒋林，石共文．"数字出官与官出数字"导致的数字腐败及其对策[J]．株洲师范高等专科学校学报，2005（4）．
④ 王健．拒绝"数字腐败"[J]．人民政坛，2004（10）．
⑤ 曾莜．杜绝"数字腐败"[N]．人民日报，2010 - 03 - 17．

在眉睫，还针对统计腐败的根源，提出了统计腐败的治理对策。① 有学者提出，应当采取事前预警、事中执法、事后结账，通过前、中、后的"三步联动"来遏制统计腐败，达到廉政和勤政之目的。② 还有学者指出，要改变干部考核"重指标轻实绩、重数字轻质量"的方法，建立一套综合性的科学政绩考核制度。选拔领导干部时不但要看到短期内所显现出的数字政绩，更要看到较长时期后才能显现效果的非数字政绩，从根本上减少统计数据注水，防止统计腐败。③ 上述学者在文章论述中用的都是"统计腐败"这个称谓。

2. 统计数字腐败与数字腐败和统计腐败的区别

笔者认为，上述对各种统计数字腐败行为将其称为"统计腐败"和"数字腐败"的做法都存在着一些问题。首先，"统计腐败"的称谓突出了这种腐败出现在统计工作中的特点。但在统计工作领域中发生的腐败有两种，一种是统计工作中对统计数字的弄虚作假，而另外还有一种就是统计机构工作人员的腐败，可能会涉及泄露国家秘密或者贪污受贿等腐败行为或者职务违法犯罪问题。例如，原国家统计局干部孙某、某某银行干部伍某某就曾因故意泄露国家秘密罪获刑；曾任国家统计局局长的邱某某，因在职期间收受了不法企业主所送现金、生活腐化堕落、涉嫌重婚犯罪等，而被免去了局长职务。因此，"统计腐败"一词的范围是非常广泛的，其包括了在我国统计领域内所有的领导干部以及一切从事统计工作人员的腐败行为，其内容不能局限在本文中所研究的利用职权干预统计工作、在统计数字上弄虚作假的行为。其次，"数字腐败"一词可以泛指在一切的领域中，在所有的数字上弄虚作假的行

① 谢华. 浅析我国统计腐败的治理对策 [J]. 统计与管理，2014 (9).
② 李俊超，冯高林. "三步联动"遏制统计腐败 [J]. 中国统计，2008 (7).
③ 朱海滔. "数字出政绩"导致统计腐败 [N]. 中国商报，2012 - 04 - 13.

为，当然也包括在统计数字上的弄虚作假，但是，"数字腐败"一词包含的内容也实在过于宽泛。如在经济管理工作中可能出现对会计凭证、会计账簿、财务会计报告、专项审计报告、资产评估报告等各种各样报表中的数字进行造假、弄虚作假行为，对于以上各种数字造假行为，应当分别由相应的《中华人民共和国会计法》《中华人民共和国审计法》《中华人民共和国资产评估法》等相关法律规定予以规范和调整，"数字腐败"一词并没有突出对该种数字进行造假行为是发生在我国相关的统计工作领域内、是在统计数字上发生的这一主要特征。

3. 统计数字腐败的概念具体界定

综上所述，笔者认为"统计腐败"和"数字腐败"所涵盖的内容范围都显得过于广泛，并且这两者都不是专门针对统计数字弄虚作假的行为而言的。与之相比，"统计数字腐败"一词则更为准确，就是指在统计工作中单位负责人利用手中权力干预统计工作、在统计数字上进行弄虚作假的一种腐败行为。众所周知，统计工作在认识国情、反映国力以及把握国势等方面发挥着极为重要的作用，而且在当前的各个地方，基本上都是以本地的经济增长速度和规划目标实现程度来考察各级地方人民政府及有关部门单位的负责人。党中央、国务院以及社会公众非常重视各地方的包括国内生产总值等在内各项统计数字指标的完成情况，因此就有少数一些单位负责人出于为了实现自己个人政绩和职位考核等利益需要，盲目地秉承"数字出官、官出数字"的错误观念，动用手中所掌握的职权直接或者间接地干预统计工作，弄虚作假或者进行统计数字造假，从而在实际日常工作中出现了种种的统计数字腐败现象。因此，必须要通过立法、执法和司法追究等各种方式手段对统计数字腐败进行法律规制。

根据《中华人民共和国统计法》第三十七条规定："地方人民政

府、政府统计机构或者有关部门、单位的负责人有下列行为之一的，由任免机关或者监察机关依法给予处分，并由县级以上人民政府统计机构予以通报：（一）自行修改统计资料、编造虚假统计数据的；（二）要求统计机构、统计人员或者其他机构、人员伪造、篡改统计资料的；（三）对依法履行职责或者拒绝、抵制统计违法行为的统计人员打击报复的；（四）对本地方、本部门、本单位发生的严重统计违法行为失察的。"由此可见，《中华人民共和国统计法》的第三十七条对统计数字腐败的责任主体、表现形式和处置方式做出明确规定。首先，统计数字腐败的责任主体必须是地方人民政府、政府统计机构或者有关部门、单位的负责人，可以简称为单位负责人。也正是因为单位负责人大部分都是党员领导干部，自身处在一定的领导职位，手中掌握着一定的行政职权，因此，才有可能为了自己的私利，采取各种方式干预统计工作，实施各种统计数字腐败行为。其次，该条一共列举了四种统计数字腐败的表现形式，实际上就是把统计数字腐败按照其在统计实践工作中的行为表现和展现方式的不同，划分为四种主要类型。笔者为了研究的行文方便并重点突出统计数字腐败行为的自身特点，将自行修改统计资料、编造虚假统计数据的行为简称为"自行造假"的统计数字腐败，将要求统计机构、统计人员或者其他机构、人员伪造、篡改统计资料的行为简称为"指使造假"的统计数字腐败，将对依法履行职责或者拒绝、抵制统计违法行为的统计人员打击报复的行为简称为"打击报复"的统计数字腐败，将对本地方、本部门、本单位发生的严重统计违法行为失察的行为简称为"严重失察"的统计数字腐败。前三类"自行造假"、"指使造假"和"打击报复"的统计数字腐败属于责任主体自身积极的、故意的、主动的作为，而"严重失察"的统计数字腐败则属于责任主体消极的、过失的、被动的不作为，但是都属于统计数字腐败。综上所述，笔者认为统计数字腐败就是一种单位负责人利用手中职权干预统计工作、在统计数字上弄虚作假的腐败行为，在实践中其主要包括"自行造假"、"指使造假"、"打击报复"和"严重失察"四种表现形式，由于其具有一定的危害性，情节恶劣后果严重的还会构成犯罪，必须采取有效措施予以法律规制。

第二节　统计数字腐败的表现形式

统计数字是整个社会经济发展的客观数量反映，也是国家宏观经济管理部门、企业内部经营管理以及有关方面进行决策、调控和监督的重要依据。因此，有学者认为"统计工作的一个显著特点是它的广泛性。可以这样说，统计无处不在、无时不在，与人们的生活、生产和思维等活动密不可分"①。改革开放之后，由于各级地方政府及有关单位负责人的升迁往往在一定程度上取决于统计数字的大小，这就造成统计数字腐败现象出现大面积蔓延，甚至更有一些领导干部无视党纪国法，将统计数字作为其信手把玩、沽名钓誉的工具。例如，在1984年7月，广东省某区就发生了篡改人口统计数字、虚报粮食产量的案件。湛江市委市政府最后做出了处理决定，撤销了该区农业先进单位的荣誉称号，并且追回了奖金，给予该区原区长梁某党内警告处分。这是全国第一例立案查处并予以曝光的统计数字腐败案件。到20世纪90年代，随着经济快速发展，统计数字腐败案件更加频繁发生。例如，华东地区的某县级市1992年虚报工业产值60个亿，虚报产值达到27%；某一个乡在统计

---

① 程子林．统计法基础知识［M］．北京：中国统计出版社，2010：1．

执法大检查中，把工业产值由实际的 1.5203 亿元"调整"为 6803 万元，压缩了 8395 万元，又把建设产值由原来的 4244 万元"调整"为 9833 万元。①

如前所述，《中华人民共和国统计法》第三十七条中一共列举了四种具体的统计数字腐败行为表现形式，即"自行造假"、"指使造假"、"打击报复"和"严重失察"。由监察部、人力资源和社会保障部、国家统计局联合颁布的《中华人民共和国统计违法违纪行为处分规定》（以下简称《统计处分规定》）自 2009 年 5 月 1 日起施行，该规定与统计法对于统计数字腐败的内容基本保持一致，只是对统计数字腐败的四种表现形式在处分幅度方面的规定更为细化并有操作性。一方面，对于"自行造假"、"指使造假"和"打击报复"三种统计数字腐败行为，其第三条规定对于上述一般的统计数字腐败行为给予责任主体记过或者记大过处分，对于情节较重的统计数字腐败行为给予降级或者撤职处分，而对于情节严重的统计数字腐败行为给予开除处分；还规定对于实施"打击报复"的统计数字腐败行为的责任主体，应当从重处分。另一方面，其在第四条中规定：对于"严重失察"的统计数字腐败行为造成不良后果的，应当给予责任主体警告或者记过处分；对于"严重失察"的统计数字腐败行为造成严重后果的，应当给予责任主体记大过或者降级处分，造成特别严重后果的，应当给予责任主体撤职或者开除处分。通过对上述统计法和统计处分规定中对统计数字腐败的规定进行对比，我们就会发现《中华人民共和国统计法》第三十七条是从程序方面来规定如何对统计数字腐败行为进行法律责任的追究。《统计处分规定》的第三条和第四条则是从操作方面和执行角度更加细化了统

① 徐唐先. 统计数据虚假浮夸备忘录［J］. 统计与决策，1995（12）.

计法的相关规定，并且还对四种统计数字腐败的表现形式按照情节的轻重进行了具体的划分，分别规定了不同的处分程度。总之，作为法律的统计法和作为规章的统计处分规定两者密切配合，共同为查处统计数字腐败行为提供了明确的法律依据以及具体的处理方式。

一、"自行造假"的统计数字腐败

所谓"自行造假"的统计数字腐败，就是指地方人民政府、政府统计机构或者有关部门、单位的负责人自行修改统计资料、编造虚假统计数据的行为。这是一种典型的利用手中权力擅自干扰统计工作的腐败行为，在现实工作中也较为常见。从全国历次进行的统计执法检查情况来看，在已经被查处的数万起统计违法行为中，虚报、瞒报、伪造、篡改统计资料的违法行为约占60%。① 例如，2013年在云南省某县就发现一起编造固定资产投资项目入库举证材料的统计数字腐败案件。某县发改局、商务局、住建局、水务局等相关部门通过制作伪造的施工合同等虚假材料，将一些本来不符合要求的项目申请入库统计。受到以上"自行造假"的统计数字腐败因素影响，该县的固定资产投资统计数字严重失实，该县工业企业联网直报的统计数字也出现了严重失实的情况。后经国家统计局调查，自2013年1月至2013年6月，该县上报的工业总产值统计数字为27.4亿元，但是经过初步核实之后却发现实际工业总产值统计数字却仅仅为10.6亿元，该县在工业总产值统计数字上一共虚报了16.8亿元，虚报统计数字超过了实际统计数字的158%；而该县上报的自2013年1月至2013年6月投资项目完成额为2.1亿元，

---

① 王启金，张韧. 依法统计的现状与对策［M］//林贤郁. 统计法制工作研究文集. 北京：中国统计出版社，2008：61－62.

但是经过初步核实之后却实际为 0.2 亿元，在投资项目额上又虚报了 1.9 亿元，虚报统计数字是实际统计数字的 9.5 倍。[①] 这就是在现实工作中一起典型的"自行造假"统计数字腐败案件。另外，还有一起国家统计局 2017 年调查时发现的案件，某市下辖县 2016 年固定资产投资统计数据、联网直报工业统计数据严重失实，而且存在县政府办公室采取下发文件将县统计局作为保持经济总量、财政收入、居民可支配收入实现增长及翻番的责任单位的情况，该县人民政府有关的部门单位直接参与统计造假、弄虚作假，有些部门单位报送虚假数据、制作虚假文件、代填代保、打捆上报、超前报送、重复报送、报送无关项目数据，而县统计局默许政府有关部门单位统计造假，存在把关不严、应付检查[②]等情况。可见，统计工作中"自行造假"的统计数字腐败行为确实是形式多样、屡见不鲜，亟须治理。

二、"指使造假"的统计数字腐败

所谓"指使造假"的统计数字腐败行为，就是指地方人民政府、政府统计机构或者有关部门、单位的负责人要求统计机构、统计人员或者其他机构、人员伪造、篡改统计资料的行为。这种统计数字腐败行为的特点是统计数字腐败的责任主体本人为了逃避法律责任和免于被依法追究，并不亲自去修改或者编造虚假的统计数字。这些"指使造假"的统计数字腐败责任主体利用手中的权力，按照自己的意愿，要求统计机构、统计人员或者其他机构、人员去伪造、篡改统计数字，从而达到

---

① 云南省统计局主动曝光云南陆良县在统计上弄虚作假案例 [N]. 中国信息报，2013 - 09 - 05.
② 宁吉喆. 领导干部统计法律读本 [M]. 北京：党建读物出版社，2018：129.

个人目的。由于"指使造假"的统计数字腐败行为是借他人之手实现单位负责人个人私利，这种手段往往非常隐蔽，即使后来被发现了，也很难追究责任。"指使造假"的责任主体可以以自己完全不知情、没有这种意思等理由和借口推脱责任。由于不是责任主体亲自实施数字造假，因此在提取证据方面也很困难，往往只有被指使的造假行为人单方面的口供，而被指使造假行为人由于是亲自进行统计数字造假，因此也是百口莫辩，无法证明指使行为的存在。因此在现实中，单位负责人往往采用这种方式造假。从已经被查处的统计违法案件来看，一些地方人民政府及有关部门单位的负责人，从个人政绩等各种角度出发，考虑到将来有可能会承担相应的法律责任，于是不会亲自实施统计数字造假行为，而是采取明示或者暗示的方式要求统计机构或者统计人员进行统计数字造假。例如，某县级市的一位副市长，在看到统计部门如实填报年末"羊只存栏数"后，觉得上报的统计数字太少了，显示不出其个人的政绩，于是就要求统计部门增加数字之后再上报。当统计机构的统计人员提出这样做负不起责任，不愿修改实数时，这位领导竟然勃然大怒地说道："就按我说的报，出了事我负责！"① 再如，国家统计局2014年对某省 H 市 S 县进行第三次全国经济普查工作开展统计执法检查时，发现在该地区就存在一些"指使造假"的统计数字腐败问题：H 市 S 县的部分普查单位和个体经营户不实，统计数据虚报严重，指令填报统计资料、代为填报统计资料问题严重，S 县政府及统计局有关文件对统计工作要求不当。立案调查核实之后，有关的纪检监察机关对这些地方政府及有关单位的党政领导干部和有关责任人分别进行了党纪、政纪责任追究和组织处理。其中，对 H 市有关责任人员的处理决定包括：该

---

① 陈郁. 弄虚作假统计数字现象透视 [J]. 中国统计，2000（2）.

市的市委常委、常务副市长做出书面检查；对该市的市统计局副局长、普查中心主任两人分别进行诫勉谈话。对 H 市 S 县有关责任人员的处理决定包括：对该县的副县长进行诫勉谈话；对该县的常务副县长给予行政记大过处分；对该县的原副县长给予行政记过处分；对该县的统计局局长给予行政记过处分；对该县的原统计局局长给予了行政记大过处分；对该县的统计局副局长两人分别给予党内严重警告、行政记大过处分；对该县的经信局局长兼工委书记给予行政记过处分。[①] 由此可见，"指使造假"的统计数字腐败行为也是当前在统计工作中需要着重治理的对象。

三、"打击报复"的统计数字腐败

所谓"打击报复"的统计数字腐败，就是指地方人民政府、政府统计机构或者有关部门、单位负责人对依法履行职责或者拒绝、抵制统计违法行为的统计人员进行打击报复的腐败行为。曾任国家统计局局长的张塞同志指出，有些领导干部以权压法、以言代法，只允许报喜，不允许报忧，对坚持实事求是原则、维护统计法规的统计人员或举报人员进行打击报复。[②] 在我国个别地区，已经出现了多起针对坚持实事求是原则的统计人员进行打击报复的事件，统计人员因坚持原则而遭遇下岗的现象也时有发生。近年全国统计执法大检查中发现，属于打击报复的案件就有 320 件，其中比较严重的占 32%。[③] 打击报复行为的起因是由

---

① 宁吉喆. 领导干部统计法律读本 ［M］. 北京：党建读物出版社，2018：67.

② 张塞. 廉政和统计法制建设 ［J］. 中国统计，1990（1）.

③ 梁水强. 新形势下统计打假之我见 ［M］//林贤郁. 统计法制工作研究文集. 北京：中国统计出版社，2008：299.

于"自行造假"或"指使造假"的统计数字腐败行为由于统计人员的抵制没有得逞，于是某些人利用手中的权力，针对那些依法履行职责或者拒绝、抵制统计违法行为的统计人员进行打击迫害的行为。例如，某乡一个统计员就是因为依法履行职责，抵制乡领导修改统计数字而最终被解雇。① 这种对抵制统计数字弄虚作假的统计人员所采取的手段就是典型的"打击报复"统计数字腐败。对统计人员打击报复的现象有很多。例如，四川省 X 县的原县长刘某对统计人员进行打击报复案件。刘某目无党纪国法，肆意编造甚至胁迫统计人员编造虚假数字，对坚持实事求是原则的统计人员进行打击报复。对于刘某违法篡改统计数字，并对统计人员打击报复一案，后经中共南充市委常委会议研究决定，免去刘某县长职务。② 此外，在实际工作中还存在一些"打击报复"统计数字腐败行为的表现形式。例如，具体形式包括公然对统计人员进行人身伤害，表现为授意、指使殴打统计人员；滥用职权，侵犯统计人员的合法权益，表现为将统计人员调离岗位、扣发工资、降低待遇等；利用合法手段，达到打击报复统计人员的非法目的，表现为借改革、"优化组合"之名将统计人员予以开除；利用群众对局部利益及眼前利益的期望心理，煽动群众围攻或孤立统计人员等。③ 上述这些单位负责人对统计人员采取各种隐蔽或者公开的方式进行"打击报复"的统计数字腐败行为，不仅严重破坏了国家的统计管理制度、干扰了统计工作的正常秩序，而且还造成了极为负面的社会影响，其中，更为恶劣的一些"打击报复"行为还直接侵犯了统计人员的人身权利。因此，为了维护

---

① 张全德. 行政干预是统计执法的最大难题［J］. 中国统计，2004（11）.

② 县长编造虚假数字已属违法　打击报复统计人员终被罢官［J］. 统计与咨询，1998（6）.

③ 张斌. 如何理解打击报复会计、统计人员罪［J］. 统计与咨询，2000（1）.

我国统计工作管理制度的严肃性和公正性，全面、充分、有效地保障统计人员的合法权益，必须严格依照相关的法律规定，惩治各种实践中的"打击报复"统计数字腐败行为。

四、"严重失察"的统计数字腐败

我国目前正处于体制转轨、社会转型的特定历史发展时期，消极腐败现象呈阶段性多发、高发的态势。[①] 所谓"严重失察"的统计数字腐败，就是指地方人民政府、政府统计机构或者有关部门、单位的负责人对本地方、本部门、本单位发生的严重统计违法行为失察的腐败行为。2017 年 8 月 1 日起施行的《中华人民共和国统计法实施条例》第四十条对"严重失察"的统计数字腐败行为的表现形式进行了列举，也就是在哪些情况下该单位的负责人应当对此承担责任，其中包括三种具体情形：第一是本地方、本部门、本单位大面积发生或者连续发生统计造假、弄虚作假；第二是本地方、本部门、本单位统计数据严重失实，应当发现而未发现；第三是发现本地方、本部门、本单位统计数据严重失实却不予纠正。在现实工作中，"严重失察"的统计数字腐败行为主要表现为地方人民政府、政府统计机构或者有关部门、单位的负责人对统计工作日常漠不关心，在上报时对统计数字层层加码，而对单位内部出现的各种统计违法违纪行为不闻不问。例如，国家统计局在 2013 年进行统计执法监督检查时就发现，G 省 Z 市 H 镇存在联网直报企业名录不实，编造虚假数据和代为填写企业统计数据、代为报送企业统计数据，工业统计数据严重失实等问题，并且 H 镇的有关领导对上述情况

---

① 　王明高. 十八大后亟待制定《反腐败法》[J]. 人民论坛，2012（34）.

疏于职守，明明已经知悉本地单位部门存在联网直报企业名录不实、编造虚假数据和代填、代报企业统计数据等各种统计数字腐败等违法问题，但是却一直未予制止、纠正和处理。经过立案调查之后，有关的纪检监察机关对7名党政领导干部和相关责任人进行了党纪、政纪责任追究和组织处理。其中，对Z市的有关责任人员做出相应的处理：对分管统计工作的Z市政府领导进行诚勉谈话，对Z市统计局局长予以免职。对H镇有关责任人员的处理决定包括：对H镇的党委书记、镇长两人分别给予党内警告处分；对H镇的党委委员张某给予撤销党委委员职务处分，按降级安排工作；对H镇的统计办主任给予留党察看两年处分，给予行政撤职处分；对H镇的统计办公室办事员予以辞退处理。①

　　出现"严重失察"的统计数字腐败，其中的一个重要原因是一些单位负责人由于个人的能力水平不行，不会办事，不能适应地方经济发展的需要，不能适应本职岗位工作需要。特别是在新形势下，这些人贯彻不好党中央的政策精神，也掌握不了基层群众的具体情况，找不到落实政策规定的正确抓手，导致好的政策被曲解，好的事情被办砸。此外，产生"严重失察"的统计数字腐败现象的另一个原因，是少数单位负责人安于现状，办事依靠个人以往的经验，没有本领恐慌意识，缺乏能力危机意识，只知道按部就班发文件、念报告，不知道如何做好工作，也没有做好工作的能力。另外，有些干部因为长期高强度工作，出现了对工作的倦怠，不愿花大力气抓发展，进而泛化为不愿再干事；还有些干部感到职位升迁无望，便耽于现状，奋斗精神衰减，坚信多一事不如少一事，害怕承担责任，对待单位内部的统计违法行为采取敷衍塞责的态度。可见，"严重失察"的统计数字腐败是一种行政不作为，是

---

① 宁吉喆．领导干部统计法律读本［M］．北京：党建读物出版社，2018：113.

行政主体依法负有特定行政作为义务，并且具有履行义务可能性，但在程序上逾期未履行的违法行为，即怠于作为。① 行政不作为具有消极性、隐蔽性和非强制性特征，所以更加难以被追究责任。② 由于行政不作为会造成一定的危害，所以是一种违法行为③，必须加以规制。

第三节 统计数字腐败的基本特征

一、目的是为了追求个人政绩

统计数字腐败在目的上往往与贪污贿赂等腐败现象有所不同，腐败者最主要的目的往往不是为了自己直接获得金钱或者贵重财物，不是为了满足个人物质欲望对财富进行占有。统计数字腐败的主要目的是追求个人的政绩。例如，有些是为了获得职位的进一步晋升，即所谓"数字出官"；有些是为了保住自己现有的职位，维护自己的形象和地位，即所谓"数字保官"；有些是为了骗取各种荣誉或者是为了享受到国家的一些特殊优惠政策、政府补贴资助、各种物质奖励等。正是由于统计数字往往与领导干部的职位地位、政绩荣誉等密切联系，所以才会有人想方设法实施各种统计数字腐败行为。

（一）为了职位获得晋升的统计数字腐败

统计数字原本应是客观事实的真实反映，然而，许多人为了追求个

---

① 高辰年. 论行政不作为的赔偿责任 [J]. 行政法学研究，2000（4）.
② 湛中乐. 浅谈遏止"行政不作为"[J]. 中国党政干部论坛，2003（9）.
③ 周佑勇. 论行政不作为 [M]//行政法论丛：第2卷. 北京：法律出版社，1999：254.

人政绩，对成绩凭空吹嘘，统计数字被任意变大缩小，成为手中的玩物。统计数字腐败行为主体为了迎合上级的考评，为自己晋升创造条件和铺平道路，浮夸出一个个"辉煌"政绩。有学者分析了统计数字腐败行为的目的，其中最明显的一个目的就是为突出其政绩而弄虚作假。一些地方和单位的负责人想方设法通过虚报产值利润、粮食产量等各种统计数字完成责任制目标。①

例如，在 1990 年至 1992 年，河南省 A 市在全市提出了"千村千万工程"的号召，并且提出今后选拔本市县级干部要从"亿元乡"中提拔。结果，这种唯 GDP 论英雄的号召就直接导致了当地各级基层政府虚报统计数据的现象大量发生。②

再如，陕西的刘某某、赵某某案件就是一起为了追求个人政绩弄虚作假、篡改统计数字的典型统计数字腐败。在陕西省 X 县 L 乡，该乡 1983 年粮食总产量逐级汇总为 911.9 万斤，农村收益分配总收入逐级汇总为 165.2 万元。然而，刘某某和赵某某却为了个人的政绩，将该乡的粮食总产量篡改为 963.4 万斤，将农村收益分配总收入篡改为 347.6 万元，成了全县的"冒尖乡"，在全安康地区"名列前茅"。凭借这些虚假的统计数字，刘某某被提升为 C 区党委副书记、区公所区长；赵某某被提升为 P 乡党委书记。刘某某和赵某某篡改统计数字的行为，在当时已经受到各村委会统计人员的抵制和反对。最后，中共 X 县委、X 县人民政府做出了最后处理决定：免去了刘某某的中共 C 区委副书记、C 区公所区长职务，并且党内给予严重警告处分；给予了赵某某以党内

---

① 张塞. 廉政和统计法制建设［J］. 中国统计，1990（1）.
② 林喆，马长生，蔡雪冰. 腐败犯罪学研究［M］. 北京：北京大学出版社，2002：275.

警告处分。①

（二）为了保住自己职位的统计数字腐败

在现实工作中，还有一种统计数字腐败现象是为了完成上级下达的指标任务，某些地方单位负责人往往由于自身水平有限、经验能力不足等因素，无法按时完成上级下达的各项经济指标。因此，出于保住自己官职、维护自己地位的需要，对地区生产总值、财政收入等进行虚报、谎报。这种统计数字腐败行为主要体现在统计数字指标高压的领域内，腐败的范围通常就是上级的指标与实际的绩效之间的差距，也就是说，如果上级下达的统计指标越高，腐败的程度也就会越大。这种腐败现象在一些比较落后的县城或乡镇较为常见，因为在这些经济不太发达、甚至是较为落后的区域内，他们面临着同样高指标的考核要求，无法完成上级指标，只能无奈地选择虚报或谎报数据。② 一些地方为了推进经济发展，实施了统计指标定量考核的管理办法。面对名目繁多的考核指标，一些工作不踏实、能力较差而又好大喜功者不能完成任务，就在统计数字上弄虚作假，将统计数字腐败视为一条省事省力完成考核的捷径。一位乡管理站统计员就曾经抱怨，如果不按上级下达的数字目标上报，县里的领导就会批评乡里的相关领导，乡里的相关领导在受到批评之后往往就要拿统计人员开刀。③ 还存在一种情况：由于前任领导在往年已经把本地方的相关统计数字通过造假逐年提高，如果继任领导按照真实的情况实事求是地向上报统计数字，那就等于是后任领导直接否定了前任领导的政绩。④ 由此可见，各级地方人民政府以及有关单位负责

---

① 陕西省旬阳县统计局. 篡改统计数字 党纪国法不容［J］. 统计，1985（1）.
② 徐敏宁、陈安国. 应警惕基层组织再吹浮夸之风［J］. 理论月刊，2013（12）.
③ 陈郁. 弄虚作假统计数字现象透视［J］. 中国统计，2000（2）.
④ 张全德. 行政干预是统计执法的最大难题［J］. 中国统计，2004（11）.

人对于统计数字造假的情况，处于一个两难的境地，因此，有些人为了不得罪其他领导，同时也是为了保住自己的职位，就采取继续实施统计数字腐败行为。

(三) 为了获取名誉政策的统计数字腐败

1999年6月，新华社记者在湖北省某市采访时发现，当地不少乡村已经提前做好了全年的乡村企业主要经济指标统计月报表。月报表中的统计数据就是将年度的指标分解，每个月按一定比例增长，到年底正好超额完成任务的1%。这种"龙头只要一拧，水就哗哗直流"的年报表，从上到下都知道是假的。通过几年的"数字工程"造假，该市创造了年增幅达47%的奇迹，获得了国家和湖北省的各种荣誉称号。该市的市委书记张某还"精辟"地对记者说："不准是绝对的，准确是相对的。"[①] 1990年，浙江省发生一起因为虚报产值以数谋私的案件，最后，相关人员所得的奖金被上级如数收回的统计数字腐败案件。浙江省J市P县M乡政府的有关领导，为了完成统计考核指标和多得奖金，虚报工业总产值、销售收入和利润总额等各项统计数据，虚报的统计数字分别为22.43万元、27.5万元和12.88万元，骗取了不应有的奖金和荣誉，严重干扰了统计数字质量，影响极坏。最后，该县统计法规大检查领导小组对此做出严肃处理：奖金4860元被收回上交县财政，相关直接责任者、领导者和乡财政总会计等人受到通报批评。[②]

目前中央相关部门是根据各地的"农民人均收入"等指标来确定贫困县名额，并且拨给相应的扶贫补助款项，因此，有些地区就想方设法压低本地的农民人均收入。甚至有的地方为了多得一些救灾款项，就

---

① 郭国松. 浮夸风幽灵重现鄂西北 贫困县肆无忌惮放卫星 [J]. 中国贫困地区, 2000 (1).

② 毛强华. 违反《统计法》必究 [J]. 中国统计, 1990 (6).

谎报本地的受灾情况，虚报受灾面积。① 在一些贫困地区，少数领导干部整天并不是想着如何带领群众脱贫致富，却是"安贫乐道"，甚至是人为压低统计数字——"脱贫不脱帽"。他们为了能继续获得扶助资金，对真实的统计数据进行造假。② 可见，为了获得本不应当享受的相关补贴救济，这些统计造假者可谓挖空了心思。

二、主体是享有职权的负责人

《中华人民共和国统计法》第三十七条规定的统计数字腐败主体是"地方人民政府、政府统计机构或者有关部门、单位的负责人"。由于我国地方各级政府、政府统计机构或者有关部门、单位实行行政首长负责制，且缺乏监管，对此有学者指出，在这种情况下，非常容易产生各级地方政府行政首长滥用职权的问题。③ 而在各种统计数字腐败行为中，"自行造假"、"指使造假"和"打击报复"这些表现形式，其实就是单位负责人作为本单位行政首长滥用手中职权干预统计工作、弄虚作假产生的。由于在单位中行政首长拥有非常大行使行政权力的空间，如果对这些人的权力缺乏必要的日常监督和规范制约机制，就会使得其中个别的行政首长为了谋求个人的私利，将其个人主观意志上升为单位集体意志，运用手中的行政权力干涉正常的统计工作，实施"自行造假"、"指使造假"和"打击报复"这些统计数字腐败行为。改革开放以来，我国多年的统计工作实践经验表明，在一个单位之所以会产生弄虚作假等各种统计数字腐败行为这种极为不正常的腐败现象，往往与单

---

① 张塞. 廉政和统计法制建设 [J]. 中国统计，1990（1）.
② 余钢，朱悦. "水数字"——滋生腐败的祸水 [J]. 中国监察，1995（8）.
③ 郭蕾. 论我国行政决策权制约机制的构建 [J]. 法治研究，2010（1）.

位的主要领导干部尤其是单位负责人的行政职权缺乏有效监督有着直接和密切的关联，如果单位负责人的行政权力缺乏必要的外部监督机制；同时单位负责人缺乏法治观念，缺乏统计法治意识和自我约束能力，这种情况下各种统计数字腐败现象的产生也就不足为奇。而且，由于统计数字弄虚作假往往是负责人直接行政干预造成的，对于本单位的统计工作是依法履行职责认真执法，还是千方百计地故意违法，相关领导者的素质是至关重要的。①

目前，我国对领导干部进行政绩评定或者选拔任用时，主要还是依据纸面上的各项统计数字，这就使得很多善做表面文章的统计数字腐败造假者总是千方百计地利用职权干预统计工作，统计机构和统计人员的日常工作经常受到来自这些地方人民政府和有关部门单位负责人的非法干预。同时，由于我国的地方各级统计机构目前还没有实行垂直领导，地方各级统计机构仍然隶属于本级地方人民政府。地方各级政府统计机构受本地人民政府包括人、财、物等方面的直接管理和行政领导，地方人民政府及有关部门单位负责人可以直接影响地方各级政府统计机构的人、财、物等方方面面的各项工作，这也为一些统计数字腐败造假者利用手中职权实行各种统计数字腐败行为打开了方便之门。可见，我国现行的这种统计行政管理体制，在各级人大及其常委会、各级纪委监察机构等监督部门无法经常、正常、有效地行使监督权，无法充分地发挥其应有的监督制约作用时，单位负责人就可以任意利用手中的职权干预正常的统计工作，从而产生了"自行造假"、"指使造假"和"打击报复"这些统计数字腐败行为。因此，只有积极地推动政府机构改革，逐步提高统计机构的独立性，才能为统计机构依法行使职权、正常开展

---

① 张塞. 廉政和统计法制建设［J］. 中国统计，1990（1）.

统计工作并与统计数字腐败做斗争提供有力保障。

三、方式多样并具有较强隐蔽性

国家统计局 2017 年在进行调查时发现，某市下辖 A 县上报的 2016 年固定资产投资统计数据、联网直报工业统计数据严重失实，而且存在由县政府办公室采取下发文件的形式将县统计局作为保持经济总量、财政收入、居民可支配收入实现增长及翻番的责任单位的情况，地方人民政府有关的部门单位直接参与统计造假、弄虚作假。还有些部门单位参与报送虚假数据、制作虚假文件、代填代保、打捆上报、超前报送、重复报送、报送无关项目数据，而县统计局默许地方政府有关部门单位统计造假，存在把关不严、应付检查等问题。经有关机构依法立案调查后，监察机关对 58 名相关的党政领导干部进行了党纪政纪责任追究和组织处理。① 由于统计数字腐败一般都产生在统计工作相关领域，和日常人民群众的生活关系不大，网络、电视、广播等新闻媒体这方面的报道也不多，既不像被查处的腐败高官以及那些大案要案那样，能够引起广泛的社会效应，也不像贪污受贿犯罪那样有较为直观的犯罪案件，能够迅速被广大人民群众所熟悉了解。因此，统计数字腐败案件往往容易被人们忽视，同时，由于统计数字腐败行为的隐蔽性较强，这也容易造成人们对统计数字腐败案件失去警惕的情况。各种统计数字腐败行为的实施主体都是地方各级人民政府、政府统计机构或者有关部门单位的负责人，不是一般的普通干部，他们都具有较为丰富的领导经验和多年积累的处事方法。如果这些单位负责人出于一己私利，违反统计法律法规

---

① 宁吉喆．领导干部统计法律读本［M］．北京：党建读物出版社，2018：129.

的规定干预统计机构和统计人员上报的统计报表，往往会采取多种方式手段、假借多种合理借口，要求统计机构及统计人员放弃从基层调查统计出来的真实数据，而上报完全符合其个人主观意愿的统计数字。他们如果遇到依法履行职责或者拒绝、抵制统计违法行为的统计人员，往往就会以"不实事求是""数字搞不准""方法有问题""思想太僵化""不服从领导"等各种名义，利用手中的职权对统计数字上报进行人为的干扰，阻碍、妨碍正常的统计管理工作，甚至有些还会对统计人员进行打击报复。可见，统计数字腐败行为形式多样并且有些行为极具隐蔽性，这也使统计数字腐败案件查处的难度较大，调查取证非常困难。许多的统计数字腐败行为通常由单位负责人以下发文件、会议布置、传达指示的形式，以行使合法职权或管理权限的名义，公开地授意、指使、强令统计调查工作人员或者其他单位人员编造虚假统计数字。因此，在行为过程和具体环节等方面难以认定属于违法行为，这种有较强隐蔽性的统计数字腐败行为大量存在，给案件的查处和定性都带来很大困难，客观上加大了法律规制的难度。

四、行为后果具有社会危害性

腐败是现代民主社会的大敌，它不但破坏民主法制和价值观，更对社会正义和伦理标准带来不可挽回的恶劣影响。[①] 在实际工作发生中的统计数字腐败行为，不仅会使统计数据失真，无法反映真实状况，影响宏观经济决策，损害政府公信力，还会使正常的统计工作沦为谋取私人利益的工具；不仅会严重地败坏党风党纪，还会腐化侵蚀广大党员领导

---

① 王作富，但未丽.《联合国反腐败公约》与我国贿赂犯罪之立法完善［J］. 法学杂志，2005（4）.

干部。

（一）影响宏观经济决策并损害政府统计公信力

统计数字一方面为政府决策提供依据，另一方面也是在为社会公众提供科学信息服务。随着我国经济社会的快速发展，从党中央到各级地方政府以至于社会各界，对统计信息需求也在日益增加，对统计数据质量也给予了更多的关注，提出了更高的要求。然而，统计数字腐败行为却将本应反映客观真实的"统计"蜕变为一种可任意编造的"算计"，由于在造假后公布的统计数字严重失真，与公众的切身感受形成较大反差，从而也使得政府统计的公信力饱受质疑。"被增长""被幸福""被就业"等词汇一时间成为网络社会的流行语，使得本应严谨的统计数据成为公众宣泄情绪、茶余饭后的调侃对象，这种危害影响深远。以国内生产总值（GDP）统计为例，其本应是衡量一个国家或地区经济发展水平的总量指标，是国家经济和社会发展变化的晴雨表，直接影响中央及各类经济主体对经济形势的判断。国务院及地方各级政府也需要参考其来编制科学发展计划、做出合理判断决策，市场的投资者和企业也会参考其来确定投入产出规模和消费支出比例。因此，国内生产总值统计数据必须真实、准确、客观、可信。年初，各级地方人民政府都要向本级人大提交前一年的经济发展报告，各地的地区生产总值统计数字也陆续公布。然而自1996年以来，我国31个省级地方政府各自发布的地区生产总值在计算之后所得出的总量，就始终高于由国家统计局发布的国内生产总值总量，地区生产总值总数和国内生产总值总量"打架"的现象已持续多年。其中，2009年超出了2.68万亿元，2010年超出了3.2万亿元，2011年超出了4.6万亿元，2012年超出了5.76万亿元，2013年超出了6.1万亿元，2014年超出了4.8万亿元，2015年超出了4.7万亿元。2016年在个别省级地方统计数字造假被揭露的情况下，一些地区生产总值"高报"的情况得到了一定程度的控制，但是仍然超出了 2.8 万亿元。2017 年超出了 3.1 万亿元。这每年多达几万亿元的统计数字差距，如果仅仅简单地归结为中央和地方统计口径不同而造成的，这样的理由恐怕难以令人信服，统计数字腐败才是真正的原因。由于政府统计数字的真实性、准确性将直接决定着国家未来宏观经济政策，政府统计数据更具特殊性和影响力，其权威性更受关注。① 因此，统计数字腐败行为导致的相关统计数据失真不仅可能直接误导国家各种经济决策，导致对经济形势判断不准，宏观调控措施不到位，从而直接影响我国经济社会的增长速度和发展质量。统计数字腐败还会给整个国家的经济发展带来巨大的负面影响，使得我国政府的统计公信力降低，引起广泛的社会负面舆论和不良的连锁反应，会使公众对国家统计机构其他真实可靠的政府统计数据产生怀疑，甚至还有可能会导致整个政府统计公信力的崩溃，从而极大地影响党和政府在人民群众心目中的威信，给当前正在进行新时代中国特色社会主义建设带来许多不稳定因素，这是比经济损失更为严重的危害。

（二）腐蚀了领导干部并且严重败坏了党风党纪

统计数字腐败在思想上违背了党的一切从实际出发的思想路线，败坏了党的实事求是的优良传统和工作作风，在政治上损害了政府的形象权威，在组织上腐化和侵蚀了领导干部。由于在以往的政府绩效评估考核中，片面地将各地经济发展取得的指标业绩等同于政府领导的个人政绩，因此，导致很多地方盲目追求经济增长率，形成了一种重数量轻质量、重结果轻效益的错误观念，这也与科学发展观、全面可持续发展、以人为本等理念明显相悖，越来越不符合当代社会发展的需要。统计数

---

① 谢华. 浅析我国统计腐败的治理对策［J］. 统计与管理，2014（9）.

字往往成为某些地方官员个人晋升的工具，统计数字的严肃性完全丧失。由于没有树立正确的政绩观，一些地方领导干部不仅授意修改数据，甚至还出现了"先定数据，后有统计"等怪象。有些领导好大喜功、相互攀比，为了追求政绩，想尽各种方法，明示或暗示统计机构人员某些指标不能满足要求，以数据"不甚理想""不太合适""不好上报"为借口，强令或授意统计人员进行修改。有些领导干脆事先定好统计数据，再由统计机构去拼凑，按其需要来报数据。这就导致统计的客观性和严肃性消失殆尽，统计数据变成某些腐败官员夸大政绩的标签，沦为其个人投机钻营骗取名誉地位的工具。更为严重的是，如果统计数字腐败现象大行其道，相关官员没有得到应有的惩治，就会使其他官员纷纷效仿，造成这种不良风气日益扩散。在实际工作中发生的统计数字腐败行为，对上欺骗，博取信任，对下隐瞒，掩盖真相，以致贻误工作或者造成不良影响及后果，严重影响党群关系、社会稳定以及国家发展，危害巨大。① 此外，统计数字腐败也会损害党员领导干部的工作作风。广大的党员领导干部是党和政府的代表，工作作风问题直接关系到党和政府的形象。统计数字腐败从根本上反映出仍有少数党员领导干部的党性修养、从政修养不够。习近平总书记明确指出："每一个领导干部都要拎着'乌纱帽'为民干事，而不能捂着'乌纱帽'为己做'官'。"② 统计数字腐败之所以存在，主要是因为少数党员领导干部"为人民服务"的宗旨意识日渐淡薄，与基层群众渐行渐远，心中只有自己的那点私利，而没有广大人民群众的利益。因此，统计数字腐败不仅败坏了党一直倡导的实事求是的优良作风，还会严重影响党员领导干部在群众心目中的形象。

---

① 徐彬，阮海青. 干部欺上瞒下的心理逻辑分析 [J]. 国家治理，2015 (45).
② 娄金海，孔秀群. 庸政懒政现象的成因及治理 [J]. 廉政文化研究，2016 (2).

（三）可能会损害中国在国际上良好的国家形象

中国作为当今世界上最大的发展中国家，在国际舞台中始终保持着良好的国家形象。国家形象是国家软实力的体现，对国际外交关系有重要影响。有学者认为，所谓国家形象就是指其他国家（包括政府、组织和个人）对该国的综合评价和总体印象。① 还有学者认为，国家形象是一个国家获得对方国家及其社会大众的解读、认知与评价。② 美国政治学家布丁（Boulding K. E.）认为，国家形象是一个国家对自己的认知，以及国际体系中其他行为体对他的认知的结合。③ 从以上国内外专家学者对国家形象的相关定义中我们可以看出，国内外各界都认识到国家形象对于一个国家的稳定发展将会起到十分重要的作用。因此，在国际上全力塑造一个正面、积极、良好的国家形象，不仅有利于增强对世界其他国家和人民的吸引力，有助于广纳贤才、吸引外资、加强技术和管理经验的交流，同时也有助于提高国际影响力和声望，给内部经济健康发展提供良好的外部环境。反之，如果国家形象不好，这样的国家必然在全球化趋势中被"边缘化"④。国家要想在当今世界里求得生存与发展，都必须提高自己的形象。⑤

作为世界上最大的发展中国家，全世界都非常关注中国的各项经济指标。我国的国内生产总值总量已经成为仅次于美国的世界第二大经济

---

① 刘继南. 大众传播和国际关系 [M]. 北京：北京广播学院出版社，1999：25.

② 管文虎. 国际形象论 [M]. 北京：电子科技大学出版社，2000：89.

③ BOULDING K. E. National images and international systems [J]. Journal of Conflict Resolution, 1959（3）：119 – 131；DEUTSCH CK W. The nerves of government：Models of political communication and control [M]. New York：Free press of Glencoe, 1966：56 – 58.

④ 傅新. 全球化时代的国家形象——兼对中国谋求和平发展的思考 [J]. 国际问题研究，2004（4）.

⑤ 陈正良. 中国"软实力"发展战略研究 [M]. 北京：人民出版社，2008：37.

体，但是，国际社会中却始终有人对中国的快速发展看不惯，抱着某种不良心理，拿中国的国内生产总值统计数字做文章，利用外国人看中国往往注意宏观指标的习惯，一直在竭力鼓吹"中国统计水分论"等歪曲论调。2000 年，美国匹兹堡大学教授托马斯·罗斯基文认为，中国国家统计局的统计数据与各省市的统计数据不符。美国的《商业周刊》《时代》等主流媒体纷纷发表文章指责中国造假账，主要目的就是要恶化中国发展的国际环境，恐吓其他国家的投资者，以达到延缓中国的发展、阻止中国的崛起的目的。① 而我国的一些地方领导干部为了互相攀比政绩，对地区生产总值层层加码注水，通过统计数字腐败行为造出的地区生产总值数字，恰恰为这些妄图对中国社会经济发展进行遏制的人提供了可利用的借口，会使国际社会对我国基本国情和发展中国家地位产生强烈的质疑。同时，统计数字腐败行为还会给中国贴上缺乏诚信、有法不依、管理混乱、统计虚假的标签，从而给中华民族的崛起和中国梦的实现带来各种不必要的困难和障碍。经过以上分析，我们可以看到统计数字腐败行为对于我国在国际上良好的国家形象是会产生影响的，因此必须认识到国家形象的重要性和维护国家形象的艰巨性，应当通过防治统计数字腐败创造诚信、公正、法治的国家形象。

第四节　统计数字腐败的产生原因

对于腐败的产生原因，有学者认为，腐败的根源出自政治权力自身

---

① 任春. 西方妖魔化中国出现新动向——从"中国威胁论"到"中国崩溃论"［J］. 党政干部文摘，2002（8）.

的特性和经济条件①，也就是说存在内部和外部两个方面原因。对于一名公职人员来说，其在对廉洁或者腐败进行选择的时候，有三个要素决定着选择的结果：腐败机会、腐败动机和制度约束。当出现腐败机会，有腐败动机，制度对腐败行为无法有效约束时，腐败行为才会发生。②有些学者认为腐败的产生取决于两个因素：一个是腐败的动机，可以认为是主观原因；另一个就是腐败的环境或条件，也可以概括为客观原因。这两个因素对腐败的产生缺一不可。③此外，还有学者专门从人性本能、社会习俗、社会转型期、制度设计和制度运行等各个方面，分析在这其中哪些因素是生成腐败的原因。④针对以上学者对腐败产生原因的具体分析，并且结合实际工作中的统计数字腐败现象，笔者认为产生统计数字腐败的原因如下。首先，统计数字腐败有其产生的内在主观原因，也就是腐败动机，即腐败者为什么想要腐败，这是行为主体进行腐败的直接原因，其解释了统计数字腐败者的腐败行为究竟是如何产生的；其次，统计数字腐败还有其产生的外在客观原因，即必须具备什么样的条件、存在什么样的机会以及制度存在什么样的缺陷和漏洞，才使得腐败者可以实施统计数字腐败行为，这其中就包括腐败机会和制度制约，这是统计数字腐败主体将其行为动机真正转化为实际统计数字腐败行为，并且造成腐败后果所必须的外在条件。以下笔者就从内在主观意识和外部客观环境两方面分析统计数字腐败。

① 郭道晖. 腐败的制度根源与从制度上遏制腐败［J］. 河北法学，1998（1）.
② 过勇. 经济转轨、制度与腐败——中国转轨期腐败蔓延原因的理论解释［J］. 政治学研究，2006（3）.
③ 任建明，杜治洲. 腐败与反腐败：理论、模型和方法［M］. 北京：清华大学出版社，2009：33.
④ 何家弘. 中国腐败犯罪的原因分析［J］. 法学评论，2015（1）.

一、内在主观意识的影响因素

统计数字腐败中的"自行造假"和"指使造假"，是单位负责人为了追求个人的政绩，利用手中的职权，自行或者指使他人虚报、伪造、篡改统计数字，用来欺骗上级领导，欺骗社会广大群众的行为。有学者从心理学角度提出，领导干部欺上瞒下问题存在于中国具体政治实践中，主要源于干部面对潜在的损失、影响、危险和伤害所产生的一系列的反应机制。①

（一）存在急功近利的不平衡攀比心理

在全国统计执法检查时发现，一些单位负责人的思想品质不良，利用统计数字夸大政绩，搞仕途上的投机钻营，这也是统计数字腐败行为产生的内因之一。当前在对各地方、各部门、各单位的负责人进行政绩考核时，要对各项指标的完成情况进行评比，将数字目标计划的实现与领导干部的政绩、升降、荣辱等直接进行挂钩。这本无可厚非，但是，随着我国社会经济发展逐渐进入了常态化，发展的速度方面确实有所减缓，地方各项统计数字指标也在趋向于慢速稳定增长。为了进一步刺激本地的经济增长，很多地方政府通过签订责任状的方式，层层下达计划任务，一些地方的考核只注重数字、不注重实效。有些是给下级层层指标加码，有些是在考核提拔领导干部时，用地区生产总值来评好坏、论成败，以统计数字论英雄，光看经济增长速度，而不综合考虑社会整体利益。出于不平衡的心理，领导与领导之间，地方与地方之间相互攀比

---

① 徐彬，阮海青．干部欺上瞒下的心理逻辑分析［J］．国家治理，2015（45）．

形成了一种有意识的浮夸形为。① 由于一些上级单位对下级上报的各项统计数字不评估、不核实，在急功近利的心理驱动下，统计数字上弄虚作假的统计数字腐败现象频繁发生。

（二）官本位思想影响产生的特权心态

国家社会中存在的各种腐败现象与本国的历史文化特征是密切相关的。与西方国家相比，我国的官本位思想浓厚而且独具特色。所谓官本位即把是否为官，官职大小当成一种核心的社会价值尺度去衡量个人的社会地位和价值。② 在我国社会中，官本位思想的主要体现就是价值取向以官为本，为人处世以权为本，强调官权而忽视民权，其起源于我国传统农耕社会对权威的崇拜，受封建礼教思想的影响，从而形成了一种对官僚特权的推崇。在官本位思想影响下，一切能够当官、能当大官的事情大家都会努力去做，统计数字腐败的责任主体实施"自行造假"和"指使造假"的弄虚作假行为也就不足为奇了。同时，具有官本位思想的统计数字腐败责任主体，如果认为其他人可能会妨碍其当官或者当大官，如统计人员依法履行职责或者拒绝、抵制其统计违法行为，该责任主体就会想方设法对其实施打击报复。在这种官本位思想影响下，一些单位负责人产生一种特权心态，忘记了权力是人民赋予的，总觉得自己高人一等，根本不需要别人来监督，对人民群众的反映不屑一顾，权力管辖范围内的事自己说了算，完全将权力变成捞取工作业绩、名誉、地位的工具。因此，这种特权心态导致少数单位负责人对于统计工作想干涉就干涉，统计数字想怎么报就怎么报，从而产生了统计数字腐败。

---

① 徐敏宁，陈安国. 应警惕基层组织再吹浮夸之风 [J]. 理论月刊，2013（12）.
② 李翔. 反腐败法律体系构建的中国路径研究 [M]. 上海：上海人民出版社，2013：63.

（三）统计法律素养薄弱法律意识不强

有学者指出，一些单位负责人统计法治意识素养淡薄，脱离实际搞形式主义、官僚主义，摆不正权力和责任的关系，让荣誉和地位冲昏了头脑，忘记了共产党员为人民服务的宗旨。① 很多单位负责人对《中华人民共和国统计法》及相关统计法律规定不重视、不了解，甚至根本不知道"自行造假"和"指使造假"的统计数字腐败行为是违法的。对统计工作的重要性缺少深刻认识，他们觉得统计数字无非就是为了给上级看看，多报一点或是少报一点，根本算不上什么违法行为，顶多也就是显得不够诚信老实，让领导发现了也无非就是批评几句。很多单位负责人觉得统计数字腐败与其他经济方面的贪污贿赂腐败不一样，只要不往自己的口袋里装钱就没有事，根本不把统计违法当回事。例如，有些单位负责人觉得统计人员对其统计违法行为进行拒绝、抵制是故意找茬作对，就针锋相对地采取打击报复行为，完全不知道自己已经违纪违法，甚至还可能会构成犯罪；有些单位负责人对"严重失察"的统计数字腐败造成的危害后果认识不够，认为都是下属或者单位其他人员具体实施的统计违法行为，自己当时并没有参与其中，即使自己知道一些相关统计违法情况，但是也不应当算是违纪违法或是构成犯罪。总之，在我国实际统计工作中，确实存在统计法律素养薄弱和法律意识不强的问题，加上统计法宣传力度不够，少数单位负责人对依法治统、依法统计的认识不足，这也是统计数字腐败现象屡禁不绝的一个重要原因。

---

① 张全德. 行政干预是统计执法的最大难题［J］. 中国统计，2004（11）.

二、外部客观环境的条件制约

现实中统计数字腐败现象的产生，除了受行为主体自身内在主观意识的影响，外部客观环境的条件制约也会产生一定的作用。正如邓小平曾经指出的那样："制度好，可以使坏人无法任意横行，制度不好，可以使好人无法充分做好事，甚至走向反面。"① 由此可见，我国之所以会出现各种统计数字腐败现象和问题，与外部客观环境的制度因素密不可分。

（一）领导考核机制和统计管理体制存在缺陷

首先，统计数字腐败现象产生的外部客观环境中，其中的一个制约因素就是领导干部的政绩考核标准欠缺。由于以往考核干部往往是以地方经济发展总量等经济指标为考核标准，这种偏重目标量化的用人导向，无形中鼓励了那些一心想往上爬的人"政绩不够，数字来凑"，从而助长了统计数字腐败现象的盛行。同时，下级单位多报统计数字，对于上级单位来说只有好处而没有坏处。② 上级单位的负责人即使知道下级单位报上来的数字可能存在水分，往往也会睁一只眼闭一只眼；甚至有些单位负责人实施"自行造假"的统计数字腐败，直接篡改下级单位上报的相关统计数字，进行弄虚作假。有些单位负责人实施"指使造假"的统计数字腐败，即授意、指示下级单位虚报统计数字，共同从虚高的统计数字中受益。因此，"数字出官，官出数字"，这种过分偏重数字量化的不合理考核机制应当予以完善。

---

① 邓小平. 邓小平文选：第2卷 [M]. 北京：人民出版社，1994：361.
② 朱海滔. "数字出政绩"导致统计腐败 [N]. 中国商报，2012－04－13.

其次，上级制定的年度目标与下级实际情况脱节。有时上级有关单位和相关主管部门不能深入了解下级单位和地方基层的具体情况和发展实情，就会下达不切实际的任务，如必须有增无减的发展目标。由于对经济规律的认识不够，上级单位提出了不切实际的地方发展目标、经济翻番目标，还将这些指标作为考评下级领导干部工作业绩的主要依据。受自然资源现状及市场供求关系等各种客观因素的制约，有些地方单位根本达不到上级单位制定的发展目标和任务计划，所以只能采取各种统计数字腐败行为来应对，这也使得统计数字变得扑朔迷离，真假难辨，久而久之，一些指标居高不下，积重难返。

最后，现行的统计管理体制下统计机构没有实行垂直管理。改革开放以来，我国的统计管理体制一直是实行统一领导，分级负责的原则，统计机构作为地方人民政府的一个下属职能部门，在人员编制、干部任免、经费来源、办公配置等各个方面都由地方人民政府直接领导和决定的。在这样的统计行政管理体制之下，由于统计机构未能实现完全独立，统计人员在很多情况下就会受制于人，客观上为地方人民政府及有关部门单位的负责人对统计工作进行各种行政干预、实施各种统计数字腐败行为打开了方便之门。统计机构管理的垂直化管理势在必行。

（二）统计立法执法和司法追究机制不够完善

有学者认为，正当法律程序缺位是我国现阶段腐败滋生、发展和蔓延的最重要原因。[①] 首先，在统计行政立法方面，为了保障统计数字的真实、准确、完整和及时，我国先后制定出台了《中华人民共和国统计法》《中华人民共和国统计法实施条例》等法律法规，逐渐形成了以《中华人民共和国统计法》为基础、以《中华人民共和国统计法实施条

---

① 姜明安. 正当法律程序：扼制腐败的屏障 [J]. 中国法学，2008（3）.

例》等统计行政法规为主干、以地方性统计法规为支撑、以统计规章为主线、以其他的规范性文件为补充的具有中国特色的统计法律体系。但是，在上述各项法律、法规中，仍然存在统计数字腐败主体称谓混乱、行为认定困难、事先缺少防范、事后难以追究等问题。

其次，在统计刑事立法方面，"自行造假"、"指使造假"、"打击报复"和"严重失察"这些统计数字腐败行为，如果确实存在情节恶劣，造成严重的后果，都有可能构成犯罪并被处以相应的刑罚。由于统计数字腐败行为表现复杂多样，隐蔽性又非常强，加上现行的《中华人民共和国刑法》及相关司法解释并未专门针对统计数字腐败行为进行明确和具体的规定，因此，在司法实践中，对统计数字腐败行为是否构成犯罪、构成何罪和定罪量刑等方面产生争议，需要加以解决。

再次，在统计行政执法方面，无论是统计执法机构设置还是手段方式都与现今统计事业发展步伐存在一定的差距。一方面，受当前统计管理体制的现实制约，统计执法的主体机构还是本级地方政府部门，因此极易受到地方人民政府及有关部门单位的行政干预，导致统计执法机构对统计数字腐败行为的查处难以进行。另一方面，由于在目前查处统计数字腐败行为主要还是依靠行政执法，如全国开展的统计执法大检查等，始终还没有形成监察长效机制，加上统计行政执法手段方式还不够完善等其他原因，造成实际统计执法工作中很多统计数字腐败行为很难被发现，或者发现后没有及时处理等情况。有些执法人员执法意识不强，不敢查案；有些执法不严，查处统计违法行为不认真；有些办案质量不高。这都在一定程度上影响了依法统计的效果，助长了统计违法行为的滋生蔓延。①

---

① 王启金，张韧. 依法统计的现状与对策［M］//林贤郁. 统计法制工作研究文集. 北京：中国统计出版社，2008：63.

最后，在司法追究机制方面，统计数字腐败涉及的滥用职权罪，玩忽职守罪和打击报复统计、会计人员罪都属于国家监察委员会管辖的六大类 88 个职务犯罪案件的立案范围。因此，统计数字腐败涉及的上述犯罪都应先由监察委员会予以立案、调查和处置；对其中查证属实构成犯罪的，再由监察委员会移送给人民检察院；最后，由人民检察院向人民法院提出公诉。但是，监察委员会和人民检察院对统计数字腐败犯罪司法追究规制上，在处罚建议、调查管辖、证据收集、审查起诉四个方面仍然存在问题，需要完善程序性规定，进行流程的有效衔接。

第二章

统计数字腐败的行政立法规制

统计信息数字作为当今社会最重要的标识符之一，在了解国情国力、服务经济社会发展方面具有极为重要的作用。我国先后制定和出台了统计法、统计法实施条例等规定，其目的就是要通过设立统计法律制度，保障统计方法科学、统计过程严谨、统计行为规范。同时，为了依法有效规制统计数字腐败等各种统计违法违纪行为，我国在行政立法方面逐渐形成了以《中华人民共和国统计法》为基础，以《中华人民共和国统计法实施条例》等统计行政法规为主干，以统计地方性法规为支撑，以《中华人民共和国统计处分规定》《中华人民共和国统计执法监督检查办法》等统计规章为主线，以其他的统计行政规范性文件为补充的具有中国特色的统计法律体系，对包括统计数字腐败在内的各种统计违法违纪行为予以追究和惩治。但是，在上述的这些行政立法规定之中，对于统计数字腐败仍然存在着主体称谓混乱、行为认定困难、事先缺少防范、事后难以追究等问题。

其中，《中华人民共和国统计法实施条例》对统计数字腐败的防范和惩治颇具亮点：对统计数字腐败的责任主体制度、事先防范机制和事后处罚措施等方面都进行了规制创新，为查处统计数字腐败行为提供了坚实的立法依据。因此在本章中，首先，笔者结合《中华人民共和国统计法实施条例》和《中华人民共和国统计处分规定》等相关规定，针对统计数字腐败的责任主体确定和具体行为认定等问题进行分析研究，提出明确的统计数字腐败的责任主体，规范统计数字腐败行为认定标准，便于统计执法机构在实践中对统计数字腐败主体和行为的认定。其次，结合《中华人民共和国统计法实施条例》相关规定，本章阐述了其对于统计数字腐败在事先防范机制方面的创新之处，即填报人、负责人共同签字加盖公章和要求责任主体承担事先预防义务等新内容。再次，由于统计数字腐败是一种利用权力干预统计、在数字上弄虚作假的行为，违反了党的政治纪律、组织纪律、群众纪律和工作纪律，在2015年10月18日和2018年8月18日两次修订的《中国共产党纪律处分条例》中对统计数字腐败也做了相应规定，扩大了党纪戒尺惩处力度，我们可以依据其对统计数字腐败予以规制。最后，由于在《中华人民共和国监察法》实施后，统计数字腐败行为由监察委员会负责处置，依法追究行为主体的相关责任，本章还详细分析了监察委员会对于统计数字腐败案件依法履行处置职责的不同方式。总之，本章尝试建立统计数字腐败的行政立法的完善途径，使得依法行政、依法治统真正做到有法可依。

第一节　统计数字腐败的责任主体确定

一、当前对主体称谓的规定较为混乱

对于统计数字腐败责任主体的规定，尤其是对责任主体的称谓问

题，我国统计法律法规有一个相关的发展演变过程，历经了从"领导人"到"领导人员"再到"负责人"的差异规定。1984年1月1日起正式施行《中华人民共和国统计法》，该法第六条所规定的统计数字腐败的责任主体就是"各地方、各部门、各单位的领导人"。这是我国统计法中最早对于统计数字腐败责任主体问题做出的规定。1996年5月15日对统计法进行了第一次修订，本次修订中对于统计数字腐败责任主体的规定并没有进行修改，修订后的《中华人民共和国统计法》在第七条的规定中对统计数字腐败责任主体的规定仍然沿用的是"各地方、各部门、各单位的领导人"的称谓。在这之后出台的《中华人民共和国统计法实施细则》（1987年2月15日施行、2005年12月16日修订、2017年8月1日废止）、《全国经济普查条例》（2004年9月5日起施行）及《全国农业普查条例》（2006年8月23日起施行）中规定的统计数字腐败责任主体也都是"各地方、各部门、各单位的领导人"。然而，在2009年5月1日起施行的《统计处分规定》中规定统计数字腐败的责任主体却是"领导人员"。虽然，"领导人员"和"领导人"这两者之间只有一字之差，其内容应是完全等同的；但是《统计处分规定》作为一部惩治统计数字腐败的重要统计行政规章，在立法中也应当做到严谨，对统计数字腐败的责任主体的规定应当和统计法的规定完全一致。对此，有学者认为，这里所谓的"领导人"实际是指上述单位的法定代表人和主要负责人员。① 但是笔者认为，使用"领导人"和"领导人员"这一称谓毕竟还不够规范和科学："领导人"这个词在我国一般都是作为政治术语而广泛使用的，如在新闻报道中大量使用的"党和国家领导人"等，但是却很少在法律规定当中使用，因此，

---

① 熊振南. 统计法导读［M］. 北京：中国统计出版社，2001：153.

将"领导人"这个称谓作为统计数字腐败的责任主体就显得不严谨。显然，一些立法机构也注意到了这个问题，我们看到某些统计行政法规中统计数字腐败责任主体的称谓确实有了改变。例如，自2007年10月9日起施行的《全国污染源普查条例》第二十六条规定的是"各地方、各部门、各单位的负责人"；自2008年2月7日起施行的《土地调查条例》第十八条规定的也是"各地方、各部门、各单位的负责人"。以上两个行政法规中，统计数字腐败的责任主体是"各地方、各部门、各单位的负责人"。随后，在2009年6月27日统计法又进行了第二次修订，这次修订《中华人民共和国统计法》第六条第二款中规定的统计数字腐败责任主体是"地方各级人民政府、政府统计机构和有关部门以及各单位的负责人"。由此可见，统计法最终将统计数字腐败的责任主体规定为"地方各级人民政府、政府统计机构和有关部门以及各单位的负责人"，选择"负责人"这一称谓。此后，自2010年6月1日起施行的《全国人口普查条例》也同样采取了"负责人"的称谓，《全国人口普查条例》第五条规定的是"地方各级人民政府、各部门、各单位及其负责人"。笔者认为，统计数字腐败的责任主体使用"负责人"一词显然要比原来规定使用"领导人"和"领导人员"称谓更加严谨、规范和科学。因为"领导人"和"领导人员"这两个词本身的范围就很模糊和宽泛，特别是在我国当前的一些地方、部门以及单位中，党组织方面的领导和行政业务方面的领导往往同时并存，二者往往还不是同一个人。那么，原来规定的"领导人"和"领导人员"究竟是指"各地方、各部门、各单位"中党组织方面的领导人，还是指行政业务方面的领导人呢？这在实践工作中存在不同的理解，确实容易产生歧义。"负责人"一词则明确了是本地方、本部门、本单位中负责行政管理、承担行政职责的人，主体范围清晰明确，在执法工作中也比较容易判定。《国务院关于修改〈全国经济普查条例〉的决定》自 2018 年 8 月 11 日起公布施行后，第三十五条对统计数字腐败的责任主体规定依然为"地方、部门、单位的领导人"。可见，修订之后的《全国经济普查条例》对原来统计数字腐败的责任主体规定未做变化，未注意到《中华人民共和国统计法》以及其他新出台的相关统计行政法规已经替换使用了"负责人"的规定，依旧使用"领导人"这个称谓。这不得不说是一个重大的疏漏，使得统计数字腐败主体的相关法律规定更为混乱。

二、应当明确统计数字腐败责任主体

我们看到，2017 年 8 月 1 日新施行的《中华人民共和国统计法实施条例》对统计数字腐败的责任主体问题进行了法律规制创新①，清晰明确了统计数字腐败的责任主体，主要体现在以下三处。

第一，是要求单位必须明确内部防范和惩治统计数字腐败的具体责任人。根据《中华人民共和国统计法实施条例》第四条第一款规定："地方人民政府、县级以上人民政府统计机构和有关部门应当根据国家有关规定，明确本单位防范和惩治统计造假、弄虚作假的责任主体，严格执行统计法和本条例的规定。"可见，《统计法实施条例》对于"地方人民政府、县级以上人民政府统计机构和有关部门"在责任主体安排上提出了强制性要求，即必须要"明确本单位防范和惩治统计造假、弄虚作假的责任主体"，这是因为地方政府、统计机构和有关部门容易弄虚作假，是统计数字腐败的防治重点区域，因此必须首先在这些单位

---

① 王松．论《统计法实施条例》对统计数字腐败的规制创新［J］．行政管理改革，2018（10）．

的内部明确哪个人是该单位防范和惩治统计数字腐败的责任主体。这种做法的好处是，一方面在责任主体确定之后，对于该责任人来说可以起到一种警示作用，提醒其要在日常工作中时刻关注统计工作，避免出现统计数字腐败现象，增强其责任意识并且可以达到一定的督促效果；另一方面，明确单位的责任主体也有利于具体落实和追究相应的责任。因为在单位中将来一旦发生统计数字腐败现象，则理所当然由责任主体承担责任，可以有效地防止以往责任人难以界定的问题，防止有关的责任人找借口推脱责任，避免出现统计数字腐败的责任主体无法追究甚至最终不了了之的现象。

第二，将责任主体范围从原来的负责人单独担责扩大到由单位和负责人两者共同担责。《中华人民共和国统计法实施条例》第四条第二款规定："地方人民政府、县级以上人民政府统计机构和有关部门及其负责人应当保障统计活动依法进行，不得侵犯统计机构、统计人员独立行使统计调查、统计报告、统计监督职权，不得非法干预统计调查对象提供统计资料，不得统计造假、弄虚作假。"这里规定的单位主体即"地方人民政府、县级以上人民政府统计机构和有关部门"与该条第一款中的单位范围完全相同，只是在这些单位后面多了一个"及其负责人"的规定。那么依据上述规定，这些单位及其负责人"不得侵犯统计机构、统计人员独立行使统计调查、统计报告、统计监督职权，不得非法干预统计调查对象提供统计资料，不得统计造假、弄虚作假"。可见，《统计法实施条例》要预防的统计数字腐败行为的实施者，既可能是"地方人民政府、县级以上人民政府统计机构和有关部门"这些单位，也可能是这些单位的"负责人"。一方面，《统计法实施条例》使用了"负责人"这个称谓，可以说与统计法的规定保持了完全的一致，另一方面，《中华人民共和国统计法实施条例》第四条的规定还扩大了统计数字腐败责任主体的具体范围，即将责任主体由从原来的"负责人"独立承担责任，扩大到目前的单位及其负责人都要承担责任，也就是说从原来的个人负责发展到单位和个人共同担责。①

第三，在惩治统计数字腐败责任主体的具体法律责任中，对单位和负责人施行双罚制。如前所述，既然《统计法实施条例》对统计数字腐败行为要求单位及其负责人要共同担责，与之相呼应，在法律责任方面也进行了相应的规制创新。这主要体现在《中华人民共和国统计法实施条例》的第七章"法律责任"中的两个法律条文。

《中华人民共和国统计法实施条例》第四十二条，明确规定："地方各级人民政府、县级以上人民政府统计机构或者有关部门及其负责人，侵犯统计机构、统计人员独立行使统计调查、统计报告、统计监督职权，或者采用下发文件、会议布置以及其他方式授意、指使、强令统计调查对象或者其他单位、人员编造虚假统计资料的，由上级人民政府、本级人民政府、上级人民政府统计机构或者本级人民政府统计机构责令改正，予以通报。"那么，其中列举的像"采用下发文件、会议布置以及其他方式授意、指使、强令统计调查对象或者其他单位、人员编造虚假统计资料"这些统计数字腐败行为，就有可能既由单位的负责人单独实施，也有可能是以单位的名义来实施的，因为像"下发文件、会议布置"等一般都是由单位名义通过公文的形式通过上传下达来组织实施的。当然，在实际工作中单位负责人自己可以采取"其他方式授意、指使、强令统计调查对象或者其他单位、人员编造虚假统计资料"，但是这时候承担责任的就是负责人自己，单位本身没有责任。可见，单位和单位负责人都有可能独立实施统计数字腐败行为。针对上述

---

① 王松．论《统计法实施条例》对统计数字腐败的规制创新［J］．行政管理改革，2018（10）．

统计数字腐败行为，统计法实施条例都是采取了"责令改正、予以通报"的处罚措施。

《中华人民共和国统计法实施条例》第四十八条针对以单位名义实施的统计数字腐败进行了规定："地方各级人民政府、县级以上人民政府统计机构和有关部门有本条例第四十一条至第四十七条所列违法行为之一的，对直接负责的主管人员和其他直接责任人员，由任免机关或者监察机关依法给予处分。"由此可见，假如单位是实施统计数字腐败主体，则由该单位直接负责的主管人员和其他直接责任人员对单位行为承担处分责任。也就是说，《统计法实施条例》对统计数字腐败行为实行了双罚制，即对造假的单位和单位负责人要区分不同情况分别追究相应的责任。① 当然，这种双罚制对单位责任的追究最终还是要由该单位"直接负责的主管人员和其他直接责任人员"来承担。在现实中，有可能最后承担处分责任的这些主管人员和直接责任人员，本人并不是统计数字造假等腐败行为的直接实施者，其承担责任的主要原因要对所在单位统计造假、弄虚作假负有领导责任。笔者认为，这种对单位及其负责人实行双罚制的规定，在一定程度上有利于避免少数负责人借单位的名义授意、指使、强令统计调查对象或者其他单位、人员编造虚假统计资料。以往很多人觉得即使单位统计造假也是由单位集体承担责任，不能处理单位负责人，双罚制就可以防止出现这种把单位当作挡箭牌和替罪羊的现象。

但是，我们也看到最新修订的《全国经济普查条例》自 2018 年 8 月 11 日起施行，条例中还是使用了"领导人"一词，根据新法优于旧法的原则，其修订时间在《中华人民共和国统计法实施条例》（2017 年

---

① 王松. 论《统计法实施条例》对统计数字腐败的规制创新［J］. 行政管理改革，2018（10）.

8月1日施行）之后，因此《全国经济普查条例》还要优先适用，这是一个比较大的疏漏。笔者建议，在今后的统计立法工作中应予以适当的修改，将《统计法实施条例》中对统计数字腐败的规制创新规定延伸到其他所有的法律法规当中，使得我国统计数字腐败责任主体的规定更加明确并保持一致。

第二节　统计数字腐败的具体行为认定

一、统计数字腐败行为认定存在差异

如前所述，统计数字腐败行为的表现形式为"自行造假""指使造假""打击报复""严重失察"。但是，对于上述四种统计数字腐败行为的认定，《中华人民共和国统计法》与现行的其他统计行政法规、统计行政规章之间仍然存在一定的差异，导致在实践工作中不同的地方、部门以及单位对统计数字腐败行为的认定标准存在一定的异议。对此，笔者认为应当采取必要措施加以解决。

（一）"自行造假"的统计数字腐败行为认定差异

《中华人民共和国统计法》第六条第二款中规定："地方各级人民政府、政府统计机构和有关部门以及各单位的负责人，不得自行修改统计机构和统计人员依法搜集、整理的统计资料。"同时，《中华人民共和国统计法》第三十七条规定，对地方人民政府、政府统计机构或者有关部门、单位的负责人有"自行修改统计资料、编造虚假统计数据的"，由任免机关或者监察机关依法给予处分，并由县级以上人民政府

统计机构予以通报。这是统计法对"自行造假"的统计数字腐败行为的基本规定。但是值得注意的是，《中华人民共和国统计法》第六条规定和第三十七条规定范围有所不同：在第三十七条中所规定的"自行修改统计资料、编造虚假统计数据的"统计数字腐败行为，不仅包括第六条中的"自行修改统计资料"行为，还包括"编造虚假统计数据"这一行为。对于"自行造假"这种统计数字腐败行为的差异规定，在其他统计行政法规中体现得更为明显。按照施行时间先后顺序为例，《全国农业普查条例》（2006 年）第三十七条规定的是"自行修改农业普查资料"；《全国污染源普查条例》（2007 年）第三十七条规定的是"擅自修改污染源普查资料"；《土地调查条例》（2008 年）第三十条规定的是"擅自修改调查资料、数据"；《全国人口普查条例》（2010 年）第三十四条规定的是"自行修改人口普查资料、编造虚假人口普查数据"；《全国经济普查条例》（2018 年）第三十五条第一款规定的是"自行修改经济普查资料、编造虚假数据"。由此可见，上述统计行政法规对"自行造假"的统计数字腐败行为的规定各有不同。在 2010 年《中华人民共和国统计法》第二次修订之前，《全国农业普查条例》（2006 年）、《全国污染源普查条例》（2007 年）和《土地调查条例》（2008 年）规定的都是"自行修改"或者"擅自修改"行为，并没有同时规定"编造虚假数据"行为的问题。但是，在 2010 年统计法第二次修订之后，为了与统计法的规定保持一致，《全国人口普查条例》（2010 年）和《全国经济普查条例》（2018 年）都规定了负责人在具有"自行修改"或者"擅自修改"相关统计资料行为的同时还有"编造虚假数据"的行为。因此，这里就产生了以下两个问题：第一，负责人"自行修改"或者"擅自修改""统计机构和统计人员依法搜集、整理的统计资料"的行为，与"编造虚假统计数据"的行为两者之间究竟是什么关系；第二，"自行造假"的统计数字腐败行为认定标准究竟是什么。这两个问题需要进一步研究和确认。

（二）"指使造假"的统计数字腐败行为认定差异

对于"指使造假"的统计数字腐败行为，《中华人民共和国统计法》第六条规定的是"不得以任何方式要求统计机构、统计人员及其他机构、人员伪造、篡改统计资料"；第三十七条规定"要求统计机构、统计人员或者其他机构、人员伪造、篡改统计资料"才能被认定为统计数字腐败。在其他统计行政法规中对于指使造假这种统计数字腐败行为的差异规定也体现得十分明显，仍然按照施行时间的先后顺序为例，《全国农业普查条例》（2006 年）第三十七条规定的是"强令、授意普查办公室、普查人员和普查对象篡改农业普查资料或者编造虚假数据"；《全国污染源普查条例》（2007 年）第三十七条规定的是"强令、授意污染源普查领导小组办公室、普查人员伪造或者篡改普查资料"；《土地调查条例》（2008 年）第三十条规定的是"强令、授意土地调查人员篡改调查资料、数据或者编造虚假数据"；《全国人口普查条例》（2010 年）第三十四条规定的是"要求有关单位和个人伪造、篡改人口普查资料"；《全国经济普查条例》（2018 年）第三十五条规定的是"强令、授意经济普查机构、经济普查人员篡改经济普查资料或者编造虚假数据"。而作为统计行政规章的《统计处分规定》（2009 年）第三条规定的是"强令、授意本地区、本部门、本单位统计机构、统计人员或者其他有关机构、人员拒报、虚报、瞒报或者篡改统计资料、编造虚假数据"。可见，对于"指使造假"的统计数字腐败行为，上述统计行政法规和行政规章中的差异更大。《中华人民共和国统计法》第三十七条中只是规定了统计数字腐败责任主体"要求"相关人员"伪造、篡改"统计资料，但是却没有提及"编造虚假统计数据"，而其他的统

计行政法规和统计行政规章中对于这方面的规定都不尽相同。除了
《全国人口普查条例》（2010 年）与统计法的规定保持完全一致，都用
了"要求"之外，其他的都是对责任主体的"要求"行为进行了形象
化的规定，表述为"强令、授意"。而且，《全国农业普查条例》（2006
年）、《土地调查条例》（2008 年）、《全国经济普查条例》（2018 年）、
《统计处分规定》（2009 年）还将《中华人民共和国统计法》对相关人
员"伪造、篡改"行为内容的规定增加了"编造虚假数据"。《统计处
分规定》（2009 年）甚至还增加了相关人员"拒报、虚报、瞒报"的
行为内容。可见，上述问题也亟须进行统一规范。

（三）"打击报复"的统计数字腐败行为认定差异

对于"打击报复"的统计数字腐败行为，《中华人民共和国统计
法》第六条规定的是"不得对依法履行职责或者拒绝、抵制统计违法
行为的统计人员打击报复"，这与其第三十七条所规定的"对依法履行
职责或者拒绝、抵制统计违法行为的统计人员打击报复"是完全相同
的。但是，对"打击报复"的统计数字腐败行为的规定有差异，在其
他统计行政法规和统计行政规章中也有体现。《全国农业普查条例》
（2006 年）第三十七条规定的是"对拒绝、抵制篡改农业普查资料或者
拒绝、抵制编造虚假数据的人员打击报复"；《全国污染源普查条例》
（2007 年）第三十七条规定的是"对拒绝、抵制伪造或者篡改普查资料
的普查人员打击报复"；《土地调查条例》（2008 年）第三十条规定的
是"对拒绝、抵制篡改调查资料、数据或者编造虚假数据的土地调查
人员打击报复"；《全国人口普查条例》（2010 年）第三十四条规定的
是"对依法履行职责或者拒绝、抵制人口普查违法行为的普查人员打
击报复"；在《全国经济普查条例》（2018 年）中对此则没有规定。
《统计处分规定》（2009 年）第三条规定的是"对拒绝、抵制篡改统计

资料或者对拒绝、抵制编造虚假数据的人员进行打击报复"和"对揭发、检举统计违法违纪行为的人员进行打击报复"两种"打击报复"的统计数字腐败行为。由此可见,上述统计行政法规和统计行政规章中对于打击报复这种统计数字腐败行为的规定之间确实存在较大的差异,而且与《中华人民共和国统计法》第六条的规定明显不同。因此,需要对上述的问题进行分析,明确"打击报复"的统计数字腐败行为的具体认定标准。

(四)"严重失察"的统计数字腐败行为认定差异

对"严重失察"的统计数字腐败行为认定,《中华人民共和国统计法》第三十七条规定的是"对本地方、本部门、本单位发生的严重统计违法行为失察"。在其他统计行政法规和统计行政规章当中,《全国农业普查条例》(2006年)、《全国污染源普查条例》(2007年)、《土地调查条例》(2008年)和《全国经济普查条例》(2018年)对此问题都没有做出任何的规定。《全国人口普查条例》(2010年)第三十四条中规定的是"对本地方、本部门、本单位发生的严重人口普查违法行为失察",这与《中华人民共和国统计法》第三十七条所规定的内容是完全一致的。《统计处分规定》第四条规定的是"对本地区、本部门、本单位严重失实的统计数据,应当发现而未发现或者发现后不予纠正,造成不良后果的,给予警告或者记过处分;造成严重后果的,给予记大过或者降级处分;造成特别严重后果的,给予撤职或者开除处分"。也就是说,统计处分规定一方面对"严重失察"的统计数字腐败进行了具体描述,将其归纳为"对本地区、本部门、本单位严重失实的统计数据,应当发现而未发现或者发现后不予纠正";另一方面,统计处分与规定对于"严重失察"的统计数字腐败行为按照所造成后果的严重程度进行了具体的划分,将其分为"造成不良后果"、"造成严重后果"

和"造成特别严重后果"三种，并且针对每种后果程度，相应规定严重失察行为的统计数字腐败责任主体对此所应当承担的不同责任。笔者认为，统计处分规定的规定有一定合理性，但应当进一步明确认定标准。

二、规范统计数字腐败行为认定标准

（一）"自行造假"的统计数字腐败行为认定标准

对于前面所阐述的地方各级人民政府、政府统计机构和有关部门以及各单位的负责人"自行修改"或者"擅自修改""统计机构和统计人员依法搜集、整理的统计资料"的行为，与"编造虚假统计数据"的行为两者之间的关系问题。笔者认为，两者都属于"自行造假"的统计数字腐败行为。但是，负责人"自行修改"或者"擅自修改"统计资料，不一定就会"自行修改"或者"擅自修改"统计资料中的统计数字。也就是说，统计资料所包含的内容是十分广泛的，统计数字只是统计资料的基本内容之一，统计资料除了包括统计数字之外，还包括统计标准、指标含义、计算方法、分类目录、调查表式、统计编码等内容。因此，在过去的统计数字腐败行为判定中，如果单位负责人只是"自行修改"或者"擅自修改"统计资料中的以上内容，而并没有对其中的统计数字等统计数据进行修改，那么负责人的行为就不属于"编造虚假统计数据"。正因为如此，《中华人民共和国统计法》第六条所规定的"地方各级人民政府、政府统计机构和有关部门以及各单位的负责人，不得自行修改统计机构和统计人员依法搜集、整理的统计资料"并不是一个对"自行造假"的统计数字腐败行为十分完整的表述；第三十七条规定的地方人民政府、政府统计机构或者有关部门、单位的负责人"自行修改统计资料、编造虚假统计数据",这样的规定才是对"自行造假"的统计数字腐败行为的全面表述,而且这样的规定显而易见更加明确。可见,"自行造假"的统计数字腐败包括两种行为:一种是负责人"自行修改"或者"擅自修改""统计机构和统计人员依法搜集、整理的统计资料"的行为,另一种是"编造虚假统计数据"的行为,但无论哪一种都属于"自行造假"的统计数字腐败,两者共同构成"自行造假"的统计数字腐败行为认定标准。因此,由于《全国农业普查条例》、《全国污染源普查条例》和《土地调查条例》的规定中都有"自行修改"或者"擅自修改"统计资料行为,但却没有同时规定"编造虚假数据"这一"自行造假"的统计数字腐败行为。由此可见,上述三个规定当中确实都存在疏漏之处,应当都像《全国人口普查条例》和《全国经济普查条例》的规定一样,补充规定"编造虚假数据"这一行为判断标准。另外,上述规定中对"自行修改"和"擅自修改"这两个词的使用也应当与《中华人民共和国统计法》的规定保持一致,统一使用"自行修改",规范和明确"自行造假"的统计数字腐败行为的认定标准。最后,笔者认为"自行造假"的统计数字腐败行为是对统计数字进行造假,既然其造假的对象是统计数字,那用统计数字来衡量其行为的危害程度更为合适。也就是说,具体要看"自行造假"的统计数字腐败行为所涉及的"统计数字失实数额占应报数额的比例"来判断是属于一般违法行为还是已经构成了犯罪。如果"自行造假"的统计数字腐败行为中统计数字失实数额占应报数额的比例少于60%的,应当属于一般违法行为,对统计数字腐败责任主体可以做出相应的政务处分;如果统计数字失实数额占应报数额的比例超过60%的,则应当属于犯罪行为,对统计数字腐败责任主体应当按照滥用职权罪予以定罪量刑。

（二）"指使造假"的统计数字腐败行为认定标准

如前所述，对于"指使造假"的统计数字腐败行为，《中华人民共和国统计法》第三十七条规定的认定标准是"要求统计机构、统计人员或者其他机构、人员伪造、篡改统计资料"。但是，其他统计行政法规和统计行政规章的相关规定却不尽相同。《全国农业普查条例》规定的是"强令、授意普查办公室、普查人员和普查对象篡改农业普查资料或者编造虚假数据"；《全国污染源普查条例》规定的是"强令、授意污染源普查领导小组办公室、普查人员伪造或者篡改普查资料"；《土地调查条例》规定的是"强令、授意土地调查人员篡改调查资料、数据或者编造虚假数据"；《全国人口普查条例》规定的是"要求有关单位和个人伪造、篡改人口普查资料"；《全国经济普查条例》规定的是"强令、授意经济普查机构、经济普查人员篡改经济普查资料或者编造虚假数据"。《统计处分规定》规定的是"强令、授意本地区、本部门、本单位统计机构、统计人员或者其他有关机构、人员拒报、虚报、瞒报或者篡改统计资料、编造虚假数据"。可见，对"指使造假"的统计数字腐败行为，一方面，除《全国人口普查条例》以外，其他规定对《中华人民共和国统计法》第三十七条中对责任主体的"要求"行为进行了形象化和细化的规定，将其表述为"强令、授意"；另一方面，《全国农业普查条例》《土地调查条例》《全国经济普查条例》《统计处分规定》还将《中华人民共和国统计法》第三十七条中对相关人员"伪造、篡改"统计资料行为的规定方面，增加了"编造虚假数据"这一行为，统计处分规定中还增加了"拒报、虚报、瞒报"等其他方式。

针对上述问题，笔者认为有以下几点值得注意。首先，其他规定中的表述为"强令、授意"，这源于1996年《中华人民共和国统计法》第二十六条中规定"强令、授意统计机构、统计人员篡改统计资料或者编造虚假数据",但是 2010 年统计法第二次修订后已经将"强令、授意"修改为"要求"。之所以如此修改,笔者认为"强令、授意"主要目的是想表明负责人"指使造假"的统计数字腐败行为具有强制性,相关人员无法抗拒,其与"要求"的内容在本质上是一样的,而且不如"要求"一词简单明了。其次,《中华人民共和国统计法》第三十七条中只是规定了统计数字腐败责任主体"要求"相关人员"伪造、篡改"统计资料,但是,却没有提及"编造虚假统计数据"。因为,原来 1996 年的《中华人民共和国统计法》第二十六条中规定的就是"篡改统计资料或者编造虚假数据",而 2010 年《中华人民共和国统计法》之所以将其都改成了"伪造、篡改"统计资料,这是因为"伪造、篡改"统计资料本身内容就非常广泛,其中就包括"编造虚假统计数据"。由于统计数据是统计资料的一部分,所以"编造虚假统计数据"在本质上就是一种"伪造"行为,完全可以用"伪造、篡改"统计资料行为来涵盖。因此,《中华人民共和国统计法》第三十七条中规定的"伪造、篡改"没有问题,反而是加上"编造虚假统计数据"后显得画蛇添足。最后,对于统计处分规定中规定的"拒报、虚报、瞒报"方式都应属于"指使造假"的统计数字腐败,只是分成了不作为和作为两种形式,"拒报"和"瞒报"是采取了一种不作为的方式拒绝提供或者试图隐瞒统计资料,其在本质上就是属于一种暗中"伪造"统计资料不存在假象的行为,而"虚报"就是一种公开"篡改"统计资料的行为,因此,"拒报、虚报、瞒报"统计资料的行为符合"指使造假"的统计数字腐败的认定标准。此外,对"指使造假"的统计数字腐败行为也要用"统计数字失实数额占应报数额比例"来判断其究竟是属于一般违法行为还是已经构成了犯罪。如果"指使造假"的统计数字腐败行为中统计数字失实数额占应报数额比例少于 60% 的,应当属于一般违法行为，对统计数字腐败责任主体可以做出相应的政务处分；如果统计数字失实数额占应报数额的比例超过 60% 的，则应当属于犯罪行为，对统计数字腐败责任主体应当按照滥用职权罪予以定罪量刑。

（三）"打击报复"的统计数字腐败行为认定标准

如前所述，"打击报复"的统计数字腐败在《中华人民共和国统计法》第六条和第三十七条规定的都是"对依法履行职责或者拒绝、抵制统计违法行为的统计人员打击报复"。笔者认为，在"打击报复"的统计数字腐败行为认定标准方面，应当解决两个问题：打击报复的对象范围和打击报复的行为方式。首先，对于打击报复的对象范围，虽然《中华人民共和国统计法》与其他统计行政法规和统计行政规章中的规定各不相同，但是大部分规定的打击报复对象范围都是相关统计人员。例如，《全国污染源普查条例》和《全国人口普查条例》规定的都是对"普查人员打击报复"；《土地调查条例》规定的是对"土地调查人员打击报复"。然而，也有规定的对象不同，例如，《全国农业普查条例》规定的就是对"对拒绝、抵制篡改农业普查资料或者拒绝、抵制编造虚假数据的人员打击报复"，这里是"人员"而不是专指"普查人员"或者"调查人员"，其范围更加广泛。与上述《全国工业普查条例》规定的"人员"相似，《统计处分规定》的第三条规定的是"对拒绝、抵制篡改统计资料或者对拒绝、抵制编造虚假数据的人员进行打击报复"以及"对揭发、检举统计违法违纪行为的人员进行打击报复"。可见，其规定了两种打击报复对象人员，一种是"拒绝、抵制篡改统计资料或者对拒绝、抵制编造虚假数据的人员"，另一种是"揭发、检举统计违法违纪行为的人员"。而且，统计处分规定中还明确规定对有上述两种行为的责任人"应当从重处分"。对于上述规定中的差异，笔者认为，由于《中华人民共和国统计法》第六条和第三十七条中规定的都是"对依法履行职责或者拒绝、抵制统计违法行为的统计人员打击报复",因此,只有打击报复"统计人员"(包括各类普查人员、相关调查人员等)才能构成"打击报复"的统计数字腐败行为,情节严重还有可能构成打击报复会计、统计人员罪。如果将打击报复的对象范围从"统计人员"扩展到所有拒绝、抵制篡改统计资料或者对拒绝、抵制编造虚假数据的人员或者揭发、检举统计违法违纪行为"人员"范围,一方面与《中华人民共和国统计法》第六条和第三十七条规定的"对依法履行职责或者拒绝、抵制统计违法行为的统计人员打击报复"严重不符,另一方面也会造成打击报复的对象范围过于宽泛,而且在这种情况下,实施打击报复的责任主体不仅构成打击报复会计、统计人员罪,还会构成报复陷害罪等其他犯罪,这就明显已经超出"打击报复"的统计数字腐败研究范畴。此外,《统计处分规定》规定了两种打击报复对象人员,责任主体对于第一种"拒绝、抵制篡改统计资料或者对拒绝、抵制编造虚假数据的人员"打击报复的,与《中华人民共和国统计法》第六条和第三十七条规定的情形基本相同,肯定其属于"打击报复"的统计数字腐败行为;而责任主体对于第二种"揭发、检举统计违法违纪行为的人员"打击报复的,则属于其他统计违法行为,如果情节严重还有可能会构成报复陷害罪等,但并不属于"打击报复"的统计数字腐败行为。因此,"打击报复"的统计数字腐败行为的认定标准具体来说包括两项:第一,打击报复的对象必须是"统计人员";第二,必须是针对"依法履行职责或者拒绝、抵制统计违法行为"。

(四)"严重失察"的统计数字腐败行为认定标准

"严重失察"的统计数字腐败在《中华人民共和国统计法》第三十七条中规定的是"对本地方、本部门、本单位发生的严重统计违法行为失察"。而《全国农业普查条例》、《全国污染源普查条例》、《土地调查条例》和《全国经济普查条例》中对此没有做出相关规定。《全国人口普查条例》第三十四条中规定与《中华人民共和国统计法》第三十七条所规定的内容是完全一致的。《统计处分规定》第四条，一方面对"严重失察"的统计数字腐败进行了区分，将其分为"应当发现而未发现"和"发现后不予纠正"两种情形；另一方面，统计处分规定对"严重失察"的统计数字腐败行为按照后果的严重程度进行了不同划分，分为"造成不良后果"、"造成严重后果"和"造成特别严重后果"三种情况，并且针对每种不同后果，规定了应当承担的不同责任。笔者认为，《统计处分规定》的规定有一定合理性，但应当进一步明确具体情形和认定标准。对此问题，新的《统计法实施条例》进行了规制创新，并且列举了"严重失察"的统计数字腐败三种具体情形。①"严重失察"的统计数字腐败行为是一种尸位素餐、不作为的腐败形式，但是，究竟何种具体情形可以被视为"严重失察"的统计数字腐败呢？《中华人民共和国统计法》等相关规定对此却没有做出具体的解释说明。《中华人民共和国统计法实施条例》在第四十条的规定中总共列举了三种"严重失察"的具体情形。

第一种情形，是指在"本地方、本部门、本单位大面积发生或者连续发生统计造假、弄虚作假"，这里说的"大面积发生"主要是指统计造假、弄虚作假的范围和规模，如在一些地方、部门或者单位中的多个内部机构、多处组成部门、甚至是多位领导干部身上发生了统计数字腐败行为，则可以被认定为是"大面积发生"；而所谓的"连续发生"，笔者认为主要是指统计造假、弄虚作假的频繁程度，如果在一些地方、部门或者单位中只是在其内部某一机构或某一个人身上发生了统计数字

---

① 王松.论《统计法实施条例》对统计数字腐败的规制创新［J］.行政管理改革，2018（10）.

腐败行为，但是却在一定时期内发生了三次以上，则可以认定为是"连续发生"。

第二种情形，是指对"本地方、本部门、本单位统计数据严重失实，应当发现而未发现"，这里"严重失实"并不是指简单的统计数字计算错误等一般性的工作失误，而是指报送的统计数字完全偏离了真实的数值，已经达到了非常严重的程度；而"应当发现而未发现"，是指统计数字腐败责任主体在主观方面具有过失，是一种疏忽大意的过失，是"行为人应当预见到自己的行为可能发生危害社会的结果，因为疏忽大意而没有预见，以致发生这种结果的心理态度"①。当然，"应当发现"的判断标准要依据行为人的实际认知能力和当时的具体客观条件，也就是说，要根据责任主体自身的文化知识水平、业务技术水平和工作经验等，并充分结合当时的外在环境条件，具体分析其在当时所处的情况，从而判定其是否"应当发现"。

第三种情形，是指"发现本地方、本部门、本单位统计数据严重失实不予纠正"，该单位负责人既然已经发现了统计数据严重失实行为，却又不予进行纠正，这明显就是一种"知情不报"，是一种对统计数字腐败行为的包庇纵容行为。《中华人民共和国统计法实施条例》第三十七条规定："任何单位和个人不得拒绝、阻碍对统计工作的监督检查和对统计违法行为的查处工作，不得包庇、纵容统计违法行为。"因此，地方人民政府、政府统计机构或者有关部门、单位的负责人一旦发现了在本地方、本部门、本单位中存在统计数据严重失实等统计数字腐败现象，就应当迅速采取有效措施予以纠正，避免出现其他更为严重的后果。如果此时单位负责人仍然是对此不闻不问、漠不关心、毫不在

---

① 高铭暄，马克昌．刑法学［M］．7 版．北京：北京大学出版社、高等教育出版社，2016：115．

意，则会构成"严重失察"的统计数字腐败，并且要根据《统计处分规定》做出处理决定。此外笔者认为，上述规定中"统计数据严重失实"也可以用"统计数字失实数额占应报数额的比例"来判断"严重失察"的统计数字腐败究竟是属于一般违法行为还是已经构成了犯罪。如果本地方、本部门、本单位统计数字失实数额占应报数额的比例少于60%的，应当属于一般违法，对"严重失察"责任主体可以做出政务处分；如果统计数字失实数额占应报数额的比例超过60%的，则应当构成犯罪，对"严重失察"责任主体按照玩忽职守罪定罪量刑。

第三节 统计数字腐败的事先防范机制

一、填报人负责人共同签字加盖公章

统计数字的真实准确源自统计资料的真实准确。因此，防范统计数字腐败行为的发生，必须从保障统计资料的真实准确入手。由于统计资料往往都是由单位统计人员来负责报送的，因此，在以往的统计工作中，统计资料都是由统计人员签字并负责。例如，《中华人民共和国统计法》第二十一条第三款规定"统计资料的审核、签署人员应当对其审核、签署的统计资料的真实性、准确性和完整性负责"，其第二十九条第二款同时规定"统计人员应当坚持实事求是，恪守职业道德，对其负责搜集、审核、录入的统计资料与统计调查对象报送的统计资料的一致性负责"。由此可见，在原来统计法的规定中单位负责人并不需要给本单位的统计资料签字。但是，为了事先防范统计数字腐败，《统计

法实施条例》在其规定中明确增加了单位负责人的签字义务，在《中华人民共和国统计法实施条例》第十七条第一款明确规定："国家机关、企业事业单位或者其他组织等统计调查对象提供统计资料，应当由填报人员和单位负责人签字，并加盖公章。个人作为统计调查对象提供统计资料，应当由本人签字。统计调查制度规定不需要签字、加盖公章的除外。"由此可见，当国家机关作为统计调查对象向统计机构提供统计资料时，应当由填报人员和单位负责人签字，并加盖公章。这种由填报人和负责人共同签字并加盖公章的统计资料报送方式，可以有效地防止少数国家机关在填报统计数字时弄虚作假，有助于提高和增强单位负责人对本单位统计资料的责任意识，进而从源头上预防腐败行为的发生。①《统计法实施条例》的上述规定其实在一定程度上借鉴了我国会计制度中财务会计报告的签字制度。但是我们也应当看到，会计法规定只是由"单位负责人和主管会计工作的负责人、会计机构负责人（会计主管人员）签名并盖章"，并没有要求必须加盖公章。但是《统计法实施条例》的规定中却要求除了必须由填报人员和单位负责人共同签字以外，还要加盖单位公章，可见《统计法实施条例》比会计法的规定更为严格。这主要是因为统计资料是否真实、准确和完整，对政府部门正确评价微观或者宏观经济活动情况，据此进行经济决策有直接影响，因此统计资料必须真实、完整。要做到这一点，除了统计人员在日常工作中的每个环节要严格按照统计法的规定审核统计资料外，单位负责人也应当对统计资料进行认真审核，做到层层把关。为了严格落实责任，《统计法实施条例》规定单位负责人要在统计资料上签名并盖章，形成事先防范统计数字腐败责任制，从而保证统计资料的真实、完整。

---

① 王松. 论《统计法实施条例》对统计数字腐败的规制创新［J］. 行政管理改革，2018（10）.

此外，由统计资料的填报人员和单位负责人共同签字同时加盖公章，并且两者要同时兼备，主要目的是为了防止单位负责人疏于对本单位统计资料报送管理，在某种程度上可以强化统计人员和单位负责人的审核责任，提高单位负责人对统计数字真实性和准确性的重视程度。

二、要求责任主体承担事先预防义务

地方人民政府、县级以上人民政府统计机构和有关部门及其负责人在统计数字腐败方面的事先预防义务，《中华人民共和国统计法》第六条规定："统计机构和统计人员依照本法规定独立行使统计调查、统计报告、统计监督的职权，不受侵犯。地方各级人民政府、政府统计机构和有关部门以及各单位的负责人，不得自行修改统计机构和统计人员依法搜集、整理的统计资料，不得以任何方式要求统计机构、统计人员及其他机构、人员伪造、篡改统计资料，不得对依法履行职责或者拒绝、抵制统计违法行为的统计人员打击报复。"可见，上述统计法的规定中对统计数字腐败的事先防范义务是按照造假行为的不同表现方式来进行划分的，总共分成三个具体类型，即第一个是不得"自行造假"，第二个是不得"指使造假"，第三个是不得"打击报复"。对此问题，《中华人民共和国统计法实施条例》重新整合并且明确规定了责任主体相应的义务，其第四条第二款规定："地方人民政府、县级以上人民政府统计机构和有关部门及其负责人应当保障统计活动依法进行，不得侵犯统计机构、统计人员独立行使统计调查、统计报告、统计监督职权，不得非法干预统计调查对象提供统计资料，不得统计造假、弄虚作假。"虽然在表面上看还是"三个不得"义务，但是在内容上却是新的"三个不得"，与统计法原来规定的事先防范相比，新的"三个不得"义务规定更加全面、清晰。因为《统计法实施条例》对统计法中原有的规定进行了更新调整，不再是按照造假行为的不同表现方式来进行划分的，而是按照三个不同的造假实施对象来重新进行划分，即对于"统计机构、统计人员"不得"侵犯"，对于"统计调查对象"不得"非法干预"，对于本人则不得"统计造假、弄虚作假"。在新规定的"三个不得"义务中，统计法实施条例尤其还增加了一项对统计调查对象的事先保护和造假防范义务，范围更加全面、层次更加清晰。①

　　首先，《中华人民共和国统计法实施条例》第四条第二款规定的第一个"不得"义务，是要求地方人民政府、县级以上人民政府统计机构和有关部门及其负责人不得侵犯统计机构、统计人员独立行使统计调查、统计报告、统计监督职权。这主要是针对《中华人民共和国统计法》第六条第一款和第二款的两款规定而进行的整合，因为原来统计法的规定是从统计机构和统计人员的职权不受侵犯以及相关单位的负责人不得"指使造假"和"打击报复"正反两方面分别做出的规定。而《统计法实施条例》则是对统计法的上述两个条款规定进行了整合合并，提出了新的"不得侵犯统计机构、统计人员独立行使统计调查、统计报告、统计监督职权"，这样就会显得针对性更强。当然，这种"不得"义务仍然包含了不得实施"指使造假"和"打击报复"两种统计数字腐败行为。其次，《中华人民共和国统计法实施条例》第四条第二款中新规定的"不得非法干预统计调查对象提供统计资料"的义务，与《中华人民共和国统计法》第六条第二款中规定的"不得以任何方式要求统计机构、统计人员及其他机构、人员伪造、篡改统计资料"相比，在内容上更加全面细化，因为后者只是局限于"不得以任

----

① 王松. 论《统计法实施条例》对统计数字腐败的规制创新 [J]. 行政管理改革，2018（10）.

何方式要求统计机构、统计人员及其他机构、人员伪造、篡改统计资料"。但是《中华人民共和国统计法实施条例》中新提出的不得"非法干预",则是在形式上更为广泛,也与后面第四十二条的规定相对应,因为在第四十二条规定了少数单位负责人可能会采取"采用下发文件、会议布置以及其他方式授意、指使、强令统计调查对象或者其他单位、人员编造虚假统计资料",这些都属于"非法干预"。而且"非法干预"也有很多种,其中也包括要求伪造篡改和打击报复,用"非法干预"显得范围更广。最后,《中华人民共和国统计法实施条例》第四条第二款要求地方人民政府、县级以上人民政府统计机构和有关部门及其负责人其本身不得统计造假、弄虚作假,这就比《中华人民共和国统计法》第六条第二款规定的"自行修改统计资料"和"编造虚假统计数据"更加全面。因为现实工作中的统计造假、弄虚作假的形式确实是复杂多样,难以用"自行修改统计资料"和"编造虚假统计数据"的规定完全涵盖。例如,有些单位负责人提供了一些虚假的、不完整的统计资料,或者对统计数字隐瞒不报;有些是对统计机构的合法要求置之不理,采取各种方式或借口予以拒绝,不履行提供统计资料的义务,也就是通常所说的"拒报";有些是私自转移、秘密隐匿甚至毁弃统计资料;等等。因此,上述阐述的各种情形就不全是"自行修改统计资料"和"编造虚假统计数据"等行为,但却都是一种统计造假、弄虚作假行为,应当属于"自行造假"的统计数字腐败行为,所以必须采取相应的措施予以法律规制。

第四节　统计数字腐败的事后处置措施

一、修订党纪戒尺惩治统计数字腐败

我们党是靠革命理想和铁的纪律组织起来的马克思主义政党，纪律严明是党的光荣传统和独特优势。① 作为党内法规中纪律处分方面极为重要的《中国共产党纪律处分条例》（以下简称《纪律处分条例》）在2015年10月18日和2018年8月18日分别进行了两次修订，这是顺应形势发展和全面从严治党新的实践需要，加强夯实党内法规制度建设的重要成果。修订后的《纪律处分条例》作为重要的党内法规，对统计数字腐败行为在政治纪律、组织纪律、群众纪律和工作纪律方面规定了多种规制措施，使惩治统计数字腐败多了一把有力的党纪戒尺。② 现实中发生的多数案例证明，党员领导干部的"破法"，无不都是先始于"破纪"。纪律是党的生命。党员领导干部只有守住了纪律的底线，才不会滑向违法犯罪的深渊。因此，惩治统计数字腐败除了要依据《中华人民共和国统计法》《中华人民共和国统计法实施条例》等法律规定，党内法规也应当发挥重要的防范和惩戒作用，理所应当地作为重要依据。全面从严治党，就必须把纪律和规矩放在国家法律规定的前面。

（一）党在政治纪律上对统计数字腐败的规制

在党中央从严治党和强力反腐的态势之下，在国民经济和社会发展

---

① 习近平. 要把维护党的政治纪律放在首位［J］. 党建，2013（3）.
② 王松. 论党纪戒尺对统计数字腐败的规制［J］. 领导科学，2017（17）.

"十三五"规划目标的压力带动下，地方社会经济发展的任务也是愈加繁重。因此，少数党员领导干部思想意识开始发生偏差，开始"抱怨""为官不易"，认为干事业就会得罪人，所以为了不出事，就宁可"为官不为"。对待本地区、本部门、本单位的经济发展也是采取"只要不出事，宁可不干事"的态度。庸政懒政不作为在统计工作中，主要就表现为"严重失察"的统计数字腐败。例如，在一定的地域内，在一些经济比较落后的乡镇，虽然面临着同样高指标的考核要求，但是由于地理环境、经济基础与领导自身能力差异等种种因素无法完成上级指标，而被迫无奈地虚报或谎报数据。① 甚至是有些地方的数字不是统计出来的，而是按比例，按翻番计算出来的。然而，上级的领导干部在审查这些报上来的虚假统计数字时，有时虽然明知该统计数字是虚假的，但为了本地政府的形象、为了完成绩效和自己的政绩，也往往是睁一眼闭一眼，对下级的统计数字腐败行为放任不管。于是，就出现一方面是层层的分派和层层的高压，另一方面却是层层的放任、上下级联合起来搞一团和气的奇怪现象。对于这种放任纵容、"严重失察"的统计数字腐败行为，《纪律处分条例》的第六十八条规定："党员领导干部对违反政治纪律和政治规矩等错误思想和行为不报告、不抵制、不斗争，放任不管，搞无原则一团和气，造成不良影响的，给予警告或者严重警告处分；情节严重的，给予撤销党内职务或者留党察看处分。"

（二）党在组织纪律上对统计数字腐败的规制

中国共产党是按照马克思列宁主义的建党原则、根据党的纲领和章程、按照民主集中制原则组织起来的统一整体，组织严密是党的光荣传统和独特优势。任何干部不得执行个别人违反组织纪律和制度的授意，

---

① 徐敏宁，陈安国. 应警惕基层组织再吹浮夸之风［J］. 理论月刊，2013（12）.

下级不应当对上级阿谀奉承，无原则地服从、"尽忠"①。然而，在统计数字腐败四种表现形式中，却有"指使造假"和"打击报复"的现象存在。从全国历次的统计执法检查情况来看，在发现的数万起统计违法行为中，虚报、瞒报、伪造、篡改统计资料的违法行为占有较大比例。个别地区甚至还出现对坚持实事求是的统计人员进行打击报复的事件，统计人员因坚持原则而遭遇下岗的现象也时有发生。因此，为了惩治这种对统计等相关工作人员打击报复的腐败行为，《纪律处分条例》第七十九条对此做出了明确的规定："有下列行为之一的，给予警告……。党组织有上述行为的，对直接责任者和领导责任者，依照第一款规定处理。"

（三）党在群众纪律上对统计数字腐败的规制

党的群众纪律是我们党始终立于不败之地的根本保证。"圣人无常心，以百姓心为心。"早在革命和建设时期，毛泽东就提出了"为人民服务"的思想。改革开放以来，邓小平更明确指出，人民满意不满意、人民高兴不高兴、人民赞成不赞成，应当成为检验我们一切工作的标准。②习近平在系列重要讲话中多次强调，"我们的人民是伟大的人民"，"人民对美好生活的向往，就是我们的奋斗目标"，这充分体现了以人为本、执政为民的宗旨。然而，统计数字腐败行为却严重违反了群众纪律，表现为欺上瞒下。所谓对上欺，是指有些党员领导干部在向上级组织上报统计数字时，阳奉阴违、沽名钓誉，报高不报低、报喜不报忧；而对下瞒，是指在向人民群众公布统计数字时，层层注水、虚报瞒报、不说真数、不讲实情。在统计数字中之所以会有上述这些弄虚作假、欺上瞒下，损害群众利益的腐败行为出现，根源就在于有些领导干部心中

① 石平. 严明党的组织纪律和组织规矩［J］. 求是，2015（4）.
② 曲淑辉. 做党的群众纪律的守护者［N］. 中国纪检监察报，2015 - 05 - 26.

总是抱有"老实人要吃亏""人善被人欺""说实话得罪人""干实事费力不讨好"等错误观念。统计数字弄虚作假的腐败分子，早晚会东窗事发，受到追究。为了惩治欺上瞒下的统计数字腐败行为，《纪律处分条例》第一百一十六条规定："有下列行为之一，对直接责任者情节较重的，……乱作为等损害群众利益行为的。"

（四）在工作纪律上对统计数字腐败的规制

工作纪律是作风建设的重要内容，严格遵守工作纪律是对一个党员领导干部的基本要求。工作纪律是一把刚性的尺子，并不是可有可无的"小规矩"①。正是由于统计数字腐败与其他一般腐败形式有所不同，其直接目的往往与金钱无关，并非直接获得经济利益，也不涉及贪污贿赂犯罪问题。因此，少数党员领导干部往往对其较为忽视，认为无非就是改了几个数字，根本算不上什么大事。违反党的工作纪律、产生各种统计数字腐败行为的原因有很多。但关键是，少数党员领导干部在思想观念上还不能适应新常态的需要，对党的方针政策采取了实用主义的态度，在工作中对自己有利的就执行，对自己不利的就不执行；缺乏全局观，在世界观、人生观、价值观方面出现偏差，思想深处存在相互攀比、最后冲刺、急于求成等不良心态，受这些错误观念支配，在工作中往往会表现为规避法纪不惜铤而走险的情况。统计数字于是就变成了某些腐败官员夸大政绩的标签，沦为他们用来投机钻营、谋取一己私利的工具。更为严重的是，如果统计数字腐败行为得不到应有的惩治，就会促使他人竟相效仿，从而形成一种恶性循环和扩散。对此，《纪律处分条例》第一百二十五条明确规定："在上级检查、视察工作或者向上级汇报、报告工作时对应当报告的事项不报告或者不如实报告，造成严重

① 杨希. 工作纪律是一把刚性的尺子［N］. 中国纪检监察报，2015 - 08 - 27.

损害或者严重不良影响的，对直接责任者和领导责任者，给予警告或者严重警告处分；情节严重的，给予撤销党内职务或者留党察看处分。在上级检查、视察工作或者向上级汇报、报告工作时纵容、唆使、暗示、强迫下级说假话、报假情的，从重或者加重处分。"

总之，放任统计数字虚报、瞒报违反了党的政治纪律，"打击报复"的统计数字腐败行为违反了党的组织纪律，层层注水、欺上瞒下违反了党的群众纪律，利用数字虚报夸大政绩违反了党的工作纪律。对于这些统计数字腐败必须依据党纪戒尺《纪律处分条例》坚决予以规制。《纪律处分条例》作为重要的党内法规，是对全体党员领导干部的有力约束，必须得到一致遵循和坚决贯彻。《纪律处分条例》作为加强党内监督的重要制度安排，是查处统计数字腐败行为的执纪利器，必须守护在法律规定的前面，并与《中华人民共和国统计法》等相关规定相互密切衔接，共同形成对统计数字腐败行为及时发现和纠正偏差的机制，不断增强党的自我净化、自我完善、自我革新、自我提高能力，永远保持与人民群众的血肉联系，永远保持共产党员的先进性。

二、由监察委员会处置统计数字腐败

（一）国家监察委与纪委合署查处统计数字腐败

根据《中华人民共和国统计法》第三十七条的规定，地方人民政府、政府统计机构或者有关部门、单位的负责人有统计数字腐败行为的，由任免机关或者监察机关依法给予处分。《统计处分规定》第十二条也规定："人民政府统计机构查处统计行政违法案件，认为应当由任免机关或者监察机关给予处分的，应当及时将有关案件材料移送任免机关或者监察机关。"最新修订的《统计执法监督检查办法》第四十二条也规定："县级以上人民政府统计机构在查处统计违法案件时，认为对有关国家工作人员应当给予处分处理的，应当按照有关规定提出处分处理建议，并将案件材料和处分处理建议移送具有管辖权的任免机关或者纪检机关、监察机关、组织（人事）部门。"对此笔者认为，由于统计数字腐败的责任主体都是地方人民政府、政府统计机构或者有关部门、单位的负责人，因此，其都属于公职人员的范围。在 2018 年 3 月 20 日《监察法》正式施行之后，上述统计数字腐败的责任主体都应当属于监察对象。因此，对于"自行造假"、"指使造假"、"打击报复"和"严重失察"各种统计数字腐败行为的监督、调查和处置职责应当都由国家监察委员会来依法行使。而且，根据 2017 年 10 月 24 日新修改的《中国共产党章程》第四十六条第二款的规定，党的各级纪律检查委员会的职责，主要就是监督、执纪、问责，这与《中华人民共和国监察法》中对监察委员会职责的规定在内容上保持了完全一致，这就确保了当前与中国共产党各级地方纪委部门合署办公的地方各级监察委员会在查处各种统计数字腐败行为的具体职责方面彻底实现了协调统一。因此，地方各级监察委员会和党的各级地方纪委部门合署办公，有利于全面贯彻和落实两个部门所共同享有的监督、执纪、问责双重职责，同时这也是对我国所有的公职人员依法行使公权力所采取的最直接、最有力、最有效的一种监督方式。目前在中央纪委国家监委的网站上公布的对涉嫌严重违纪违法行为人的审查调查信息中，都已明确表明是由"中央纪委国家监委纪律审查和监察调查"。可见，由监察委员会和纪委部门通过合署办公联合开展监督、执纪和问责工作，这一方面不仅可以有利于调查和处置当前出现的各种统计数字腐败行为，而且另一方面，在监察委员会和党的纪委部门合署办公的现行体制下，监察委员会的监督、调查、处置与纪委部门的监督、执纪、问责职能已经实现了完全的对接，便于上述两个机构在开展具体工作时可以互相沟通、相互协作、共同配合，形成惩治统计数字腐败行为的合力。

（二）监察委员会有权对统计数字腐败进行监督

监察委员会具有监督、调查、处置三项法定职责，这也是其在查处统计数字腐败案件时所必须具有的三种职责。查处统计数字腐败案件，依法严厉惩治各种利用职权干预统计工作和在数字上弄虚作假的行为，就是要确保公职人员手中的公权力不会被任意滥用，公权人员不会肆意妄为，确保公职人员手中的公权力能够在阳光下公开运行，把公权力牢牢关进法律制度的笼子里。而对于统计数字腐败行为，监察委员会应当重点监督的内容包括：首先，公职人员是否遵守了党纪国法，尤其是《中华人民共和国统计法》《中华人民共和国统计法实施条例》等统计方面的法律规定，确保本身真正做到了令行禁止；其次，是否落实了全面从严治党的责任，严明党的纪律特别是统计工作的政治纪律和政治规矩，积极推进党风廉政建设，坚决杜绝在统计数字上弄虚作假；最后，是否做到了廉洁自律、秉公用权，自身没有出现统计数字腐败等行为。监察委员会实施监督，要时刻牢记纪律，对于在监督中发现的统计数字腐败行为，如果情节后果十分轻微的，就让"红红脸、出出汗"成为常态；如果情节后果较为明显的，就要予以相应的党纪轻处分或组织调整等违纪处理；如果情节后果较为严重的，就要进行党纪重处分或者重大职务调整；如果统计数字腐败行为情节后果危害极其严重并涉嫌违法犯罪的，就要依法予以立案调查。

（三）监察委员会根据调查结果作出相应的处置

《中华人民共和国监察法》在第十一条中规定了监察委员会依照法律规定履行监督、调查、处置职责，同时，在第四十五条中对监察委员会的处置职责还进行了细化的规定，明确规定了监察委员会最终依据调查的结果，对统计数字腐败案件依法进行处置可采取的各种方式。这样规定主要就是为了规范和保障监察委员会对统计数字腐败等职务违法案件的处置工作，同时，也有利于防止监察委员会及监察人员滥用处置权侵害被调查人等相关人员合法权益。

1. 对有统计数字腐败行为但情节很轻的可免于处分

对有统计数字腐败职务违法行为，但是情节很轻的公职人员，可以免于处分而代之以谈话提醒、批评教育、责令检查，或者予以诫勉等相对更轻的处理。从总体内容上说，这些处置方式主要来自当前党纪监督处理中"四种形态"中的"第一种形态"，其价值在于对于苗头性、倾向性的问题，尽早发现、尽早纠正。《中国共产党党内监督条例》第二十一条中规定可以开展提醒谈话、诫勉谈话。该条规定的处置措施主要借鉴了《中国共产党纪律检查机关监督执纪工作规则》中以采取谈话函询方式处置问题线索以及初核后处理等相关规定。"谈话提醒"的主要目的是将问题制止、解决在萌芽状态，让党员、干部做到"有则改之，无则加勉"，旨在"敲响警钟、防微杜渐"。"批评教育"一般是指以口头的形式指出对象的错误及其危害性，找出犯错误的根源，以使其从中吸取教训而不再犯错。"责令检查"是指责令调查对象以书面形式就所犯错误及其原因以及将来改正错误的办法等做出深刻认识和表态。相对于批评教育的方式，责令检查更加严肃。"予以诫勉"即当党组织发现党员领导干部有统计数字腐败等方面轻微违纪问题的，应当根据《中国共产党党内监督条例》等相关规定对其进行诫勉谈话，并由本人做出说明或检讨。

2. 对统计数字腐败的一般违法行为可做出政务处分

这里是指针对有统计数字腐败行为的公职人员，依据法定程序所做出的政务处分决定。相比前面所述的可以免于处分的情形，下列各种情况针对的主要是违法情节相对较重、需要给予政务处分的公职人员，采取的措施包括警告、记过、记大过、降级、撤职和开除等，至于具体措施要根据被调查人员的违法性质和情节严重程度来定。

按照中央出台的《关于深化统计管理体制改革提高统计数据真实性的意见》《统计违纪违法责任人处分处理建议办法》等文件，以及《中华人民共和国统计法》《中华人民共和国统计法实施条例》《中华人民共和国统计违法违纪行为自创发规定》等规定，笔者建议对于统计数字腐败的责任主体如果出现了下列各种统计数字腐败行为的，应当根据其具体情节的严重程度，特别是要结合其在实施统计数字腐败行为中，统计数字失实数额占应报数额的比例，分别给予统计数字腐败的责任主体以警告、记过、记大过、降级、撤职直至开除处分。对此笔者认为，如果统计数字失实数额占应报数额的比例少于10%的，属于轻微情节，应当给予警告或者是记过处分；超过10%但少于20%的，属于很轻情节，应当给予记大过处分；超过20%但少于30%的，属于较轻情节，可以给予降级处分；超过30%但少于60%的，属于较重情节，应当给予撤职处分；而超过60%的，属于严重情节，应当给予开除处分，同时，由于此种情形还有可能会构成犯罪，因此还应当依法追究刑事责任。

3. 对相关责任人员做出问责决定或者提出问责建议

如前所述，对于出现"严重失察"这种统计数字腐败行为的责任主体，应当给予警告、记过、记大过、降级、撤职直至开除的处分。同时，该单位中的其他领导人员，虽然没有承担相应的政务处分，但是，应当看到该单位的其他领导人员也负有一定责任。正是由于这些单位领导人员出现了党的领导弱化、领导不力，党内的政治生活不正常、组织软弱涣散、好人主义盛行、党内监督宽松软，没有起到应有的互相监督作用，才会使得包括"严重失察"在内的各种统计数字腐败行为大行其道。因此，应当根据该单位其他的领导人员不履行或者不正确履行法定职责的具体情形，按照管理权限对其直接做出相应的问责决定，或者向有权做出问责决定的机关提出具体的问责建议。

根据《中华人民共和国监察法》第四十五条的规定，监察委员会根据对统计数字腐败行为的调查结果，可以对其他的相关并负有相应责任的领导人员采取两种具体处置方式：一是按照管理权限，对负有责任的领导人员做出的直接问责决定；二是向有权做出问责决定的机关提出问责建议。根据《中国共产党问责条例》的规定，对党的领导干部进行的问责方式有通报、诫勉、组织调整或者组织处理、纪律处分。而且，上述这些问责方式既可以单独使用，也可以合并同时使用。因此，一方面，我们应当对出现"严重失察"统计数字腐败行为的直接责任主体予以政务处分；另一方面，也应当对该单位中的没有承担相应的政务处分的其他领导人员，采取上述的问责方式对其予以相应的问责。

4. 将涉嫌职务犯罪的案件移送人民检察院提起公诉

对于监察委员会在监督调查后认定其情节后果极为严重，被调查人涉嫌了统计数字腐败方面的职务犯罪的，监察委员会应当将案件移送人民检察院由其依法提起公诉。此时，由于被调查人的统计数字腐败行为涉嫌了职务犯罪，并且监察委员会也认为被调查人的犯罪事实清楚，证据确实、充分，那么根据监察法和刑事诉讼法的相关规定，监察委员会在对统计数字腐败案件行使了侦查权之后，由人民检察院对统计数字腐败犯罪行使检察权，即人民检察院经审查，认为犯罪事实已经查清，证据确实、充分，依法应当追究刑事责任的，应当依法做出起诉决定。而且，统计数字腐败犯罪的举证责任仍然是由人民检察院来承担。但是，监察委员会应当调查取证，积极配合人民检察院对被调查人的统计数字腐败犯罪予以司法追究。监察委员会向人民检察院移送起诉的具体要求中，还应当包括制作起诉意见书，并连同统计数字腐败案卷材料、证据一并移送。其中的起诉意见书，是指监察委员会在调查终结后认为统计数字腐败被调查人构成犯罪，而依法向人民检察院提出的追究统计数字腐败被调查人刑事责任的法律文书；而案卷材料、证据包括监察委员会查办案件所用的各种手续、法律文书以及调查获取的证据。这些都是在案件被移送后，人民检察院对统计数字腐败案件进行审查起诉的内容对象和向人民法院提起公诉的基本依据，需要监察委员会一并移送。

5. 对统计数字腐败案件提出监察建议或者撤销案件

监察委员会在对统计数字腐败案件进行依法监督和调查的过程中，如果发现统计数字腐败行为的被调查人所在的单位在党风廉政建设和履行公务职责等其他方面也存在着一些严重问题的，监察委员会在此时也应对此进行相应的处置，即可以向有关部门提出监察建议。由于监察委员会查办具体案件的过程中，往往不仅能够查出被调查人所涉及的统计数字腐败违法犯罪问题，而且，也可能会发现一些统计数字腐败被调查人所在单位存在的一些直接性或根本性的弊端。例如，在该单位中存在党的领导弱化、作风建设流于形式、监督责任落实不到位、党内监督薄弱乏力，该发现的问题没有发现、该报告的不报告、该处置的不处置等其他问题。因此，应当充分发挥监察建议制度的监督功能，这也是监察委员会实施履行廉政建设和反腐败工作的一项重要手段，对推动建立反腐败长效机制同样具有重要的现实意义。

当然，在对统计数字腐败案件的查办过程中，随着案件调查的不断深入，监察委员会也可能发现被调查人并没有统计违法犯罪行为，那么此时，监察委员会应当及时撤销案件。一方面从实体上看，监察委员会撤销案件的根据是没有证据证明统计数字腐败被调查人存在违法犯罪行为，此时因缺乏继续调查、处置的事实依据，因此，本着实事求是的处置原则和客观公允的工作态度，监察委员会应当及时撤销案件。另一方面从程序设计看，在《中华人民共和国监察法》所规定一系列监督、调查追究具体责任的程序中，之所以要添加上使案件终止的撤销程序，充分体现出了"有进有出"的完备法律程序规则。而且，监察委员会发现并及时撤销案件，这对被调查人及所涉及的相关单位部门而言，也意味着可以尽早摆脱被调查的不利处境，尽快获得客观公允、公平公正的法律评价，使其最大限度获得自由和恢复人格尊严。因此，监察法中处置结果的规定与《中国共产党党内监督条例》中的党内监督必须把纪律放在前面，运用监督执纪"四种形态"的要求高度契合，这是党的十八大以来党风廉政建设经验的科学总结，是把纪律和规矩放在前面的体现，反映了党中央对管党治党规律的深刻把握。

总之，统计事业是党和国家的一项重要事业，统计工作是经济社会发展的重要综合性和基础性工作，统计数据是推进国家治理体系和治理能力现代化的重要基础。[1] 然而，统计数字腐败行为会使统计数字失真，无法反映社会经济发展真实状况，严重影响公众的认知，甚至会误导国家的宏观经济决策，必须要坚决依法予以惩治。统计行政立法对于防范和惩治弄虚作假，提高统计数字的真实性、准确性、完整性、及时性，全面提升统计法治意识，都具有十分重要的意义。因此，统计法、《统计法实施条例》等相关统计立法也要与时俱进、协调一致，在法治化进程中实现同步发展，并与党纪戒尺形成合力，共同规制统计数字腐败。

---

[1]　宁吉喆. 深入学习贯彻党的十九大精神 推动新时代统计工作再上新台阶［J］. 人民论坛，2017（11）.

第三章

统计数字腐败的刑事立法规制

目前，各种形式的腐败现象在我国很多领域和层面滋生蔓延，其社会危害程度也是越来越深。通过不断完善相关刑事立法，坚决惩治和有效预防腐败行为，是关系到社会公平正义和国家稳定发展全局，关系到人心向背和党的生死存亡，关系到保护广大人民群众切身利益的重大问题。依靠刑事法治开展反腐败斗争，是惩罚手段最为严厉、对腐败分子震慑作用最强烈的方式。① 因此，刑事立法规制是惩治腐败的有力武器，可以有力保障反腐败斗争的进行。在现阶段，腐败具有全球性的特征，鉴于统计数字腐败造成的危害，当今世界的许多国家和地区在相关的法律中都将严重的统计数字腐败行为认定是一种犯罪，有些是规定对其要处以罚金等财产方面的刑事惩罚，有些是直接对其规定了监禁、有期徒刑等限制自由的刑事责任，有些还规定对其可以同时处以罚金和监禁、有期徒刑，两者可以同时并用，这些国家和地区的刑事立法都非常值得我们借鉴。根据罪刑法定的基本原则，在我国领域内必须根据刑法的规定对各种统计数字腐败行为予以定罪量刑。统计法列举的"自行造假"、"指使造假"、"打击报复"和"严重失察"统计数字腐败行

---

① 赵秉志. 论我国反腐败刑事法治的完善［J］. 当代法学，2013（3）.

为，如果确实是情节恶劣，或者造成了严重的后果，则都有可能会构成犯罪而被处以相应的刑罚。然而，由于统计数字腐败行为表现复杂多样、隐蔽性非常强，加上现有的《中华人民共和国刑法》及相关司法解释并未专门针对统计数字腐败行为进行十分明确和具体的规定。因此，在司法实践中往往会对统计数字腐败行为在适用具体的罪名时产生争议。这就需要我们对统计数字腐败行为有可能触犯的相关犯罪的构成要件进行深入的研究，并提出相应的刑事立法完善建议。首先，"自行造假"和"指使造假"的统计数字腐败都属于一种徇私舞弊行为，可能会构成滥用职权罪，两种统计数字腐败行为在犯罪客观方面的构成要件是其能否予以定罪的关键；其次，对于"打击报复"的统计数字腐败行为来说，其有可能会构成打击报复会计、统计人员罪，但是，也需要达到一定的危害程度并产生一定的严重后果才可以定罪；最后，对于"严重失察"的统计数字腐败行为来说，其有可能会构成玩忽职守罪，但同样也要达到相应的严重后果才能按照玩忽职守罪施以刑罚。总之，本章研究上述主要内容的最终目的，就是希望通过认真梳理和深入分析现行刑法及相关司法解释的规定，发现存在的实际问题并提出相关的完善建议，使得司法机关能够对符合相关犯罪构成要件的"自行造假"、"指使造假"、"打击报复"和"严重失察"四种统计数字腐败行为予以准确的定罪量刑，实现刑法本应具有的惩前毖后的制裁作用和震慑功能。

第一节　统计数字腐败的刑事立法规制相关内容概述

改革开放以来，我们始终坚持以经济建设为中心，往往会用经济增长速度、工业企业利润增长率、公共预算收入、城乡居民人均可支配收入等众多统计数字来考察各级地方政府领导干部的政绩，非常重视包括国内生产总值（GDP）等在内的各项统计数字指标的完成情况。于是，也就出现了一些秉承"数字出官、官出数字"等错误观念的单位负责人，为了满足自己政绩考核的需要，不惜动用手中权力直接或者间接干预统计工作、进行数字造假的现象。以近三年为例，我国已经有数个省级地方政府曝出了统计数字腐败事件。2016 年 3 月，监察部通报了对河北、山西、安徽、河南、贵州等省份 5 起地方政府统计违纪问题的问责处理情况，其中包括虚报、瞒报统计数据、职能部门监管缺位、直接参与数字造假等问题。在 2017 年 1 月召开的辽宁省人民代表大会会议上，辽宁省政府的相关领导首次公开确认：辽宁省所辖市、县在 2011 年至 2014 年之间存在着财政数据造假，导致经济数据被注入水分。2017 年 6 月 11 日，中央巡视组公布了对 8 个地方和单位的巡视反馈情况显示，吉林、内蒙古两地存在经济数据造假的问题。① 有学者指出，刑罚威慑功能在反腐败斗争中具有十分重要的地位和作用，也是进行廉政建设不可忽视的因素。② 可见，统计数字腐败目前在我国很多地方确实存在，亟须通过制裁惩罚措施更为严厉的刑事立法予以规制。

一、统计数字腐败刑法规制的必要性

如前所述，统计数字腐败是一种单位负责人利用手中职权干预统计工作、在统计数字上弄虚作假的腐败行为，与其他各种统计违法行为有

---

① 丁建庭. 更要反思统计造假的生成机制［N］. 南方日报，2017－06－21.
② 谭世贵. 论反腐败的威慑功能建设［J］. 海南大学学报（社会科学版），1994（3）.

所不同。《中华人民共和国统计法》在第三十七条中对统计数字腐败的具体表现形式进行了列举，明确规定了"自行造假"、"指使造假"、"打击报复"和"严重失察"四种统计数字腐败，因此，统计数字腐败行为就包括单位负责人利用职权自行或者指使他人进行统计数字造假，对相关人员打击报复，及对统计违法行为严重失察的行为。统计法分别规定了统计数字腐败的主体范围、外在表现和责任承担，这三个方面与其他统计违法行为有明显的差异。首先，在主体范围方面，该条规定了统计数字腐败的行为主体必须是"地方人民政府、政府统计机构或者有关部门、单位的负责人"；而其他统计违法行为主体还包括一般统计人员及企业事业单位、个体工商户等统计调查对象。其次，在外在表现方面，该条规定共列举了四种统计数字腐败的表现形式，简而言之可归纳为"自行造假"、"指使造假"、"打击报复"和"严重失察"，分别有可能会构成滥用职权罪，打击报复会计、统计人员罪或者玩忽职守罪；而其他的统计违法行为表现形式则更为多样，包括违法公布统计资料，泄露统计调查资料，造成统计资料毁损、灭失等，这些行为有可能会构成侵犯商业秘密罪、泄露国家秘密罪、受贿罪、诈骗罪等。① 最后，责任承担方面，统计数字腐败行为是"由任免机关或者监察机关依法给予处分，并由县级以上人民政府统计机构予以通报"；而其他统计违法行为的责任承担则还包括警告、责令改正、罚款等。因此，通过上述的比较我们可以发现，统计数字腐败与其他统计违法行为相比，其主体范围要小、外在表现要少、责任承担要轻。然而，统计数字腐败行为的社会危害性却并不弱。事实上，有学者指出，我国刑法中已经将许多弄虚作假、危害社会的行为规定为犯罪，如虚报注册资本罪，虚假出

---

① 徐光华. 统计人员职务犯罪的刑法对策［J］. 统计与决策，2006（11）.

资罪，编造并传播证券、期货虚假信息罪，提供虚假财务报告罪等，虚假统计行为与上述行为相比，无论危害程度和范围都有过之而无不及①，因此，"决不能在立法技术上给浮夸虚报的犯罪分子以可乘之机；在罪名罪状上决不能笼统含糊，应当让犯罪分子输得明明白白"②。结合上述观点，笔者认为《中华人民共和国统计法》第三十七条对于统计数字腐败行为所规定的责任承担显然是过于轻微，其震慑力明显不足。虽然，该法第四十七条同时规定："违反本法规定，构成犯罪的，依法追究刑事责任。"但这只是一种衔接性、原则性的规定，并没有明确指出统计数字腐败行为究竟应当如何定罪。因此，对于违反统计法的规定并且又符合刑法中规定的犯罪构成要件的，就应当依照刑法的规定追究责任人的刑事责任。③ 因此，对上述的四种统计数字腐败行为进行认真研究和深入剖析，并予以刑法规制就具有一定的理论意义和实用价值。

统计数字腐败与其他腐败行为有所不同，其直接目的主要是为了获得个人的政绩，并非是要直接获得非法的经济利益，一般不会涉及贪污、贿赂等问题，因此，往往容易被人们忽视。如前所述，统计数字腐败将本是反映客观真实的统计数字，蜕变为一种可任意编造的"算计"，危害远远不止于统计工作本身，其不仅会严重影响甚至误导党和政府制定的社会经济发展决策，还会引起社会公众对我国政府统计工作的真实性和公信力产生质疑。尽管统计数字腐败的性质和后果如此恶劣，但是，这类腐败现象在许多领域却仍是普遍存在，特别是一些地方

---

① 王威. "夸大统计数字"遭刑事调查的启示［N］. 检察日报，2011 – 11 – 30.

② 任诚宇. 填补我国统计立法"盲区"——给"虚报浮夸"者一个刑事上的"说法"［J］. 河南省情与统计，1995（5）.

③ 依法追究统计违法行为刑事责任的规定［N］. 中国信息报，2010 – 02 – 24.

政府部门领导干部随意修改统计数据、进行数字作假的现象依然非常严重。根据国家统计局在 2018 年 10 月 22 日发布的《关于 10 起统计违法案件责任追究情况的通报》内容显示，2017 年至 2018 年 4 月，国家统计局共查处 26 个省（区、市）的 72 起重大统计违法案件，对案件涉及的统计违法单位依法予以行政处罚，对案件涉及的责任人已移送地方党委、政府依纪依法追究责任。截至 2018 年 9 月 10 日，5 省（区、市）的 10 起案件已经结案。在已结案的 10 起案件中，共处分处理统计违法违纪责任人 151 名。受处分处理人员中，厅级干部 9 人，均为地方党委、政府领导，其中党内警告 3 人，党内严重警告 1 人，行政记过 1 人；处级干部 33 名，包括地方党委、政府领导 22 名、有关部门负责人 7 名、统计机构负责人 4 名，其中党内严重警告 10 人，行政警告 8 人，行政记过 8 人，行政记大过 5 人；科级及以下干部 103 名，包括区县、乡镇及街道干部 27 名，有关部门干部 58 名，统计机构干部 18 名，其中党内警告 2 人，党内严重警告 4 人，撤销党内职务 8 人，开除党籍 1 人，行政警告 22 人，行政记过 30 人，行政记大过 25 人，降级 5 人，撤职 11 人；其他人员 6 名，其中行政记过 3 人。① 由此可见，包括统计数字腐败在内的统计违法违纪行为责任主体承担的基本上都是党内的纪律处分和行政的政务处分，根本谈不上接受任何刑事制裁措施，对统计数字腐败的惩治力度过于轻微，震慑力明显欠缺，并没有起到让其"不敢腐"的警示作用。有学者指出，所谓"不敢腐"是指对腐败实行"零容忍"，坚持有腐必惩、有贪必肃，使一切腐败单位或人员不敢妄为和行动，而"不敢腐"的前提和核心就是加大反腐败的惩戒力度。②

---

① 国家统计局. 国家统计局关于 10 起统计违法案件责任追究情况的通报［EB/OL］. 国家统计局网站，2019 - 12 - 12.
② 李晓明. 控制腐败法律机制研究［M］. 2 版. 北京：法律出版社，2017：564.

因此，要始终保持惩治腐败的高压态势，对于群众反映较大的案件，加大惩治力度，提高违法成本，减少腐败收益，令腐败分子得不偿失而不敢腐败。① 结合以上观点笔者认为，统计数字腐败行为本身也具有社会危害性，当其具体情节和危害后果达到一定严重程度时，是完全有可能构成犯罪的。此时，只有对统计数字腐败行为予以刑法规制，追究刑事责任，才能让其他人真的"不敢腐"。在刑法及相关司法解释中，对统计数字腐败行为的四种表现形式都已经分别规定了相应的刑事责任和刑罚方式。因此，应当通过刑事立法规制手段来预防和惩治统计数字腐败行为，实现刑法惩前毖后的功能。

二、国外统计数字腐败刑事立法借鉴

腐败是一个世界性的问题。曾任联合国第七任秘书长的科菲·安南在 2003 年的联合国大会通过《联合国反腐败公约》时，曾经针对腐败有这样的表述："腐败破坏民主与法治、扭曲市场、助长有组织犯罪和恐怖主义、危害正常的生活，所有国家，不管大小和贫富，都存在腐败这一丑恶现象。"② 因此，我们可以这样说，在当今世界的每一个国家和地区，腐败现象和腐败行为都是客观存在的，这已经成为了一个国际性的问题。而且，国家不论其类型如何，都需要面对各式各样的腐败行为以及由其所导致的各种腐败犯罪问题。德国人彼得·艾根于 1993 年创办了著名的国际反腐败组织"透明国际"，其建立的主要目的就是想

---

① 余志涛. 反腐败要形成"不敢腐、不能腐、不易腐"机制［J］. 人才资源开发，2014（24）.

② 陈雷. 反腐败国际公约视野下我国反腐败刑事立法及其完善［M］. 北京：中国人民公安大学出版社，2008：5.

在全球范围内推动反腐败运动的开展。目前，该组织已经发展成为在研究腐败问题方面比较权威和全面的国际性非政府组织，并且，该组织还在世界上 120 多个国家和地区建立了各级分会。"透明国际"每年都会发布全球腐败指数排行榜。腐败指数由清廉指数（CPI）和行贿指数（BPI）构成。根据其公布的相关数据来看，腐败在全球范围内已经呈现出了一种高发态势。根据其最新发布的《2015 年度全球腐败印象指数》（也称《全球清廉指数》）报告内容显示，全球 168 个国家（地区）按照腐败程度进行了评分。腐败印象指数采用百分制，100 分为最高分，表示最廉洁；0 分最低分，表示最腐败。其中 2/3 的国家（地区）的得分低于 50，全球的平均分为 43。对此结果，"透明国际"组织主席何塞·乌盖兹表示："腐败印象指数明确表明，腐败仍然是全球的一个顽疾。"全球没有一个国家、一个地方是完全没有腐败的。①

　　域外的经验表明，但凡是统计数据较为可靠的国家，普遍都将统计数字腐败认定是一种严重违法行为，甚至有些国家地区将其认定是一种犯罪行为，根据情节轻重可判处适当刑罚。当然，对于统计数字腐败行为的具体惩治措施，由于现实国情和立法模式的不同，在各国的立法实践中也存在着一定的差异。例如，有些国家将统计数字腐败行为视为一般违法行为，并且对其规定了一些行政处罚措施，如《意大利统计法》（1989 年 9 月 6 日第 222 号法令）的第七条规定了"提供统计数据的义务"的内容，其中明确规定国家统计项目所规定的调查要求一切政府、机关和团体提供各种统计数据和信息，后者必须要依法据实提供相应的统计数据和信息，"被要求提供数据和信息的单位和个人，如果拒绝提供或者故意提供不准确、不完整的信息，将被处以本法令第十一条规定

---

① 2015 全球清廉指数报告出炉中国上升 17 位［EB/OL］. 腾讯网，2019 - 12 - 12.

限额内的行政罚款"。而且，对于行政罚款的具体数额，其第十一条"行政处罚"中规定："本法令第七条所述的行政处罚的征收数量的确定依照下列规定：①个人违反本法令者，罚款最低限为四十万里拉，最高限为四百万里拉；②团体或公司违反本法令者，罚款最低限为一百万里拉，最高限为一千万里拉。"① 而与之相似的是德国，为了规范统计工作，德国参议院早在1987年1月22日就通过了《德国联邦统计法》，并且在其第十五条关于被统计者的"报告义务"中就规定，统计强制性调查具有强制性报告义务，"那么所有自然人、公法和私法上的法人、联合会、联邦和州的机关以及乡镇和乡镇联合会，都有义务对适时提出的问题作出回答"。而且其"报告义务的履行必须真实、完整并于联邦和州统计局规定的期限之内完成"。同时，在其第二十三条"罚款规定"中规定："故意或因为疏忽而没有提供信息，或者没有正确地、完整地、及时地提供信息的，构成违法，可处以不超过五千欧元的罚款。"② 可见，德国也是通过罚款进行处罚。而在瑞典，根据2001年3月15日颁布的《瑞典官方统计法》第二十条的规定，"若义务人未按要求提供信息的，统计机构可勒令其履行提供信息的义务。若义务人仍不履行义务，可处以罚款"。同时，该法的第二十五条规定："任何人若未能履行提供信息的义务以及有意或基于疏忽提供了不正确的信息，可处不超过一千瑞典克朗的罚款。"③ 可见，《瑞典官方统计法》对未能履行提供信息的义务以及有意或基于疏忽提供了不正确的信息的也是

---

① 中华人民共和国国家统计局. 统计人员常用法律汇编［M］. 2版. 北京：法律出版社，2008：563.
② 中华人民共和国国家统计局. 统计人员常用法律汇编［M］. 2版. 北京：法律出版社，2008：540.
③ 中华人民共和国国家统计局. 统计人员常用法律汇编［M］. 2版. 北京：法律出版社，2008：572.

处以罚款。

但除此之外，有很多国家及地区在法律中将统计数字腐败行为认定是一种犯罪，并可以根据具体情节的轻重和危害后果的程度，对责任主体判处包括对人身方面的适当刑罚。例如，有学者指出，美国在其法律中已经对腐败行为如何构成犯罪做了相应的界定。《美国刑法典》的第十八章第一百节中就明确规定："在美国政府部门或机构的管理范围内，任何人通过任何手段、手法或方式，明知或故意地对主要事实进行伪造、隐瞒，或做出任何虚假、虚构或具有欺骗性质的陈述或保证，制造或者使用任何虚假材料或文件，并明知这些文件含有虚假、虚构或具体有欺骗性质的陈述或内容，即构成犯罪。"① 与之相适应，《美国普查法》（1954 年 8 月 31 日制定，1999 年 11 月 29 日修订）在其第二百一十三条"虚假的陈述、证明和信息"相关内容中就明确规定："无论何人，凡系官员或雇员蓄意和故意编造虚假证明或虚假报表，或直接或间接向部长，或向商务部或普查局或其机构的任何其他官员或雇员，故意或蓄意提供，或指使他人提供；或者以前担任过此类官员或雇员，曾经故意或蓄意提供，或指使他人提供虚假申述或虚假信息，且此类申述或信息涉及他受权和受要求收集本法规定信息的任何调查，应处以不超过两千美元的罚款，或不超过五年的监禁，或二者并处。"② 可见，对统计造假者可以判处"不超过五年的监禁"已经是非常严厉的刑罚制裁，而且，从各国立法比较来看，《美国普查法》规定的"不超过五年的监禁"也是刑罚时间最长的。

---

① 任建明，杜治洲. 腐败与反腐败：理论、模型和方法［M］. 北京：清华大学出版社，2009：16.

② 中华人民共和国国家统计局. 统计人员常用法律汇编［M］. 2 版. 北京：法律出版社，2008：590.

与之规定相似的是加拿大，《加拿大统计法》（1985 年颁布施行，1988 年、1990 年、1992 年三次修订）的第三十二条中就明确规定："根据本法而要求对其所知的事务进行填报的人，拒绝或忽视提供数据或填报报表的；或有意提供错误的或误导的信息或其他任何欺骗的做法，所有这种拒绝、忽视、错答或欺骗，都被视为犯罪，应立即定罪，可处以不超过五百加元的罚款或三个月以内的监禁或两者并处。"同时，该法的第三十三条还规定："任何人以任何方式故意阻止或企图阻止工作人员依据本法履行公务，所有这些都被视为犯罪，应立即定罪并处以不超过一千加元的罚款或者六个月以内的监禁或者两者并处。"①可见，《加拿大统计法》对于"拒绝、忽视、错答或欺骗"等统计数字腐败行为也是采取了人身方面的刑罚，即可以处以三个月以内的监禁。此外，《加拿大统计法》中还将各种故意阻止或者企图阻止统计工作人员依法履行公务的行为也视为犯罪，应当立即定罪并且处以六个月以内的监禁。

日本也将包括统计数字腐败行为在内的统计违法行为认定为是一种犯罪，并且予以相应的刑事处罚。《日本国统计法》（2007 年 5 月 23 日制定，法律第 53 号，对 1947 年法律第 18 号全面修改）第十三条明确规定："行政机关首长根据本法规定实施基本统计调查时，可以要求有关个人或法人及其他团体报送有关制作基本统计所需要的情况和资料。负有报送义务的统计调查对象，不得拒报或者提供虚假的情况和资料。"对于出现违反上述规定、不履行如实报送义务的情况，《日本国统计法》最开始规定："被命令申报但违抗申报者，或进行虚假申报者；或者被命令申报但在调查中妨碍申报者；或者拒绝、妨碍检查、或

---

① 中华人民共和国国家统计局. 统计人员常用法律汇编［M］. 2 版. 北京：法律出版社，2008：619.

回避检查，不提供调查资料或提供虚假调查资料，对所受质询做虚假回答者；或者从事指定统计调查人员或其他有关者不真实地反映指定统计调查的结果渎职者。如果有违反上述各项之一者，判处六个月以下徒刑或禁闭，或处以五千日元以下的罚金。"后来，在 2007 年《日本统计法》进行修订时，对上述的不同情况又进行了区分，将原来第六十条的规定修订为"对妨碍第十三条规定的基本统计调查的调查对象履行义务者，以及对有使基本统计失真行为的基本统计制作者，应处以六个月以下的有期徒刑或五十万日元以下的罚款"，将原来第六十一条的规定修订为"对违反第十三条的规定，拒报或者提供虚假的情况和资料者，以及未根据第十五条第一款的规定提供资料，或提供虚假资料及拒绝、妨碍、回避该款所规定的检查，或未对该款所规定的提问进行回答及做出虚假回答者，应处以五十万元以下的罚款"①。由此可见，《日本国统计法》对于统计数字腐败等违法行为可以处以六个月以下的有期徒刑。

再看韩国，《大韩民国统计法》（1962 年 1 月 15 日公布，2007 年 7 月 26 日最新修订）第二十五条规定："中央行政机关的负责人或地方自治团体的负责人为了制作指定统计，可下达命令，要求有关个人或法人、团体等提供有关资料。统计厅长根据统计制作指定机关的申请，为了制作指定统计，可下达命令，要求有关个人或法人、团体等向统计制作指定机关提供有关资料。有关个人或法人、团体等，对上述提供资料的要求，若无正当理由，应予以配合。"该法第三十九条规定："任何人故意伪造、篡改或者销毁为了统计制作或普及而搜集、保存或管理的调查表等基础资料的，可被处以三年以下监禁或一千万韩元以下的罚

---

① 中华人民共和国国家统计局. 统计人员常用法律汇编［M］. 2 版. 北京：法律出版社，2008：497.

金。但是，统计制作机关内部根据规定的审核程序或统计制作方法，修正或勘校调查误差或录入误差等的情况除外。"① 《大韩民国统计法》规定的可以判处三年以下监禁的刑罚也很严厉。

而《新加坡统计法》（1973 年制定颁布，2012 年最新修订）第九条规定："任何人故意提供或导致提供假的情况或资料，这些假的情况或资料是请求书中要求提供的单个情况或资料，或者拒绝回答问题或故意给予假的回答，这些问题是根据本法要得到的资料或情况由请求书提出的必要提问。他将构成犯罪，并将被判处不超过一千元的罚金，如果继续犯罪，则在认定其有罪后的继续犯罪期间，罚金每天不超过一百元。"同时，根据《新加坡普查法》（1973 年制定颁布，1991 年最新修订）第二十条规定："任何人，如果在为履行本法而填写的任何调查表或文件中，或在回答根据本法授权而询问的任何问题时，有意作出或安排他人作出任何实质性的细节上不真实的任何陈述；或者阻碍或妨碍普查官员执行其任务；或者在普查开展之时起六个月以内，消除、擦除、改动或破坏为普查目的而绘制、标示或粘贴的任何文字、标记或数字，即构成违法，应处以不超过一千元的罚款，或不超过一个月的监禁，或二者并处。"② 可见，《新加坡统计法》规定的是罚金，《新加坡普查法》规定是不超过一个月的监禁。

《南非统计法》（1999 年颁布施行）第十六条规定："总统计师或其授权的南非统计局的官员，在根据本法案履行其职能时，可以向任何人提出总统计师或授权官员认为对统计采集有合理的必要性的任何问

① 中华人民共和国国家统计局. 统计人员常用法律汇编 [M]. 2 版. 北京：法律出版社，2008：508.

② 中华人民共和国国家统计局. 统计人员常用法律汇编 [M]. 2 版. 北京：法律出版社，2008：519.

题。每个人，包括任何国家机关的每位雇员必须就其所知和认识，并且依据尊严和隐私的权利，在需要时回答上述口头或书面方式提出的所有问题。"同时，该法第十八条规定，如果"未能回答提出的问题，或在了解答案为错误或令人误解的情况下，提供在任何实质性方面错误或使人误解的信息；或故意妨碍总统计师或南非统计局其他官员行使权力，或履行职责，根据本法案，判为违法和判定以下处罚：在个人的情况下，判处不超过一万兰特的罚款，或司法部长根据 1991 年罚款调整法的规定确定的更高金额，或关押期限不超过六个月，或同时判处罚款和关押"①。这里规定的关押期限是不超过六个月。

根据《英国 1920 年普查法》（1979 年 8 月 31 日，1993 年 12 月 1 日修订）第八条规定，如果任何人"根据本法要求需要就履行职责做出宣誓声明，而做了虚假声明；根据人口普查敕令或依据本法制定条例要求，需要准备、签署、提交任何文件，而准备、签署、提交了虚假文件；根据人口普查敕令或条例要求，需要回答问题，而拒绝回答或提供虚假回答。……经即决裁定，处以不超过六个月的监禁，或处以不超过法定最大限度的罚款，或同时处以不超过六个月的监禁和不超过法定最大限度的罚款；经公诉程序判决，处以不超过两年的监禁，或处以罚款，或同时处以不超过两年的监禁和罚款"②。这里规定的刑罚是不超过两年的监禁。

综上所述，我们看到很多国家及地区对于统计数字腐败行为的立法尤其是刑事立法与我国现行的统计法、统计法实施条例、统计处分规定

---

① 中华人民共和国国家统计局．统计人员常用法律汇编［M］．2 版．北京：法律出版社，2008：532.

② 中华人民共和国国家统计局．统计人员常用法律汇编［M］．2 版．北京：法律出版社，2008：558.

等相关规定以及刑法中的规定相比，在具体责任类型的认定和法律惩治的方式手段方面都有所不同。概括来说，其他国家及地区与我国对于统计数字腐败法律规制的规定差异主要体现在以下几个方面。

首先，其他国家及地区大部分主要针对的是统计数字腐败行为当中的"自行造假"情形进行的定罪量刑，其中个别国家及地区如美国还针对"指使造假"的统计数字腐败行为进行了定罪量刑，加拿大和日本还专门对于"严重失察"的统计数字腐败情形进行了定罪量刑。而如前所述，我国统计法中除了对上述三种统计数字腐败行为进行了相应的规定之外，还对于统计数字腐败行为中的"打击报复"情形做出了规定。可见，与其他国家及地区相比，我国统计法律制度对于统计数字腐败行为的规定在类型上更加丰富多样，在内容上更加全面详细，具有非常鲜明的中国特色。当然，与其他国家及地区在统计法律中将统计数字腐败直接定为犯罪并且施以相应的刑罚不同，我国目前只是在《中华人民共和国统计法》等统计法律规定中对各种统计数字腐败行为规定了政务处理和党纪处分，要对统计数字腐败的责任主体追究相应的刑事责任，必须还要依照我国刑法中的有关规定进行定罪量刑。

其次，其他国家及地区对统计数字腐败行为予以定罪量刑，是按照一种犯罪行为来惩治。而我国是将"自行造假"、"指使造假"、"打击报复"和"严重失察"四种统计数字腐败行为归入滥用职权罪，打击报复会计、统计人员罪和玩忽职守罪来处置，将其分属于三个不同的罪名，而且犯罪构成要件也不尽相同，在量刑上也有显著差异。对此笔者认为，当前针对统计数字腐败行为专门在我国刑法中设立一个新罪名，这种做法并不是十分现实，而且由于统计数字腐败行为表现形式多样，很难在一个罪名之下将其所有的犯罪行为全部涵盖，因此，将统计数字腐败行为分别归入上述三种犯罪的做法更加符合我国当前的实际状况。

最后，应当看到其他国家及地区对统计数字腐败行为的刑事制裁力度很大，在将其作为犯罪行为进行认定的同时，都施以相应的财产刑（如罚金）或自由刑（如监禁、有期徒刑等）甚至两者同时并用，这对我们将统计数字腐败予以刑法规制具有一定借鉴意义和参考价值。但是，我国上述的滥用职权罪，打击报复会计、统计人员罪或玩忽职守罪三个罪名里的刑罚中都没有涉及罚金。对此笔者认为：在量刑上对统计数字腐败行为的刑罚处罚中施以罚金的做法，从我国目前来看不太有可行性。如前所述，由于犯罪主体实施统计数字腐败行为的根本目的不是为了金钱或者直接获得财产利益，因此，对其所涉及的犯罪处以罚金刑罚不是太妥当。而且，因为我国刑法在上述三种罪名中已经规定了应当对统计数字腐败的犯罪主体施以有期徒刑等自由刑，所以刑罚的惩治力和威慑力方面已经足够，完全可以起到制裁惩治作用。

总之，笔者认为由于世界各国的统计管理体制、法治文化传统以及具体现实国情不同，在法律制度规定方面当然不能整齐划一，因而对于统计数字腐败的刑事立法规制各具特色是非常正常的，所以没有必要完全照搬其他国家及地区的规定，但是可以进行吸收借鉴。一方面，我们要对具有中国特色的统计法律制度保持充分的自信，另一方面，也要认识到对统计数字腐败采取刑事立法规制，对其予以定罪量刑乃是大势所趋，符合国际社会发展潮流。因此，研究在我国现行刑法规定框架下对统计数字腐败予以刑法规制就是最好的选择。

第二节　"自行造假"和"指使造假" 可构成滥用职权罪

一、《中华人民共和国刑法》关于滥用职权罪规定内容的概述

所谓滥用职权罪，是指国家机关工作人员超过职权，违法决定、处理其无权决定、处理的事项，或者违反规定处理公务，致使公共财产、国家和人民利益遭受重大损失的行为。① 1979 年《中华人民共和国刑法》对于一般的滥用职权行为，没有明确规定为犯罪，只是在报复陷害罪的罪状中直接使用了"滥用职权"一词。1997 年修订时，立法机关采纳了刑法理论界学者和司法实践部门的建议，在第三百九十七条中保留了原来的玩忽职守罪罪名的同时，又同时增加规定了国家机关工作人员滥用职权的犯罪行为，增设了滥用职权罪。同时，根据最高人民法院、最高人民检察院联合发布的《关于执行〈中华人民共和国刑法〉确定罪名的补充规定（一）》的规定，取消了原来旧的刑法中所规定的"国家机关工作人员徇私舞弊罪"这个罪名。因此，如果行为人触犯了《中华人民共和国刑法》第三百九十七条的相关规定，将会构成滥用职权罪或者是玩忽职守罪，而徇私舞弊是作为滥用职权罪和玩忽职守罪的一个从重处罚情节加以认定的，徇私舞弊本身不再构成一个独立的犯罪罪名。

---

① 高铭暄，马克昌．刑法学［M］．7 版．北京：北京大学出版社、高等教育出版社，2016：644.

　　总体而言，我国刑法中涉及徇私舞弊的渎职犯罪共有十余个罪名，包括徇私枉法罪，徇私舞弊减刑、假释、暂予监外执行罪，徇私舞弊不移交刑事案件罪，徇私舞弊不征、少征税款罪等。① 然而遗憾的是，这些犯罪中并没有对徇私舞弊进行统计数字造假规定相应的罪名，没有将各种统计数字腐败行为直接认定为是一种独立的犯罪行为。对此笔者认为，统计数字腐败行为中"自行造假"和"指使造假"这两种表现形式，在一定情形之下有可能符合刑法第三百九十七条所规定的犯罪构成要件，可以按照滥用职权罪来进行定罪量刑。

二、"自行造假"和"指使造假"都属于徇私舞弊行为

　　有学者认为，徇私舞弊是指谋求私情私利，用欺骗的方式等违法乱纪，损害国家利益。② 根据最新版《现代汉语词典》的解释，"徇私"和"舞弊"这两个词是各有各的解释。"徇私"是指"为了私利而做不合法的或错误的事"③，而"舞弊"是指"用欺骗的方式做违法乱纪的事情"④。因此，综上所述"徇私舞弊"就可以综合归纳为"为了私利，用欺骗的方式做违法乱纪的事情"。有学者认为，《中华人民共和国刑法》第三百九十七条第二款对于滥用职权罪设置了行为加重（加重实行行为）：徇私舞弊并滥用职权。这就意味着，"滥用职权"属于基准实行行为，而"滥用职权＋徇私舞弊"属于加重实行行为；基于

---

① 吴飞飞. 论渎职犯罪中的"徇私舞弊"［J］. 河南大学学报（社会科学版），2013（4）.
② 张小虎. 论我国刑法滥用职权罪的实行行为［J］. 法学杂志，2009（11）.
③ 中国社会科学院语言研究所词典编辑室. 现代汉语词典［M］. 7版. 北京：商务印书馆，2016：1495.
④ 中国社会科学院语言研究所词典编辑室. 现代汉语词典［M］. 7版. 北京：商务印书馆，2016：1391.

加重实行行为而符合的犯罪构成，归属加重构成而对应于加重法定刑。① 统计工作中的统计数字等数据资料，原本应该是经济社会发展客观事实的真实反映，然而，少数单位负责人却为了彰显自己的政绩和获得更好的前程，就采取"自行造假"或者"指使造假"的统计数字腐败行为，对其认为不满意的数字进行修改、编造，为其"层层注水"，致使统计数字失真，社会综合评定失效。这种"自行造假"或"指使造假"的统计数字腐败行为将统计数字沦为手中玩物，将严肃的政府统计工作变成一种可操控的"数字魔术游戏"，任其随意变大缩小，浮夸出一个个"辉煌"的政绩，为将来自身仕途的提职晋升创造条件和铺平道路，这种为了一己私利，用欺骗方式所做出的违法乱纪行为，完全可以适用刑法中的滥用职权罪来追究。而且，根据《中华人民共和国刑法》第三百九十七条第二款的规定，如果其造成了严重后果还属于从重处罚情节，应当处五年以下有期徒刑或者拘役；情节特别严重的，处五年以上十年以下有期徒刑。根据 2013 年 1 月 9 日起施行的《最高人民法院、最高人民检察院关于办理渎职刑事案件适用法律若干问题的解释（一）》（以下简称《两高办理渎职案件解释（一）》）还对滥用职权罪和玩忽职守罪中"致使公共财产、国家和人民利益遭受重大损失"和"情节特别严重"进行了详细的规定。而对于"指使造假"这种统计数字腐败行为，根据《两高办理渎职案件解释（一）》第五条的规定："国家机关负责人员违法决定，或者指使、授意、强令其他国家机关工作人员违法履行职务或者不履行职务，构成刑法分则第九章规定的渎职犯罪的，应当依法追究刑事责任。以'集体研究'形式实施的渎职犯罪，应当依照刑法分则第九章的规定追究国家机关负有责任的

---

① 张小虎. 论我国刑法滥用职权罪的实行行为 [J]. 法学杂志，2009（11）.

人员的刑事责任。对于具体执行人员，应当在综合认定其行为性质、是否提出反对意见、危害结果大小等情节的基础上决定是否追究刑事责任和应当判处的刑罚。"

三、两种行为构成滥用职权罪的犯罪构成要件分析

（一）犯罪主体的构成要件分析

从犯罪的主体、客体和主观方面来看，"自行造假"和"指使造假"统计数字腐败行为在一定情形下也符合滥用职权罪的构成要件。首先，滥用职权罪的犯罪主体应属于特殊主体，其必须是国家机关工作人员。根据《中华人民共和国统计法》第三十七条的规定，"自行造假"和"指使造假"的主体是"地方人民政府、政府统计机构或者有关部门、单位的负责人"，该条规定是对原来 1996 年《中华人民共和国统计法》第二十六条的修订。在 1996 年《中华人民共和国统计法》第二十六条规定中，其对统计数字腐败行为主体用的称谓是"地方、部门、单位的领导人"，而 2010 年《中华人民共和国统计法》第二次修订后，在其三十七条中用的称谓是"地方人民政府、政府统计机构或者有关部门、单位的负责人"，增加了"政府统计机构"这一国家机关，并将"领导人"改为"负责人"，用词更加的明确、规范、科学。因此，"自行造假"和"指使造假"统计数字腐败行为主体就是指各级地方人民政府、政府统计机构以及其他国家机关中的有关部门、单位的负责人，这些负责人都属于国家机关工作人员，这与滥用职权罪的主体要求相符合，都可以构成本罪。

（二）犯罪客体的构成要件分析

滥用职权罪侵犯的客体是国家机关的正常管理活动。"国家机关的

正常管理活动"这个词义本身的范围就特别广泛，可以包括一切与国家政府公共行政管理行为有关的组织、实施和决策等各种行为。学界对于滥用职权罪保护客体，基本认为滥用职权罪保护的客体是单一客体，具体为国家机关的正常管理活动。① 当然，也有学者认为滥用职权罪保护的客体是双重客体，不仅包括国家机关的正常管理活动，还包括公民的人身和财产权利等利益。② 笔者认为，滥用职权罪表现为故意滥用国家赋予的权力，侵犯的是国家工作人员职务行为的正当性，但不应该表现为人身权利或财产权利等利益，因而不应认定滥用职权罪为双重客体。现代法治的具体要求也体现在滥用职权罪保护的客体方面。要想真正实现法治，必须对公职人员的职务行为的正当性提出一些更高的要求。我国公务员法等相关法律规定中确定了相应的职责和义务，即要求其必须要依照规定的权限和程序认真履行职责、遵守法律规定、恪守职业道德、忠于职守、勤勉尽责。③ 由于国家机关工作人员的职务行为本身是一种国家政府用法律规定赋予特定主体的特殊权力，因此，其必须按照法律规范正当行使，才能保证职权行为的正确实施和公务活动的顺利开展。滥用职权罪保护的客体是公职人员职务行为的正当性。这里正当性是公权主体行使职权的最基本要求，其内容当然包括职务行为的合法性。合法性是指符合现有法律、法规和规章的规定，强调职务行为要在法律规范的指引和约束下正确行使才不会导致滥用职权现象发生。④ "自行造假"和"指使造假"的统计数字腐败行为都严重地干扰了国家统计工作，使得统计数据失真，无法反映真实状况，影响宏观经济决

---

① 贾宇. 刑法学［M］. 3 版. 北京：中国政法大学出版社，2017：558.
② 廖增军. 滥用职权罪与公民权利保障［J］. 政法论坛，1996（4）.
③ 萧鸣政，张满. 公务员职业道德规范及其内化机制分析［J］. 东北师范大学学报（哲学社会科学版），2012（5）.
④ 刘毅. "合法性"和"正当性"的译词辨［J］. 学术评论，2007（3）.

策，损害政府公信力。因此，"自行造假"和"指使造假"行为人严重违背了国家机关工作人员公共职务行为的正当性，其滥用职权行为使得整个社会公共秩序都被打破而遭受侵犯，会对党和政府造成恶劣影响。因此，这两种统计数字腐败行为都符合滥用职权罪的客体要件。

（三）犯罪主观方面的构成要件分析

滥用职权罪在主观方面要求行为人必须是故意，即行为人明知自己徇私舞弊滥用职权的行为会给公共财产、国家和人民利益造成重大损失，并且希望或放任这一损害结果的发生。在实践中，本罪绝大多数出自间接故意，但也可能有直接故意的存在，过失不能构成本罪。[①] 然而，"自行造假"和"指使造假"这两种统计数字腐败行为都是行为人出于为满足自己的政绩指标和提升职位需要而主动进行的。当然，也会有很多统计数字腐败的行为人为了给自己辩解，往往会找一些借口为自己开脱。例如，有些统计数字腐败行为人提出了"动机善良论"，即表明其主观方面的动机和出发点是善意的，是为了大家和集体的所谓"共同利益"着想，属于"好心办坏事"，因而是"情有可原"；有些统计数字腐败行为人提出了"工作失误论"，即认为是由于自己的能力水平不够、办事的经验不足所致，认为这些造假行为属于工作上的无心之失，犯错在所难免，只要今后"下不为例"即可；有些统计数字腐败行为人争辩自己是"腰包未鼓"，即认为其既没有收入钱财、中饱私囊，也没有吃拿卡要、贪污受贿，因此，认为自己只是在统计数字上动动手脚，根本不构成犯罪，"只要不收钱，咋干咋有理"；等等。笔者认为，上述的这些理由都掩盖不了行为人内心明知徇私舞弊违法，仍对

---

① 高铭暄，马克昌. 刑法学 [M]. 7 版. 北京：北京大学出版社、高等教育出版社，2016：645.

统计数字进行造假的本质，因此，"自行造假"和"指使造假"的统计数字腐败行为都符合滥用职权罪的主观方面要件。"自行造假"和"指使造假"这两种统计数字腐败行为，造假者的主观动机就是为了谋取个人的私利，绝非"动机善良"；是行为人故意为之，而并非"工作失误"；虽然统计数字腐败的行为人自己可能是分文未取，但却具有社会危害性。因此，上述这些借口和理由都掩盖不了统计数字腐败违法本质，忽视了其具有的社会危害性，"自行造假"和"指使造假"的统计数字腐败行为都符合滥用职权罪的主观方面构成要件，应当严格依照我国刑法的相关规定追究行为人的刑事责任。

（四）犯罪客观方面是其能否定罪的关键

根据我国刑法学界的普遍观点，滥用职权罪的客观方面构成要件一般都包括两个要素：第一，行为人具有滥用职权的行为；第二，滥用职权行为给公共财产、国家和人民利益造成了重大损失。① 滥用职权行为，只有致使公共财产、国家和人民利益遭受重大损失的，才成立犯罪。② 因此，"自行造假"和"指使造假"这两种统计数字腐败行为是否能构成徇私舞弊的滥用职权罪，关键就在于"自行造假"和"指使造假"在客观方面是否能够达到《中华人民共和国刑法》第三百九十七条规定的"致使公共财产、国家和人民利益遭受重大损失的"社会危害程度，这也是区分这两种统计数字腐败行为罪与非罪的重要标准。根据自 2013 年 1 月 9 日起施行的《最高人民法院、最高人民检察院关于办理渎职刑事案件适用法律若干问题的解释（一）》的规定，"致使公共财产、国家和人民利益遭受重大损失"的情形主要有三类，即人

---

① 高铭暄，马克昌. 刑法学［M］. 7 版. 北京：北京大学出版社、高等教育出版社，2016：644.

② 张明楷. 刑法学［M］. 5 版. 北京：法律出版社，2016：1245.

身伤亡、经济损失和恶劣影响。其中恶劣影响是指"造成恶劣社会影响的";而且,如果是"造成特别恶劣社会影响的",还属于《中华人民共和国刑法》第三百九十七条所规定的"情节特别严重"情形。"自行造假"和"指使造假"这两种统计数字腐败行为在一般情况下是不会造成人身伤亡的,但是这两种行为是否会"造成恶劣社会影响"甚至是"造成特别恶劣社会影响"的结果呢?对此笔者认为,"自行造假"和"指使造假"这两种统计数字腐败行为是完全有可能产生恶劣社会影响的。由于统计数字腐败行为所导致的数据失真,不仅可能会直接误导国家经济决策,导致形势判断不准,调控措施不到位,影响国家经济社会增长速度和发展质量,而且,还有可能会带来巨大的负面影响,其会降低政府统计的公信力,并引起连锁反应,会让社会公众对统计工作的真实性产生怀疑,极大影响党和政府在人民群众中的威信,给我国的社会主义经济的快速健康发展带来很多不稳定的因素。而统计数字腐败行为造出的注水数字,恰恰为这些人提供了可以利用的借口,会使国际社会对我国政府统计工作产生质疑,对中华民族复兴和中国梦的实现带来各种不必要的困难和障碍,这是远比一些直接经济损失更为严重的危害。因此,"自行造假"和"指使造假"的两种统计数字腐败行为也会"造成恶劣社会影响"甚至还有可能"造成特别恶劣社会影响",而在上述这种情况下,就必须按照刑法的规定,用滥用职权罪来追究统计数字腐败造假者的刑事责任,达到惩前毖后的刑法功能和目标。

如前所述,"自行造假"和"指使造假"两种统计数字腐败行为会"造成恶劣社会影响"甚至是"造成特别恶劣社会影响"的结果,但是在现实中,如何对这两种情形进行区分?何种情形为"造成恶劣社会影响",而何种情形为"造成特别恶劣社会影响"?对此笔者认为,最高人民法院、最高人民检察院应当出台司法解释，对"造成恶劣社会影响"和"造成特别恶劣社会影响"分别进行具体解释。笔者认为，由于"自行造假"和"指使造假"两种统计数字腐败行为是对统计数字进行造假，那么既然其造假的对象是统计数字，那就用统计数字来衡量是否达到"造成恶劣社会影响"和"造成特别恶劣社会影响"则更为合适。也就是说，具体要看"自行造假"或者"指使造假"的统计数字腐败行为涉及的"统计数字失实数额占应报数额的比例"来判断其究竟属于"造成恶劣社会影响"还是"造成特别恶劣社会影响"。也就是说，具体要根据"自行造假"或者"指使造假"的统计数字腐败责任主体造假行为所涉及的"统计数字失实数额占应报数额的比例"来衡量判断其"造成社会影响"的"恶劣"程度。笔者认为，如果"自行造假"或者"指使造假"的统计数字腐败行为"统计数字失实数额占应报数额的比例"超过了60%，那么就应属于"造成恶劣社会影响"，应当将其认定为属于《中华人民共和国刑法》第三百九十七条中规定的"致使公共财产、国家和人民利益遭受重大损失"，此时应当将"自行造假"或者"指使造假"的统计数字腐败行为认定为滥用职权罪，处三年以下有期徒刑或者拘役。如果"自行造假"或者"指使造假"的统计数字腐败行为"统计数字失实数额占应报数额的比例"超过了90%，那么就应当属于"造成特别恶劣社会影响"，此时，就应当将其认定为属于刑法中所规定的"情节特别严重"情形，同样，也认定构成滥用职权罪，处三年以上七年以下有期徒刑。总之，用"统计数字失实数额占应报数额的比例"来衡量判断造成社会影响的恶劣程度予以定罪量刑的方法较为科学。

第三节 "打击报复"可构成打击
报复会计、统计人员罪

一、《中华人民共和国刑法》关于打击报复会计、统计人员罪的概述

所谓打击报复会计、统计人员罪，就是指公司、企业、事业单位、机关、团体的领导人，对依法履行职责、抵制违反会计法、统计法行为的会计、统计人员实行打击报复，情节恶劣的行为。① 《中华人民共和国刑法》在第二百五十五条规定了打击报复会计、统计人员罪，这主要为了与 1993 年修订的《中华人民共和国会计法》和 1996 年修订的《中华人民共和国统计法》相关规定进行衔接，因此，我国在 1997 年修订《中华人民共和国刑法》时，除了在第二百五十四条规定了报复陷害罪之外，又在第二百五十五条增设了打击报复会计、统计人员罪。由于笔者在这里专门研究统计数字腐败问题，因此，笔者下文仅就打击报复会计、统计人员罪在实际统计工作中出现的相关问题进行分析。

首先，这里的"打击报复"，就是指《中华人民共和国统计法》第三十七条规定的地方人民政府、政府统计机构或者有关部门、单位的负责人，对依法履行职责或者拒绝、抵制统计违法行为的统计人员实施"打击报复"的统计数字腐败行为。由于统计数字往往直接关系到领导干部尤其是单位负责人其个人的政绩和仕途的升迁，因此，就有一些单

---

① 高铭暄，马克昌. 刑法学［M］. 7 版. 北京：北京大学出版社高等教育出版社，2016：483.

位负责人千方百计地指使统计人员按其意志上报统计数字，如果遇到一些坚持原则、正直严明、忠于职守、拒不服从的统计人员，就会以各种方式对其加以排挤、打压和刁难，公开或者是采取隐蔽手段对其进行打击报复。例如，一个乡统计员由于上报的统计数字不符合乡领导意图，乡领导便要求统计员调整统计数据，而倔强正直的统计员硬是顶住了领导的授意，将统计数据如实上报，结果在次年初，乡领导新调来一名统计员接替了他的工作，还美其名曰地提拔他为乡文化站的站长，半年后这位工作能力强的非正式国家干部的乡统计员遭遇解雇。① 此外，还有一些打击报复行为的行为，如公然进行人身伤害，表现在授意、指使殴打统计人员；滥用职权，侵犯统计人员的合法权益，表现在调离岗位、扣发工资、降低待遇等；利用合法手段，达到打击报复之非法目的，表现在借改革、"优化组合"之名排除异己；利用群众对局部利益及眼前利益的期望心理，煽动群众围攻或孤立统计人员等。② 上述这些单位负责人对统计人员采取隐蔽或公开的方式实施"打击报复"的统计数字腐败行为，严重破坏了国家统计管理制度、干扰了统计工作的正常秩序、造成了极为负面的社会影响，其中更为恶劣的一些行为还直接侵犯了统计人员的人身权利。因此，为了维护我国统计制度的严肃和公正，全面、有效地保障统计人员的合法权益，严格依法惩治上述的各种"打击报复"的统计数字腐败行为，我国在 1997 年修订刑法时专门就在第二百五十五条中对此问题规定了打击报复会计、统计人员罪。③ 但是至今的二十多年来，从历次全国统计法律法规执行情况大检查的调查结果来看，当前各地方尤其在基层对统计人员进行打击报复的现象还是

---

① 张全德. 行政干预是统计执法的最大难题［J］. 中国统计，2004（11）.
② 张斌. 如何理解打击报复会计、统计人员罪［J］. 统计与咨询，2000（1）.
③ 张平. 试论打击报复会计、统计人员罪［J］. 统计与决策，2005（9）.

比较严重的。而且，打击报复采取的方式手段也是多种多样，而遭受打击报复的统计人员由于长期得不到公正对待、问题得不到有效解决，有些甚至被剥夺了工作的权力，致使有些统计人员在身心方面受到严重摧残。这种统计数字腐败行为的屡屡出现还使其他的统计人员不敢坚持真理，即使明知单位负责人有统计违法违纪行为，但因怕被"穿小鞋"，怕领导"秋后算账"，而不敢勇于揭发、检举。这种现象损害了国家统计法律法规的严肃性，严重影响廉政建设，因此，现实问题亟须通过完善刑事立法对各种"打击报复"的统计数字腐败行为加以规制。

二、打击报复会计、统计人员罪的犯罪构成要件分析

（一）犯罪主体的构成要件分析

根据《中华人民共和国刑法》第二百二十五条的规定，打击报复会计、统计人员罪的犯罪主体属于一种特殊主体，即其必须是"公司、企业、事业单位、机关、团体的领导人"，也正是因为这些人作为上述这些单位部门的领导人，才能够有条件、有机会利用手中权力实施各种打击报复行为。当然，这比《中华人民共和国统计法》第三十七条所规定的"地方人民政府、政府统计机构或者有关部门、单位的负责人"统计数字腐败主体范围更大，但是，无论是地方人民政府的负责人还是政府统计机构的负责人，或者是有关部门、单位的负责人，其都是属于上述打击报复会计、统计人员罪的犯罪主体，因此"打击报复"统计数字腐败主体都包含在打击报复会计、统计人员罪的犯罪主体范围之内，完全符合打击报复会计、统计人员罪的犯罪主体构成要件。"打击报复"的统计数字腐败犯罪产生的外部条件，就是由于这些单位负责人与被打击报复的统计人员之间在实质上存在的不平等地位。对此有学

者认为，行政管理机构中领导干部与下属之间的地位是不平等的——这种不平等概括为集中与分散的不平等、强制与非强制的不平等、明确与模糊的不平等、时间上的先后差别。① 在我国目前的行政机关公职人员的管理体制之下，实行行政首长个人负责制。作为单位负责人直接掌握单位的行政管理职权，并且对包括统计人员在内的下属各级人员的具体职位、工作变动、职务晋升等将会发挥巨大的影响作用，统计人员只是在单位中从事统计工作的普通一员，往往在单位的很多行政管理工作方面都要接受单位负责人的直接领导，并且要服从单位负责人的行政指示或者决定安排。因此，统计人员在工作中如果坚决履行统计职责，拒绝或者抵制单位负责人的统计数字腐败行为，往往就会遭到少数单位负责人的打击报复，而且很难进行发现和追究。对此有学者指出，当腐败者是作为上级相关机构部门官员时，作为下属的工作人员想要维护自身利益或公共利益、拒绝对上级"效忠"与"遵命"，就会陷入相当危险的境地，可能会在生活、事业、名声和个人经济收入等方面遭受严重的损害。② 因此，对"地方人民政府、政府统计机构或者有关部门、单位的负责人"这些"打击报复"的统计数字腐败犯罪主体，在构成打击报复会计、统计人员罪是一定要依法予以追究规制，这样才能真正维护统计人员的合法权益，并且通过刑事追究来惩恶扬善，真正保障我国政府机关单位统计工作顺利进行。

（二）犯罪客体的构成要件分析

打击报复会计、统计人员罪，其主要侵犯的客体是统计人员的人身权利、民主权利以及国家的统计管理制度，属于复杂的犯罪客体。对此

---

① 周志忍. 政府管理的行与知［M］. 北京：北京大学出版社，2008：51.
② ［美］特里·L. 库珀. 行政伦理学：实现行政责任的途径［M］. 4 版. 北京：中国人民大学出版社，2001：186.

有学者认为，打击报复会计、统计人员罪主要侵犯的客体是统计人员的人身权利和民主权利，即刑法所重点保护的社会关系。① 我们应当采取必要措施，切实保护广大统计人员应有的合法权益，必须严厉打击那些敢于对统计人员打击报复的严重违法者。② 犯罪行为的社会危害性是犯罪自身最本质、最主要的特征，因此，犯罪行为社会危害性的大小程度也是划分犯罪行为和其他违法行为的根本界限。在现实司法实践中，应当根据实际发生的"打击报复"统计数字腐败行为的具体情况，认真分析其所具有的社会危害性是否达到了刑法所规定的犯罪程度，并且严格按照犯罪构成的要件分析认定打击报复行为是否符合打击报复会计、统计人员罪。那些在实际工作中对统计人员进行百般刁难、打击迫害的严重打击报复行为，必须严格依照刑法的规定，将其认定为打击报复会计、统计人员罪，按照刑法的罪责刑相适应的原则，对"打击报复"统计数字腐败的犯罪主体判处相应的刑罚，决不能对"打击报复"统计数字腐败的犯罪行为以党纪政纪等处分方式来代替刑事处罚，更不能采取职务调换等方式使犯罪主体逍遥法外。

（三）犯罪主观方面的构成要件分析

应当看到打击报复会计、统计人员罪的主观方面为直接故意，并且具有打击报复的目的，间接故意和过失不构成本罪。"打击报复"统计数字腐败犯罪主体之所以进行打击报复行为，是由于统计人员依法履行职责，或者是拒绝、抵制了该统计数字腐败主体的统计违法行为。单位负责人之所以会对统计人员实施各种"打击报复"的统计数字腐败行为，究其原因就是由于作为单位负责人下属的有关统计人员依法履行了

---

① 张平. 论打击报复统计人员罪与报复陷害罪的界限 ［J］. 统计与决策，2007（7）.
② 严家英. 打击报复统计人员应负法律责任 ［J］. 中国统计，1990（4）.

统计职责，或者对单位负责人各种统计违法等统计数字腐败行为进行了拒绝和抵制，从而使单位负责人的各种统计数字造假、弄虚作假行为的最初目的完全落空，导致单位负责人认为会影响到个人的政绩或者职位的晋升，从而产生了对统计人员进行打击报复的犯罪动机。因此，在犯罪动机这一方面，打击报复会计、统计人员罪与报复陷害罪有所不同，报复陷害罪的犯罪主体其动机主要是出于被害人依法行使了控告、申诉、批评、举报等民主权利，而上述民主权利的形式直接或者间接触犯了报复陷害罪犯罪主体的私人利益，因而，打击报复统计、会计人员罪与报复陷害罪的犯罪动机也就是报复意图是有所区别的。因此，在日常工作中判断单位负责人是否构成打击报复统计、会计人员罪，一定要分析打击报复行为实施主体也就是单位负责人的主观动机。如果只是普通的上级领导和下级人员之间的相关业务工作管理行为，单位负责人可能对作为下属的统计人员没有完成本职工作或者工作表现不满意，对其进行了具体职务的调整或者是工作职位的变动，但是由于没有认真查清问题，做出决定时考虑不周，或者处理问题的方法过于简单，对统计人员造成了一定的负面影响，甚至是使统计人员遭受了委屈和不公正对待，产生了不满的想法。在这种情况下，单位负责人对于下属统计人员所采取的任何不适当处理，其自身在主观上并没有任何打击报复的犯罪动机，此时只是由于单位负责人的行政行为不当而造成的，由于缺少犯罪主观方面的犯罪动机要素，因而不能构成打击报复会计、统计人员罪。

（四）犯罪客观方面的构成要件分析

打击报复会计、统计人员罪的客观方面表现为单位负责人对依法履行职责、抵制违反统计法行为的统计人员实施打击报复。其中"依法履行职责"是指统计人员依照《中华人民共和国统计法》及相关的统计规定履行其法定职责，如依法进行统计调查、分析、搜集整理统计资料、实行统计监督等；"抵制违反统计法的行为"是指统计人员对领导人强令、授意其违反统计法等规定的"自行造假""指使造假"等行为予以抵制，拒绝服从该单位负责人的统计违法行为等。这里的"打击报复"具体情形，有些学者认为是指"采用调动工作、撤换职务、进行处罚以及其他方法进行报复打击"①，在实践中包括单位负责人在政治上、精神上，在日常工作中或人事任免时，折磨、迫害统计人员的行为。同时，这种打击报复的行为必须是达到"情节恶劣"情形才构成本罪。"情节恶劣"是指实施打击报复的统计数字腐败行为的犯罪主体手段卑鄙、造成后果严重、社会影响极坏等情况，具体情形可参照《最高人民检察院关于渎职侵权犯罪案件立案标准的规定》来衡量。根据该规定，打击报复行为是否属于"情节恶劣"情形，要看打击报复的行为是否导致统计人员本人或者其近亲属自杀、自残造成重伤、死亡，或者精神失常，或者其是否致使统计人员自身或者其近亲属的其他合法权利受到严重损害等情形。如果有上述的损害后果出现，就会构成打击报复会计、统计人员罪。另外，在现实工作中还有各种暗中的"打击报复"统计数字腐败行为，由于采取合法手段，而且行为十分隐蔽，暗中打击报复统计人员的行为的形式十分多样，有些披上合法化的外衣。例如，借机构优化组合、岗位期限届满等机会，授意领导班子对统计人员做出不公正的处理；还有些利用统计人员工作中的偶然失误，充分借题发挥，对统计人员做出不恰当的处理等。对暗中的"打击报复"统计数字腐败行为予以定罪量刑，主要还是看其是否属于"情节恶劣"情形，也就是要看打击报复的行为是否导致统计人员自身或者其近亲属的其他合法权利受到严重损害等情形。如果行为导致了上述损

---

① 黎宏. 刑法学各论 [M]. 2 版. 北京：法律出版社，2016：272.

害后果出现，也会构成打击报复会计、统计人员罪。

（五）打击报复会计、统计人员罪的量刑

对公开或者暗中打击报复统计人员犯罪行为的漠视、不作为甚至姑息迁就，不仅会干扰影响正常的政府统计工作，严重侵犯统计人员的人身合法权益，挫伤其工作的热忱和积极性，还会助长"打击报复"的统计数字腐败犯罪主体的嚣张气焰，因此，必须对打击报复会计、统计人员罪的犯罪主体施以刑事处罚，并按其情节轻重予以适当量刑。我国在打击报复会计、统计人员罪的量刑方面，按照《中华人民共和国刑法》第二百五十五条的规定，对该种犯罪行为应当处三年以下有期徒刑或者拘役。当然，对于构成打击报复会计、统计人员罪应当处以何种刑罚幅度的问题，有学者提出，无论打击报复行为的社会危害性如何严重，最多也只能处三年有期徒刑。这样的刑罚力度有可能导致无法实现罪责刑相适应原则。相比较而言，刑法中对打击报复证人罪的法定刑配置更为合理。根据《中华人民共和国刑法》第三百零八条的规定：对证人进行打击报复的，处三年以下有期徒刑或者拘役；情节严重的，处三年以上七年以下有期徒刑。因此，本罪法定刑的配置也应参考打击报复证人罪的立法模式，增加加重情节的量刑幅度，以便适应社会危害性大小不同的各种情形，更好地实现罪责刑相适应原则。① 对于上述观点笔者认为，打击报复证人罪是属于妨害社会管理秩序罪中妨害司法的犯罪，其本身的危害性更大，因此，打击报复证人罪在量刑方面明显较重；而打击报复会计、统计人员罪是属于侵犯公民人身权利、民主权利罪中侵犯公民个人的人格以及名誉的犯罪，因此，由于该行为所造成的社会危害性较小，在量刑方面自然也比较轻。因此，打击报复会计、统

---

① 谢雄伟. 论统计工作的刑法保护［J］. 统计与决策，2006（11）.

计人员罪和打击报复证人罪两者在犯罪客体方面明显不同，不宜放在一起进行比较。此外笔者还认为，其实只要对统计数字腐败中的各种打击报复行为都能以打击报复会计、统计人员罪来定罪量刑，即使对"打击报复"统计数字腐败的犯罪主体最多只能判处三年有期徒刑，但是，该种刑罚对于"打击报复"统计数字腐败行为实施者本人来说在惩戒程度上已经足够了。在我国目前司法实践当中，亟须解决的问题并不是在量刑方面的轻重，而是在现实工作中大量的"打击报复"统计数字腐败行为得不到应有的刑事追究，打击报复的实施主体无法受到刑罚惩治的问题。

第四节　"严重失察"的统计数字腐败可构成玩忽职守罪

一、《中华人民共和国刑法》关于玩忽职守罪规定内容的概述

所谓玩忽职守罪，是指国家机关工作人员严重不负责任，不履行或不正确地履行职责，致使公共财产、国家和人民利益遭受重大损失的行为。[①] 其中所谓的"不履行"，具体就是指国家机关工作人员本来应当积极履行负责的本职工作，认真完成公职人员的法定职责，而且，该国家机关工作人员完全具备履行的客观要件，而且也有相应的履行能力和素质水平做好其所应承担的法定职责，但是，该国家机关工作人员的实

---

① 高铭暄，马克昌. 刑法学［M］. 7 版. 北京：北京大学出版社、高等教育出版社，2016：646.

际行为却与法定责任完全背离，没有履行相应的职责，这是一种被动的、消极的、以不作为形态表现出来的腐败方式。而所谓的"不正确履行"，就是指国家机关工作人员在履行法定职责的行政管理工作中，没有认真地遵守相关职责的具体程序和限制规定，使得行政行为履行的方式完全偏离了正常状态，履行的结果也完全不符合行政行为预期的目的。有学者认为，由于不同的国家机关工作人员具有不同的职责，而且，同一国家机关工作人员在不同时期、不同条件下的职责也不一定相同，因此，玩忽职守行为有各种不同的具体表现。[①] 如前所述根据《中华人民共和国统计法》第三十七条的规定，统计数字腐败四种类型中的"严重失察"，就是地方人民政府、政府统计机构或者有关部门、单位的负责人对本地方、本部门、本单位发生的严重统计违法行为失察。众所周知，我国的国家机关工作人员是人民的公仆，本应该勤勤恳恳、认真负责、恪尽职守、努力工作，全心全意为人民服务。但是，有一些单位负责人的领导干部自身的官僚主义作风还比较严重，对本职工作疏于管理、不负责任，对自己的职责要么不履行，要么就是敷衍了事不正确履行。一些地方人民政府、政府统计机构或者有关部门、单位的负责人，虽然其本人没有直接实施前文中所述的"自行造假""指使造假"或者"打击报复"等统计数字腐败行为，但是，该单位负责人对本地方、本部门或者本单位在统计工作中的弄虚作假、统计数字造假等严重统计违法行为却是漠不关心、毫不在意。在不少地方和基层单位部门中，"层层作假，级级糊弄，按需捏数，皆大欢喜"已成为通行做法和不公开的事实。[②] 有些单位负责人虽然明知本单位中有些严重统计违法行为发生，但是，为了能够完成上级的任务和顾及自己的利益，也往往

---

① 张明楷. 刑法学［M］. 5 版. 北京：法律出版社，2016：1248.
② 朱海滔. "数字出政绩" 导致统计腐败［N］. 中国商报，2012 – 04 – 13.

对统计数字腐败等各种统计违法行为睁一眼闭一眼，对违法行为视而不见、放任不管。有些单位负责人担心提出批评纠正意见，就会伤及对方面子、伤害彼此感情，恐怕会引起冲突、产生矛盾，因此，就选择了明哲保身，搞无原则的团结，明知违法也不抵制，宁做和事佬、甘当老好人。

二、"严重失察"认定为玩忽职守罪的构成要件分析

"严重失察"的统计数字腐败行为也会损害党和政府的公信力，阻碍社会经济健康发展，绝不能等闲视之。要改变这一现象，不仅应当依法追究具体实施统计违法行为人员的责任，还应当追究负责人对本地方、本部门、本单位所发生的严重统计违法行为失察的刑事责任。玩忽职守罪作为渎职犯罪的典型犯罪之一，与滥用职权罪都在刑法第三百九十七条有具体规定。一般而言，玩忽职守罪的犯罪构成要件一般要包括三个要素：一是行为主体必须为国家机关工作人员，二是有玩忽职守的行为，三是致使公共财产、国家和人民利益遭受重大损失。[①]

（一）犯罪主体的构成要件分析

"严重失察"在一定情况下可以构成玩忽职守罪。玩忽职守罪的犯罪主体同滥用职权罪一样都是特殊主体，必须是国家机关工作人员。根据《中华人民共和国统计法》第三十七条的规定，"严重失察"统计数字腐败行为主体是"地方人民政府、政府统计机构或者有关部门、单位的负责人"，而这里规定的"地方人民政府、政府统计机构或者有关部门、单位的负责人"就是指各级地方人民政府、政府统计机构以及

---

① 张明楷．刑法学［M］．5 版．北京：法律出版社，2016：1248.

其他国家机关中的有关部门、单位的负责人，因此，上述这些单位负责人都属于国家机关工作人员，可以按照玩忽职守罪予以定罪量刑。

（二）犯罪主观方面的构成要件分析

与滥用职权罪的犯罪主观方面有所不同，玩忽职守罪在主观方面只能出自主体的过失，故意不能构成本罪。① 刑法理论上的所谓罪过，是指行为人对自己行为将引起的危害社会的结果所持有的一种故意或过失的心理态度。它是犯罪主观方面的重要内容，反映了行为人的主观恶性。② 从文理解释和论理解释的角度分析，玩忽职守罪属于过失职务犯罪。《中国大百科全书·法学》将渎职罪解释为国家工作人员利用职务上的便利或者玩忽职守，危害国家机关的正常活动，致使国家和人民利益遭受重大损失的行为。③ 而在"严重失察"的统计数字腐败行为中，地方人民政府、政府统计机构或者有关部门、单位的负责人，对本地方、本部门、本单位发生的严重统计违法行为，有时候确实是并不知情，但是漠不关心、毫不在意，应当预见而没有预见，这就属于一种疏忽大意的过失。另外，有些是明知有严重的统计违法出现，但却视而不见、放任不管，已经预见但轻信能够避免，这就属于过于自信的过失。但无论是哪一种过失，"严重失察"这种统计数字腐败行为都符合玩忽职守罪的主观要件。

（三）犯罪客体的构成要件分析

玩忽职守罪所侵犯的客体主要是国家机关的正常行政管理活动。由

---

① 高铭暄，马克昌.刑法学［M］.5版.北京：北京大学出版社、高等教育出版社，2016：647.

② 蒋小燕.渎职罪比较研究［M］.北京：中国人民公安大学出版社，2004：296.

③ 中国大百科全书总编辑委员会.中国大百科全书·法学［M］.北京：中国大百科全书出版社，2006：178.

于犯罪客体可以反映犯罪行为直接威胁的社会关系，或者该犯罪行为直接损害的社会关系，而这些社会关系都是受到我国刑法保护的，因此，犯罪客体反映出该种犯罪行为的本质属性。有学者认为，玩忽职守罪侵犯的客体是国家机关的正常公务活动。① 国家机关工作人员玩忽职守行为之所以成为一个独立的罪名，就是希望能避免因工作上的过失对国家和人民切身利益造成损害。国家机关工作人员手中掌握的各种行政管理职权，既是来自于人民群众的法律授权，同时也是其所必须履行的一种法定职责。因此，作为国家机关公职人员就应当认真做好本职工作，依法履行法定职责。但是，玩忽职守罪的犯罪主体却在行为上严重违背了上述的法定责任，正是由于其对待工作不负责，于是就可能会造成一定的严重后果，甚至还会导致国家和人民的利益遭受重大损失。由于玩忽职守行为不仅严重亵渎了公职活动性质，同时，还妨碍了国家机关正常工作活动，因此，玩忽职守罪侵犯的客体还包括国家和人民的利益。② 国家机关工作人员的玩忽职守行为严重损害国家和人民利益，这既是玩忽职守罪的危害结果，同时也是玩忽职守罪具有的社会危害性的直观表现。因此，玩忽职守罪不仅侵犯了国家机关工作人员正常的公职人员公务活动管理制度，也严重侵犯了国家和人民的利益。如前所述，"严重失察"这种统计数字腐败行为虽然不像"自行造假"和"指使造假"行为那样是直接进行统计数字造假，但是，由于单位负责人没有尽到法定职责，疏于对本单位的领导管理，其在客观上纵容了本单位各种严重统计违法行为的发生，为本单位统计数据失真提供了条件和机会，最终也会影响经济决策，严重损害政府的公信力，因此，其也符合玩忽职守罪的客体要件。

---

① 孙谦. 国家工作人员职务犯罪研究［M］. 北京：知识产权出版社，1998：229.
② 齐英武. 邵某行为是否构成玩忽职守违纪［J］. 中国纪检监察报，2014（1）.

（四）犯罪客观方面的构成要件分析

"严重失察"的统计数字腐败行为，在犯罪客观方面表现为不履行或不正确履行职责，致使公共财产、国家和人民利益遭受重大损失，这也是"严重失察"行为能否构成玩忽职守罪的关键。因为只有出于玩忽职守行为，致使公共财产、国家和人民利益遭受重大损失的，才成立犯罪。① 而在这一方面，"严重失察"的统计数字腐败行为与前面所述的"自行造假"和"指使造假"统计数字腐败行为构成滥用职权罪的客观要件要求和立案标准方面完全一致，即根据《最高人民法院、最高人民检察院关于办理渎职刑事案件适用法律若干问题的解释（一）》的规定，如果其"造成恶劣社会影响的"，就可构成玩忽职守罪。由于"严重失察"同"自行造假"以及"指使造假"行为一样，都是统计数字腐败行为的具体表现形式。因此，"严重失察"的统计数字腐败行为在实践中也可能"造成恶劣社会影响"甚至是"造成特别恶劣社会影响"，也可能符合玩忽职守罪的犯罪客观方面构成要件。对此笔者认为，《中华人民共和国统计法》第三十七条对"严重失察"的统计数字腐败行为规定的是"对本地方、本部门、本单位发生的严重统计违法行为失察的"，其中的"严重统计违法行为"也可以用"统计数字失实数额占应报数额的比例"这一标准来进行衡量。也就是说，如果本地方、本部门、本单位发生的严重统计违法行为中的"统计数字失实数额占应报数额的比例"超过了60%，那么该行为就会"造成恶劣社会影响"，此种情形就应当属于《中华人民共和国刑法》第三百九十七条中规定的"致使公共财产、国家和人民利益遭受重大损失"，对"严重失察"的统计数字腐败行为犯罪主体可以认定其已构成玩忽职守罪。

---

① 张明楷.刑法学［M］.5 版.北京：法律出版社，2016：1248.

如果本地方、本部门、本单位发生的严重统计违法行为中的"统计数字失实数额占应报数额的比例"超过了90%，那么此种情况下就应当属于"造成特别恶劣社会影响"，应当将其认定为属于玩忽职守罪的"情节特别严重"情形。而在达到上述严重程度的情形下，都应当按照《中华人民共和国刑法》第三百九十七条的规定，以玩忽职守罪来追究"严重失察"的统计数字腐败行为犯罪主体的刑事责任。当然，对此有些学者也提出，应当在刑法中增设一个新的罪名，对从事国民经济和社会发展情况统计的国家统计部门的工作人员严重不负责任，导致统计中弄虚作假，情节严重的行为可以增设"统计失职罪"①。对此观点笔者认为，由于目前在我国实际统计工作中存在的"严重失察"统计数字腐败行为毕竟还没到发展到极其严重的程度，因此，专门针对该行为增设一种新的罪名在实际的立法操作中实在是难度太大。此外，由于"统计失职罪"的犯罪主体肯定包括所有的统计人员，这已经远远超出了统计数字腐败的犯罪主体只是相关单位负责人的范围，而且由于"失职"的表现形式在实际工作中也是极其多样的，不再仅仅是"严重失察"的统计数字腐败行为，这将有可能会使得罪与非罪的界定变得更为复杂。因此，笔者认为根据现行最新的相关司法解释，能够将"严重失察"这一统计数字腐败行为按照玩忽职守罪予以定罪量刑的情况下，不宜专门针对其在我国刑法中特别增设一项新的罪名。

总之，统计工作是党和国家进行社会经济管理和全面宏观调控的一项重要基础性工作。以习近平同志为核心的党中央已经在党的十八届五中全会中提出了全面建成小康社会目标要求，其中就包括到 2020 年国内生产总值和城乡居民人均收入比 2010 年翻一番。而真实、完整、准

---

① 徐立. 关于统计失职及其刑法规制的思考［J］. 统计与决策，2006（11）.

确的统计数字，对于各级党政机关正确判断形势、实行科学决策就显得格外重要。同时，坚决反对腐败、建设廉洁政治，是党一贯坚持的立场，也是备受人民群众关注的问题。在大力推进各项反腐败斗争中，刑事法治的力量和作用显得举足轻重。通过刑事法治开展的反腐败斗争，具有特别的威慑力和特殊的严厉性。① 所以，我们要坚决查出一例，严惩一例，这是治理腐败的最有效手段之一。② 适度扩张我国犯罪法网，将一些行政违法行为纳入刑法调整的范畴，既是顺应了刑法学界研究共识，符合我国刑事立法政策方向，也与其他国家地区的刑事立法模式保持了趋同性。③ 因此，对于各种统计数字腐败行为进行刑法规制，依法严厉惩治"自行造假""指使造假""打击报复"和"严重失察"的统计数字腐败行为，对其中情节恶劣、后果严重、符合相关犯罪构成要件的行为，按照《中华人民共和国刑法》及相关司法解释的规定予以定罪量刑，对统计数字腐败进行刑法规制就显得具有重要的理论意义和实践价值。

当然，由于我国目前相关司法解释中并没有对"自行造假""指使造假"和"严重失察"的统计数字腐败行为做出专门规定，没有规定在造成何种后果的情况下可以将"自行造假"和"指使造假"认定为滥用职权罪，或者将"严重失察"认定为玩忽职守罪。对此笔者认为，最高人民法院和最高人民检察院应当出台相关的司法解释，用统计数字来衡量上述行为是否达到"造成恶劣社会影响"或者"造成特别恶劣社会影响"更为科学。也就是说，具体要看统计数字腐败行为涉及的

---

① 刘仁文. 反腐败的刑事法治保障［M］. 北京：社会科学文献出版社，2016：63.
② 刘伟丽. 我国腐败犯罪的刑法规制［M］. 北京：中国人民公安大学出版社、群众出版社，2017：56.
③ 张泽涛. 行政违法行为被犯罪化处理的程序控制［J］. 中国法学，2018（5）.

"统计数字失实数额占应报数额的比例"来判断其究竟属于"造成恶劣社会影响"还是"造成特别恶劣社会影响"。笔者认为，如果统计数字腐败行为"统计数字失实数额占应报数额的比例"超过了60%，那么就应属于"造成恶劣社会影响"，应当将其认定为属于《中华人民共和国刑法》第三百九十七条中规定的"致使公共财产、国家和人民利益遭受重大损失"。如果统计数字腐败行为"统计数字失实数额占应报数额的比例"超过了90%，那么就应当属于"造成特别恶劣社会影响"，此时，就应当将其认定为属于刑法中所规定的"情节特别严重"情形。总之，用"统计数字失实数额占应报数额的比例"来衡量判断统计数字腐败行为造成社会影响的恶劣程度并且予以定罪量刑的方法较为合理。

第四章

统计数字腐败的行政执法规制

　　统计工作日益受到社会各界的普遍关注，无论是学术研究还是社会公众对于统计数据的需求也在不断增加。但是，我国的统计数据质量却屡次遭受公众质疑，其中统计数字腐败行为对统计数字进行弄虚作假是引起大家怀疑的一个主要原因。因此，为了保障社会的安定和经济的安全，实现和完成既定的计划任务和发展目标，统计行政机关及其公职人员就需要依照法定的职权和程序行使行政管理职权，贯彻实施统计法律规定查处统计数字腐败行为。加强统计行政执法是保障统计数字真实准确的重要手段，因此，分析目前统计行政执法查处统计数字腐败工作中存在的主要问题，提出具体的解决办法和完善建议，就具有非常重要的现实意义和理论价值。然而，当前对查处统计数字腐败行为，无论是统计行政执法主体机制还是行政执法手段方式都存在着欠缺。在主体机制方面，由于受统计行政管理体制的制约，统计行政执法机构还是受本级地方人民政府的领导，在人事任免及财政经费等方面还未实现完全独立，因此，极易受到地方政府有关单位负责人的行政干预。另外，统计行政执法主体对统计数字腐败进行执法规制的职权范围还不十分清晰，同时，还缺少外部监督主体的统计行政执法参与机制。在手段方式方面，对统计数字腐败的举报案件处理方面仍然存在缺陷，亟须采取措施加以解决。另外，目前发现和查处统计数字腐败行为主要还是依靠行政执法，如在全国范围内开展的统计执法大检查等，然而，目前却始终没有形成长效机制。再加上统计督察工作自 2018 年 7 月开始才起步，统计督察的计划方案和人员配套不足等原因，造成很多统计数字腐败行为难以被检查发现。因此，本章将重点研究统计行政执法在查处统计数字腐败中存在的现实问题，并且通过分析问题存在的主要原因，有针对性地研究如何解决统计行政执法机构依法查处统计数字腐败问题。对此项目组认为，查处统计数字腐败的统计执法机构应当实行垂直管理，实现完全独立，减少来自地方的行政干预，保障执法效果，并且，应当清晰界定统计执法机构的具体职权范围；与此同时，还应适当引入第三方主体，外部聘请具有统计和法律等知识背景的专家学者参与统计行政执法，加强社会公众对统计数字腐败行为的外部监督和有效制约；另外，在统计行政执法规制统计数字腐败的手段方式方面，应当细化统计数字腐败的举报程序环节，加强统计行政执法监督检查的常态化建设，同时还应当推进统计督察工作机制的充实健全。总之，伴随依法治国方略的全面推进和日益发展，统计行政执法的内容对象也将更加广泛深入，查处统计数字腐败的手段方式也应不断改进。

第一节　行政执法规制统计数字腐败的实践状况分析

一、规制统计数字腐败的行政执法主体

（一）统计行政执法的概念和基本特征

所谓行政执法，从一般意义上来讲，就是行政机关执行法律、法

规，管理社会的活动，也就是行政机关和法律、法规授权的组织，按照法律规定的权限和程序，行使行政权，依法对经济社会实施具体管理的行政活动。① 有学者指出，作为行政行为的一种特定方式而使用行政执法，表现方式主要是检查、巡查、查验、给予行政处罚及采取其他强制执行措施等。② 统计行政执法是统计行政执法机关依照《中华人民共和国统计法》等法律规定，对统计执法相对人履行法定职责和义务情况依法进行监督和查处，履行统计监督职权的一种具体性行政执法实践活动。

统计行政执法是众多行政执法行为中的一种，因而，其也应当具备一般行政执法的基本特征。但是，由于统计行政执法发生在我国统计工作领域，因此其也具备一些自身的特征。第一，主体的特定性。统计行政执法的主体一般就是指统计行政执法机关，在我国主要包括国家统计局及其派出的调查队以及地方各级人民政府所设置的统计执法监督检查机构，这些统计行政执法主体要根据统计法、《统计法实施条例》、《统计执法监督检查办法》等相关法律法规的授权，依法对包括统计数字腐败在内的各种统计违法行为进行处理，因此，统计行政执法的主体都是上述特定的机构。第二，内容具有法定性。我国统计法律体系中的各种具体规定为依法查处统计数字腐败等统计违法行为奠定了制度基础，使得统计行政执法真正能够有法可依。因此，无论统计行政执法机构采取哪种形式开展行政执法活动，其必须依照统计法律法规的内容规定严格依法行政，统计行政执法不能超越法律底线。第三，权责的一致性。为了统一规范国家统计执法检查工作，保障执法程序合法、标准统一、过程严谨、结果可靠，提升统计执法检查的工作水平，2017 年国家统

---

① 宋大涵. 行政执法教程 [M]. 北京：中国法制出版社，2011：2.
② 姜明安. 行政执法研究 [M]. 北京：北京大学出版社，2004：3.

计局还根据《中华人民共和国统计法》《中华人民共和国统计法实施条例》等有关法律规定制定了《国家统计局统计执法检查规范（试行）》，专门用于规范国家统计局直接组织实施的统计执法检查工作，并且建立了统计执法检查责任制，对于未按规定履行执法检查职责的，严肃追究相关责任人的党纪政纪责任，同时，还要求地方各省级统计机构可以根据该规范制定本机构的统计执法检查规范。总之，统计行政执法是将抽象的统计法律规定转化成为统计行政执法相对人的具体权利和应尽义务。只有经过统计行政执法主体实施的具体行政执法行为，我国统计法律规定中所确立的基本原则和立法目的才能真正在实际统计工作中得以贯彻执行。统计行政执法主体必须在统计行政执法中采取措施，不断改进统计行政执法的手段方式，努力提高统计行政执法的效果水平。

（二）规制统计数字腐败的统计行政执法主体机构

统计行政执法主体机构及执法人员是完成统计执法监督检查任务的组织保障，建立一套完善健全的统计行政执法主体机构，建设一支高质量、高水平、高素质的统计执法人员队伍，是做好统计执法监督检查工作，实现对统计数字腐败等违法行为依法予以规制的关键所在。统计法和《统计法实施条例》、《统计执法监督检查办法等法》律规定中都用了较大篇幅，对国家和地方各级统计行政执法主体机构及执法人员的设置及职权范围等都做了具体规定，为我国统计执法工作的组织建设和队伍建设提供了法律依据。结合惩治统计数字腐败行为的工作实践，依法规制统计数字腐败的行政执法主体分为国家级和地方各级统计行政执法机构。

1. 国家统计局统计执法监督管理机构

根据《中华人民共和国统计法》第三十三条的规定，我国的统计行政执法分为中央和地方两个执法层面。首先，在中央层面，国家统计局作为国务院授权进行政府统计管理的专门机构，其负责组织管理全国统计工作的监督检查，并且依法查处在全国范围内发生的包括统计数字腐败在内的重大统计违法行为。其次，在地方层面，在我国范围内的县级以上地方人民政府统计机构，也就是省、自治区、直辖市、市、区（县）的统计局，负责依法查处在各自管辖行政区域内发生包括统计数字腐败在内的统计违法行为，因此，在地方层面的统计行政执法采取了一种属地管辖的方式。而且，在我国还存在一种特殊的统计行政执法主体，也就是国家统计局向各地方派出的统计调查机构。这些由国家统计局派出的调查机构专门组织实施一些专项统计调查，但是其也同样肩负着一些统计行政执法的职能，也就是说这些派出的调查机构在组织实施专项统计调查活动中，如果发现了包括统计数字腐败在内的统计违法行为，则是由组织实施该项统计调查的调查机构负责查处。可见，在我国统计行政执法工作领域，国家统计局及其派出到各地的调查机构，以及县级以上各级地方人民政府的统计机构都有查处统计违法行为的职权，都是规制统计数字腐败的统计行政执法主体。但是，由于以前统计行政管理和统计行政执法都归属于同一个统计机构当中，为了突出统计行政执法的重要性，同时也是为了加强统计行政执法专业机构和人才队伍建设，2017 年 4 月 20 日，国家统计局举行了统计执法监督局成立仪式，并明确其主要职能包括依法查处重大统计违法行为，预防和查处统计造假、弄虚作假等统计数字腐败行为。因此，国家统计局查处统计数字腐败等重大统计违法行为的具体案件一般都是由国家统计局统计执法监督局来执行。同时，国家统计局还制定出台了《统计执法监督检查办法》（2019 年 11 月 14 日修订），其中就明确规定了国家统计局统计执法监督局的基本职能。首先，作为国家统计局内部专门承担统计行政执法职能的部门机构，其要接受国家统计局的直接领导，并在其指导下开展统计执法监督检查。其次，要具体负责对全国统计执法监督检查工作的组织管理，检查在我国各级地方人民政府及各有关部门对统计法律规定的具体执行情况，查处包括统计数字腐败在内的重大统计违法行为。最后，国家统计局统计执法监督局还要负责指导各级地方人民政府统计机构和国家统计局派出的到各地的国家调查机构开展具体统计行政执法工作，对这些统计机构和调查机构进行监督。

2. 各地方统计行政执法监督检查机构

在国家统计局成立执法监督局后，以往在各地统计局内部的法规处也要进行相应整合，成立相应的执法监督局。2017 年 5 月 18 日，中共四川省委机构编制委员会办公室正式批复同意四川省统计局单设统计执法机构，将四川省统计执法总队单独设置并更名为四川省统计局执法监督局，为正处级内设机构。2018 年 3 月 21 日，湖北省统计局根据湖北省机构编制委员会办公室批复设立了湖北省统计局统计执法监督局。上述地方在成立统计执法监督局后，由其组织实施对全省统计工作的监督检查，依法查处包括统计数字腐败在内的重大统计违法行为等职责，围绕提高统计数据真实性，防范和惩治统计弄虚作假这一目标，充分发挥统计执法监督的利剑作用。根据统计法和统计法实施条例的规定，我国县级以上地方人民政府统计机构也就是县级以上统计局既要承担统计管理职能，同时也有统计行政执法管理职能，即依法查处在本行政区域内发生的统计违法行为。《统计执法监督检查办法》也对各地方统计行政执法监督检查机构做出了规定。首先，根据该办法规定，省级、市级、县级统计执法监督检查机构要在所属统计局或者国家调查队领导下开展本地方统计执法监督检查工作。但是，由于这些统计执法监督检查机构所属的统计局或者国家调查队毕竟是两个独立的部门，那么在这两个部门之间是否会产生争议，究竟是应当接受哪一个部门的领导。对此笔者认为，统计执法监督检查机构毕竟是所属统计局的一个机构，理所应当要接受所属统计局的领导。当然在特殊情况下，如接受国家调查队的指派专门开展专项统计执法监督检查时，此时其接受国家调查队领导则更为合适。其次，《统计执法监督检查办法》中规定省级及市级统计执法监督检查机构在本地区、本系统查处统计违法行为，而县级统计执法监督检查机构只是负责本地区、本系统统计执法监督检查工作，但是，并没有像省级及市级统计执法监督检查机构那样具有"查处统计违法行为"的职能，也就是说县级统计执法监督检查机构无法查处包括统计数字腐败在内的统计违法行为。如果县级统计执法监督检查机构或者执法检查人员在执法检查工作中发现统计数字腐败等统计违法行为，要报请上一级即市级统计执法监督检查机构，由市级统计执法监督管理机构来进行处理。对此笔者认为，《统计执法监督检查办法》的上述规定与《中华人民共和国统计法》和《中华人民共和国统计法实施条例》规定县级以上人民政府统计机构负责查处本行政区域内统计违法行为是不相符合的，其作为下位法不能与上位法的规定相冲突，应予以纠正。除此之外，该办法中还规定县级以上人民政府有关部门对本部门统计调查中执行统计法等相关统计法律法规的情况负有监督的义务和职责。与此同时，如果这些县级以上人民政府有关部门在本部门统计调查工作中发现了包括统计数字腐败在内的统计违法行为，其应当按照《统计执法监督检查办法》的规定，将发现的统计数字腐败等违法行为移交同级人民政府统计机构予以处理。在接收有关部门移交的统计数字腐败等案件材料后，统计机构应当按照统计数字腐败等统计违法行为的具体情节和严重程度，决定是由省级或者市级统计执法监督检查机构处理，其中属于"重大统计违法行为"的则应由国家统计局统计执法监督局查处。

二、规制统计数字腐败的行政手段方式

目前，根据《中华人民共和国统计法》等相关统计法律规定，结合我国统计行政执法工作的实际情况，统计行政执法主体机构对于统计数字腐败等统计违法行为的法律规制，基本上是采取了受理统计违法举报、开展统计执法监督检查、进行统计巡查及统计督察等主要方式手段。

（一）依法接受和处理对统计数字腐败违法行为的举报

社会公众可以对政府统计工作依法进行监督，统计数字腐败行为的线索往往也需要依靠广大人民群众的举报，因此，我国的统计法律法规明确了任何单位和个人都可以对包括统计数字腐败在内的统计违法行为进行检举揭发，从而为国家统计局统计执法监督局等统计行政执法机构依法进行查处提供各种办案线索。根据《中华人民共和国统计法》第八条的规定："统计工作应当接受社会公众的监督。任何单位和个人有权检举统计中弄虚作假等违法行为。对检举有功的单位和个人应当给予表彰和奖励。"同时，《中华人民共和国统计法实施条例》第三十八条中也规定："任何单位和个人有权向县级以上人民政府统计机构举报统计违法行为。县级以上人民政府统计机构应当公布举报统计违法行为的方式和途径，依法受理、核实、处理举报，并为举报人保密。"《统计执法监督检查办法》在第七条中也明确规定："县级以上人民政府统计机构应当畅通统计违法举报渠道，公布统计违法举报电话、通信地址、网络专栏、电子邮箱等，认真受理、核实、办理统计违法举报。"同时其第八条还规定："县级以上人民政府统计机构应当建立统计违法行为查处情况报告制度，定期向上一级统计机构报告统计违法举报、统计执

法监督检查和统计违法行为查处情况。"同时，为了更好地贯彻落实中央《关于深化统计管理体制改革提高统计数据真实性的意见》文件精神，严格执行统计法及统计法实施条例等相关统计法律制度规定，进一步完善健全统计违法举报工作制度，提高统计行政执法机关发现统计违法违纪案件线索的能力，防范和惩治统计造假、弄虚作假等各种统计数字腐败违法行为，国家统计局为此还专门制定了《国家统计局关于完善统计违法举报工作制度的规定（试行）》，并且已经于2017年1月24日国家统计局第三次常务会议审议通过，自2017年9月1日起正式施行，这些法律制度的建立都有利于保障统计违法举报工作的顺利开展。

（二）依法对统计数字腐败行为开展统计执法监督检查

为了对包括统计数字腐败在内的统计违法行为进行监督检查，国家统计员专门制定了《统计执法监督检查办法》，替代了原来的《统计执法检查规定》。该办法中确定了统计行政执法监督检查主体机构的具体职权，对在实践工作中具体开展统计行政执法监督检查的国家统计局统计执法监督局以及省级、市级、县级统计行政执法监督检查机构进行了任务安排，同时，明确了统计行政执法监督检查机构及执法检查人员的主要职责，其中除了对执法检查人员提出应当加强培训和管理之外，还规定可以聘用专业技术人员参与统计执法监督检查。另外，该办法中还确定了统计行政执法机构开展执法监督检查的具体事项内容及法定的程序步骤，包括对举报的处理、检查方案的制定、具体组织形式、检查的要求、条件的保障以及资料保密义务等，同时，还对统计执法监督检查的立案范围、立案条件、调查程序、处理决定、执行方式、办案时间以及结案要求等提出了具体措施，对统计行政执法监督检查的机构和检查人员的法律责任及追究方式等相关的问题也进行了说明。总之，《统计执法监督检查办法》对统计行政执法监督检查的程序环节等各个方面都做了较为具体的规定，为国家统计局统计执法监督局以及各级统计执法监督检查机构的工作开展提供了制度方面的保障。

另外，由于我国是由国家统计局来负责组织管理在全国范围内的统计工作的监督检查，并且由其来承担查处重大统计违法行为的职责。为此，国家统计局还在 2014 年专门出台了《国家统计局关于加强和规范统计上弄虚作假案件查处工作的若干规定》，其中对包括统计数字腐败在内的统计违法行为的案件信息获取和案件受理进行了规定，明确了查处的主体，确立了直接核查、共同核查和转交核查"三类核查"互相结合的分类核查制度，并且规定由国家统计局对相关省级统计机构、市县级政府有关负责人以及统计机构主要负责人可以实行约谈，对经过核查后查实的统计上弄虚作假等统计数字腐败案件中情节严重或比较严重的，可以根据不同情况给予内部通报或公开曝光，由此来严肃追究责任单位以及责任人的责任。最后，该规定中还对整改的具体要求、期限和落实作出了规定，明确了案件移送程序和查处工作纪律。此外，在国家统计局主导下与其他相关部委所联合开展的全国统计执法大检查还发现和查处了一大批统计违法违纪案件，取得了一定的执法效果，起到了良好的示范作用。

（三）依法构建防范惩治统计数字腐败的统计督察机制

为了构建防范和惩治统计造假、弄虚作假的督察机制，推动全国各地区各部门严格执行统计法律制度规定，确保统计数据的真实准确，中共中央办公厅、国务院办公厅联合印发了《防范和惩治统计造假、弄虚作假督察工作规定》（以下简称《统计督察规定》），并且已于 2018年 8 月 24 日起正式施行。《统计督察规定》中提出由国家统计局组织开展统计督察，由省级地方人民政府和国务院有关部门建立防范和惩治统计造假责任制。《统计督察规定》一共二十条规定，分别规定了统计督察主体、督察对象、督察内容、督察方式、督察程序、督察处理和督察责任。其中，对于规制统计数字腐败《统计督察规定》也作出了相应的规定。《统计督察规定》第一条明确指出该规定的制定目的就是"为了构建防范和惩治统计造假、弄虚作假督察机制，推动各地区各部门严格执行统计法律法规，确保统计数据真实准确"，因此，防范和惩治各种统计数字腐败行为，是建立统计督察工作机制的最为重要目标之一。

同时，《统计督察规定》第三条和第四条中规定由统计督察主体即国家统计局从总体上全面领导开展统计督察工作，负责统筹、指导、协调、监督统计督察工作，主要职责是制定年度督察计划、批准督察事项、审定督察报告、研究解决督察中存在的重大问题，还规定由国家统计局统计执法监督局具体承担统计督察的日常工作。《统计督察规定》的第五条中规定了统计督察的对象，是与统计工作相关的各地区、各有关部门。其中，统计督察的重点对象是各省、自治区、直辖市党委和政府主要负责同志和与统计工作相关的领导班子成员，必要时可以延伸至市级党委和政府主要负责同志和与统计工作相关的领导班子成员。而统计督察的重点对象还包括国务院有关部门主要负责同志和与统计工作相关的领导班子成员，以及省级统计机构和省级政府有关部门领导班子成员。《统计督察规定》在第六条和第七条中规定了统计督察工作的主要内容，分为对省级党委和政府、国务院有关部门开展统计督察的内容和对各级统计机构、国务院有关部门行使统计职能的内设机构开展统计督察的内容。《统计督察规定》在第八条中规定了统计督察工作所采取的主要方式，包括召开各种形式的座谈会、与相关的人员进行个别谈话、依法受理包括统计数字腐败行为在内的统计违法举报等，还规定了统计督察工作的程序步骤以及被督察地区、部门及其工作人员的义务和统计督察工作人员的责任等。

　　总之，统计督察机制的建立是在习近平新时代中国特色社会主义思想指导下，全面推进依法统计、依法治统的又一重大举措。统计督察有利于及时地发现和惩治包括统计数字腐败在内的各种统计违法违纪行为，维护我国统计法律规定的权威，同时，还能够督促各级单位负责人依法履行统计法定职责，提升统计数据质量，为经济社会发展做好统计制度保障。

第二节　规制统计数字腐败的行政执法主体机制问题

一、统计行政执法主体机构未完全独立

　　根据《中华人民共和国统计法》第三条的规定："国家建立集中统一的统计系统，实行统一领导，分级负责的统计管理体制。"我国目前是由国家统计局对垂直管理的各级调查总队组织管理采取了"一垂三统"的管理体制。但是，这种管理体制并没有达到抗干扰的预期目的，统计行政执法工作的独立性要求没有得到保证。统计行政管理体制在很大层面上是由现实的经济体制基础状况所决定的。现行的统计行政管理体制是国家统计局统一领导，各地方人民政府分级负责管理。现行统计行政管理条块分割，从而引发了诸多的统计问题。由于国家统计局对统计方法、统计标准、统计调查项目审批等统计工作应具有唯一指定权或进行唯一授权，同时还要保障统计方法、统计标准、统计审批通过统计调查项目在各级地方政府统计机构及部门统计机构统计时能够整齐划一、保持一致、同步实施，使统计各项工作能够顺利开展，并且相互衔

接、互不重复。然而各级地方统计机构及部门统计机构常常忽视中央统计机构的统一规范，造成在统计资料的搜集、整理、公布等多个环节都存在问题，发生了常见的"数字打架"等问题。对统计数字腐败来说，现行的统计管理体制导致统计行政执法主体对统计数字腐败难以发挥有效监督。可见在当前的统计管理体制内，统计行政执法机构所享有的统计行政执法权不独立、不充分，县级以上人民政府及其监察机关还能对统计行政执法机构的执法行为进行监督，这就为很多地方政府负责人干预统计行政执法工作提供了一个可以利用的借口和理由。由此可见，现行统计行政管理体制还不能保障统计行政执法机构的统计监督权力得以有效发挥。因此，统计行政管理体制在新时代社会主义市场经济发展进程中也应当建立和实现独立的垂直管理体制。

所谓垂直管理，是指中央或省级政府对其下级政府在特定行政管理领域内的直接控制。实行垂直管理的行政机关，从中央、省级（包括自治区、直辖市）以及到其所辖下级的市级、区（县）级、乡（镇）级机关构成一个独立的垂直管理系统，不列入下级地方政府组织序列，直接由省级或者中央主管部门统筹管理行政机构的"人、事、财、物"。政府垂直管理一般采用中央垂直管理或省以下垂直管理两种模式。目前，中央垂直管理主要包括金融、能源、烟草、海关、民航、税务、外汇等部门，省以下垂直管理主要包括国土、审计、环保等部门。实行垂直管理可以破除地方保护主义、维护中央权威和上级直属政府部门领导的有效措施，同时也有利于提高职能部门的独立性，加强上级政府的宏观调控，提高政府职能部门尤其是重要专业部门的行政效率，保证做到"上传下达、政令畅通"，从而确保职权的依法行使，通过在人、财、物方面的独立，有效避免和克服地方政府干扰干预。虽然垂直管理并非万能良药，但按目前行政权力运行的实际状况和经济社会发展水平，垂直管理体制在部分领域具有现实意义。笔者认为，行政管理机构进行垂直管理体制改革，关键不在于要不要垂直管理的问题，而是要厘清究竟哪些领域需要垂直管理。实行垂直管理应当以职能划分为基础，在专业性强、业务单一或者与国家权威关联密切的领域，垂直管理是能够解决实际问题的；而在一些具有一般性、社会性、地方性等特性的领域，是不适合垂直管理的。具体来讲，关于地方经济发展、产业布局等一系列应由地方灵活行使的权力领域应该下放，以满足地方政府为履行保障民生等社会职能的权力需求；而关系到宏观调控、市场监管及其他容易受到地方保护或地方干预等方面的管理职能，就应由中央直接行使或实行一定层级的垂直管理。在党的十九大报告中，就明确提出了要"完善统计体制"。中央全面深化改革领导小组审议通过的《关于深化统计管理体制改革提高统计数据真实性的意见》中也明确指出防范和惩治统计造假、弄虚作假，根本出路在深化统计管理体制改革，提出要"压实各级统计机构依法查处统计违法行为责任，严肃查处统计违法行为"，并且还将"探索省级统计机构对省以下统计机构管理的有效形式"纳入了改革重点措施，这为探索和实施统计执法监督机构的垂直管理提供了方向性指导。综上所述，笔者认为，我国行政垂直管理体系应当更多向统计管理和行政执法领域倾斜。比如，统计管理体制方面应当逐步设立统计行政管理机构垂直管理体系，这既不会削弱地方人民政府服务民生的统计行政管理职能，同时，也有利于保障统计行政执法监督的权威性和独立性，有效地维护社会主义市场秩序的公平性和规范性。而且，统计管理体制方面还应当逐步建立健全统计行政执法垂直管理体制，一方面通过垂直管理更加高效有序地开展统计执法监督工作，另一方面也有利于防范和惩治统计造假、弄虚作假等各种统计数字腐败行为。

二、统计行政执法主体的规制职权不清

我国从原来的计划经济向市场经济转变，原有的统计管理体制也需要进行改革和创新，以适应当今社会发展要求。原来在各级政府统计机构之间、统计调查队与各级政府统计机构之间，各级地方人民政府统计机构与作为其职能部门之一的统计机构之间存在的关系不顺、职能不清等问题，在统计机构实现了全部垂直管理、实现完全独立之后可以得到一定程度的解决。但是，现行的统计法等相关统计法律制度规定在统计行政执法主体对于查处统计数字腐败等统计违法行为方面，对统计行政执法主体的具体规制职权不清的问题目前仍然存在。根据《中华人民共和国统计法》的相关规定，国家统计局、县级以上地方人民政府统计机构、国家统计局派出的调查机构，都对统计数字腐败等统计违法行为有依法查处的权力。同时，《中华人民共和国统计法实施条例》第三十九条规定："县级以上人民政府统计机构负责查处统计违法行为；法律、行政法规对有关部门查处统计违法行为另有规定的，从其规定。"可见，根据《统计法实施条例》的规定，也应当由县级以上人民政府统计机构负责查处统计违法行为。当然，对于国家统计局派出的调查机构，由于《中华人民共和国统计法》第三十三条明确规定了其可以查处统计调查活动中发生的统计违法行为，因此，《中华人民共和国统计法实施条例》在第三十九条中也规定了"法律、行政法规对有关部门查处统计违法行为另有规定的，从其规定"。可见，统计法作为上位法，与下位法的《统计法实施条例》在查处统计违法行为的主体方面规定是一致的。然而，《统计执法监督检查办法》与上述统计法和《统计法实施条例》规定存在差异。《统计执法监督检查办法》第二条规

定："本办法适用于县级以上人民政府统计机构对执行统计法律法规规章情况的监督检查和对统计违法行为的查处。"可见，县级以上人民政府统计机构对统计违法行为的查处都必须要适用该办法。根据《统计执法监督检查办法》的规定，国家统计局统计执法监督局负责在全国范围内查处重大统计违法行为，省级及市级统计执法监督检查机构负责在本地区、本系统内"查处统计违法行为"；而县级统计执法监督检查机构或者执法检查人员只能"依据法定分工负责本地区、本系统统计执法监督检查工作"，而无权查处包括统计数字腐败在内的统计违法行为。这就与统计法中所规定的"县级以上地方人民政府统计机构依法查处本行政区域内发生的统计违法行为"以及《统计法实施条例》中"县级以上人民政府统计机构负责查处统计违法行为"规定严重不符。而且《统计执法监督检查办法》其本身属于国家统计局在局务会议中讨论通过的部门规章，不属于《统计法实施条例》中所规定的"法律、行政法规"，因此并不能适用"法律、行政法规对有关部门查处统计违法行为另有规定的，从其规定"的条款。可见，在《统计执法监督检查办法》第三条第二款中没有明确规定县级统计执法监督检查机构有权查处包括统计数字腐败在内的统计违法行为，这是一个非常明显的疏漏。当然，根据 2017 年 9 月 1 日施行的《统计执法监督检查办法》原来第二十八条的规定："国家统计局负责查处情节严重或影响恶劣的统计造假、弄虚作假案件，对国家重大统计部署贯彻不力的案件，重大国情国力调查中发生的严重统计造假、弄虚作假案件，其他重大统计违法案件。省级统计局依法负责查处本行政区域内统计造假、弄虚作假案件，违反国家统计调查制度以及重要的地方统计调查制度的案件。但是国家调查总队组织实施的统计调查中发生的统计造假、弄虚作假案件，违反国家统计调查制度案件，由组织实施统计调查的国家调查总队进行查处。市级、县级统计局和国家统计局市级、县级调查队，依法负责查处本行政区域内统计违法案件。"这里对于"市级、县级统计局和国家统计局市级、县级调查队，依法负责查处本行政区域内统计违法案件"的规定可以说是对第三条第二款的弥补。

不过，上述的规定同时却又牵扯出了另外几个问题。第一，这里规定"国家统计局负责查处情节严重或影响恶劣的统计造假、弄虚作假案件，对国家重大统计部署贯彻不力的案件，重大国情国力调查中发生的严重统计造假、弄虚作假案件，其他重大统计违法案件"。究竟是何种情况可以被视为是"情节严重或影响恶劣"？省级统计局和市级、县级统计局或者调查队应当在什么情况下必须将其所发现的统计数字腐败案件移交给国家统计局？第二，国家统计局、省级统计局和市级、县级统计局各自管辖本区域统计违法案件的范围和标准依据是什么？在什么情况下统计数字腐败案件应当由省级统计局负责查处，在什么情况下应当由市级或者县级统计局负责查处？第三，这里规定的"市级、县级统计局和国家统计局市级、县级调查队，依法负责查处本行政区域内统计违法案件"。那么，查处统计数字腐败案件究竟应当是由市级、县级统计局负责查处，还是应当由国家统计局市级、县级调查队负责查处？这些问题都值得探讨。显然，国家统计局也注意到了这个问题，其在2018年11月20日出台的《国家统计局关于修改〈统计执法监督检查办法〉的决定》当中，将原来《统计执法监督检查办法》的第二十八条第三款修改为："市级、县级统计局和国家统计局市级、县级调查队，发现本行政区域内统计造假、弄虚作假违法行为的，应当及时报告省级统计机构依法查处；依法负责查处本行政区域内其他统计违法案件。"可见，市级、县级统计局和国家统计局市级、县级调查队，如果发现本行政区域内有统计造假、弄虚作假等统计数字腐败行为的，应当及时报告省级统计机构依法查处，由省级统计机构来负责进行查处，而在本行政区域内其他的统计违法案件，仍然还是由市级、县级统计局和国家统计局市级、县级调查队负责查处。但是，新的《统计执法监督检查办法》仍然还是没有确定一个详细、具体的标准来解决上述各种问题，因此，还需要对统计执法监督检查的职权予以完善。

三、缺少外部监督主体的执法参与机制

当前统计工作所面临的形势仍然十分严峻，一些地方的统计数字现象还是屡禁不止，统计数字在上报过程中受到行政干预的现象较为突出。由于少数个别的领导干部将统计数字变成其个人捞取政治资本、获得荣禄升迁的筹码，不惜动用手中的权力弄虚作假、以数谋私。这也导致出现了许多统计数字腐败等弄虚作假现象。例如，统计数字跟着上级的计划指标走，计划指标下达多少、统计数字完成多少；统计数字跟目标管理考核指标走，考核指标有多高、统计数字就有多高；统计数字跟着领导负责人的意图走，领导想要多少、统计就能有多少。广大人民群众对此极为不满，一再提出统计数字必须实话实说，监督、预防和惩治弄虚作假。为此，《中华人民共和国统计法》在第八条中明确规定："统计工作应当接受社会公众的监督。"其主要目的就是为了鼓励社会公众对包括统计行政执法在内的一切统计工作依法予以监督，但是，由于该规定对公众监督所涉及的具体内容和对象范围都未做出明确规定，统计监督参与者的法律地位规范还不健全，因此，统计工作接受社会公众监督在实践中还难以得到真正贯彻落实。这就导致统计工作在日常实际开展时，社会公众的参与意识不够强烈，参与监督统计工作的人群数量和热情积极性都明显不足。为此，《统计执法监督检查办法》第十一

条第二款规定："经县级以上人民政府统计机构批准，可以聘用专业技术人员参与统计执法监督检查。"这是首次在正式的统计法律制度规定中明确"可以聘用专业技术人员参与统计执法监督检查"，增加了原来统计行政执法环节中缺少的外部监督主体参与机制。这些专业技术人员的参与，有利于加强对统计执法监督检查过程的公众监督，可以说是执法主体机制的一个明显进步。因为原来各地方为了加强统计系统行风建设，建立健全社会监督机制，优化依法行政和统计服务环境，切实提高统计数据质量和统计服务水平，都是采取了聘任统计行风监督员的方法。各地方统计局一般都是从本地区各级人大代表、各级政协委员、民主党派人士、杰出居民、退休干部、新闻记者、高校教师、科研人员、志愿者等人群中，选取有较强的政治责任感和社会正义感，具有良好思想道德素质，遵纪守法、身体健康、作风正派，能够胜任监督工作需要，比较熟悉统计法规和方针政策，能及时发现和掌握有关情况，客观公正、实事求是地反映情况，提出意见和建议，积极热心并且能投入一定时间精力的人来担任统计行风监督员。此次《统计执法监督检查办法》第十一条第二款规定："经县级以上人民政府统计机构批准，可以聘用专业技术人员参与统计执法监督检查。"这里聘用"专业技术人员"参与统计执法监督检查，与以往统计行风监督员有所不同，而是实实在在参与执法的统计行政执法的主体。但是，这里还存在一些问题，例如这些专业技术人员的聘用条件是什么？其具体职责有哪些？有哪些权利和义务？聘用工作程序和日常管理方式在实践中应当如何具体操作？这些问题都应当做出详细具体的规定。对此，笔者建议应当加强统计行政执法，不断改进手段方式，引入第三方主体外聘专家参与执法，聘请符合条件的专业技术人员参与统计执法监督检查，与统计执法监督检查机构和执法人员进行统计执法监督检查，深入基层对包括统计数字腐败在内的统计违法行为进行调查核实，并且及时将查处的结果公之于众，接受社会公众的监督。

第三节　规制统计数字腐败的行政执法手段方式问题

一、统计数字腐败的举报处理存在欠缺

根据《统计执法监督检查办法》第七条规定："县级以上人民政府统计机构应当畅通统计违法举报渠道，公布统计违法举报电话、通信地址、网络专栏、电子邮箱等，认真受理、核实、办理统计违法举报。"《国家统计局关于完善统计违法举报工作制度的规定（试行）》第四条也规定了："国家统计局设立统计违法举报电话、通信邮箱、网络专栏、电子邮箱等举报渠道。"并且第五条规定："国家统计局通过以下方式公布举报渠道：（一）国家统计局网站；（二）国家统计联网直报门户网站；（三）国家统计局微博微信平台。"同时其还规定："国家统计局执法监督局下设统计违法举报受理中心（以下简称"举报受理中心"），负责受理各类统计违法举报。举报受理中心在工作时间应当及时接听举报电话，查看举报专栏，查收举报信件邮件，保证举报受理渠道畅通。"可见，对于统计违法行为的举报渠道途径，无论是《统计执法监督检查办法》还是国家统计局都对此进行了详细规定，便于举报人自主选择。但是，对于统计违法行为举报案件的处理，根据《国家统计局关于完善统计违法举报工作制度的规定（试行）》的规定："对国家统计局领导批准立案查处的举报，执法监督局组成检查组按照

《统计执法监督检查办法》进行查处。对执法监督局直接核查的举报，违法情节严重的，经国家统计局领导批准后，由国家统计局立案查处；违法情节较重的，由省级统计机构立案查处；违法情节较轻的，由市级或者县级统计机构立案查处。"由此可见，对统计数字腐败等违法行为的举报，首先需要国家执法监督局对统计数字腐败违法情节进行衡量，之后根据其情节的不同做出相应的处理，即对"国家统计局领导批准立案查处的举报"，执法监督局组成检查组直接进行查处；对于"执法监督局直接核查的举报，违法情节严重的"，则需要经过国家统计局领导批准后，由国家统计局立案查处；对于"违法情节较重的"，则是由省级统计机构立案查处；对于"违法情节较轻的"，则是由市级或者县级统计机构立案查处。这里就存在这样一个问题，对于统计数字腐败等统计违法行为其"违法情节"的"严重""较重"和"较轻"应当如何进行衡量呢？是否存在一个客观公正的标准？当统计违法举报受理中心将接到的统计数字腐败等统计违法举报事实移送给国家统计局执法监督局，其应当如何判断被举报的统计数字腐败等统计违法行为的情节是"严重""较重"还是"较轻"呢？另外，如果国家统计局执法监督局认为被举报的统计数字腐败违法情节不构成"严重"程度，不属于国家统计局直接立案查处的范围，其违法情节只属于"较重"或者"较轻"的程度，其能否直接将该统计数字腐败案件移交给省级统计机构、市级或者县级统计机构立案查处？还是先要将统计数字腐败举报移交给省级统计机构，再由省级统计机构经过判断衡量之后，由省级统计机构自行决定立案查处或者移交市级、县级统计机构立案查处？如果必须先要将举报案件移交给省级统计机构，根据《国家统计局关于完善统计违法举报工作制度的规定（试行）》第十七条规定："对转交省级统计机构核实的举报，执法监督局按照以下情况分别处理：第一，要求省级统计机构及时报告核查情况、提出初步处理意见，经审核同意后由省级统计机构处理；第二，要求省级统计机构及时报告核查和处理情况；第三，转交省级统计机构自行核查处理。"那么，国家统计局执法监督局在将统计数字腐败案件举报材料移交给省级统计机构之后，省级统计机构在什么情况下必须及时报告核查情况、提出初步处理意见，经审核同意后由省级统计机构处理？在什么情况下要求省级统计机构及时报告核查和处理情况？又在何种情况下转交省级统计机构自行核查处理？另外，省级统计机构在经过认真判断衡量之后，其是否可以将统计数字腐败违法情节"较轻"案件直接移交给市级或者县级统计机构立案查处？对于上述这些问题《国家统计局关于完善统计违法举报工作制度的规定（试行）》都没有进行具体的规定，省级统计机构在实践中就往往难以把握，因而应当进一步予以完善。

二、统计执法监督检查未形成长效机制

一直以来，党中央国务院十分非常重视统计工作。2012 年 11 月 30 日，习近平总书记在中共中央召开的党外人士座谈会上的讲话要点中指出，要保持经济增长，继续实施积极的财政政策和稳健的货币政策，增强经济增长的内生活力和动力，增长必须是实实在在和没有水分的增长，是有效益、有质量、可持续的增长。因此，当前统计行政执法工作最主要的任务，就是要为国家政府统计工作保驾护航，满足社会公众和管理决策者对统计信息的数量需求和质量要求。行政执法监督检查作为行政管理的一种重要手段，主要是以维护行政管理秩序为根本出发点和落脚点，从行政效率优先和节约行政成本的目的出发，只要行政执法监督检查达到了纠正行政相对人违法行为特别是教育其他被管理者的目

的，其价值便被视为最大化的实现了。① 但是，目前统计执法机构对于主动行使统计行政执法、积极开展监督检查的动力尚显不足。

首先，由于统计数字腐败与大家深恶痛绝的普通贪污受贿腐败不一样，在很多情况下不容易被发现，即使被发现了一般也会认为属于工作失误或者无心之失，极少会被进行严肃追究。由于各级地方统计机构受本地政府的直接领导，其内部的统计行政执法监督机构也受到现行统计管理体制的束缚，更多的统计执法监督检查还是流于形式。根据一些基层统计机构及其人员的反映，在实际统计执法监督检查工作中，由于在一些地方存在的行政干预过多，统计行政执法机构的抗干扰能力明显不足，统计执法监督检查的独立性难以保证，统计行政执法机构在实践中很难做到独立调查、独立报告和独立监督。统计行政执法机构及执法人员自身并没有积极查处本地方统计数字腐败的直接动机和主动理由，再加上统计执法机构和统计执法人员在对统计数字腐败案件的查处中又通常难以独善其身，因此，如果不是经过当事人的违法举报被上级批转处理，或者是上级统计机构在工作中主动发现相关问题而要求查询，各地统计执法机构一般不愿主动开展对本地政府部门统计数字腐败的监督检查。统计执法监督无法完全脱离当地政府的影响，涉及地方利益的事项有时不得不采取"回避"甚至是"让步"的态度，特别是在县级和乡级统计执法机构，多是查处一些"不痛不痒"的统计违法行为向上级统计部门交差，没有最大限度地发挥出统计数字执法监督检查对防范和惩治统计造假、弄虚作假的有效作用。

其次，各地统计造假、弄虚作假等统计数字腐败的现象仍然存在，统计违法违纪案件还是时有发生，这一方面是由于统计行政执法监督检

---

① 郭慧辉. 论行政执法的规范化［J］. 山西财经大学学报，2011（2）.

查和对于统计违法行为的处罚不力，与统计责任追究方面存在偏、松、软的问题也是密切相关。尽管目前国家统计局统计执法监督局已经成立，各地统计机构也在陆续建立本地的统计执法监督检查机构，但是，统计执法监督检查机构的执法职能完善和发挥还远远落后于机构建设的步伐，统计执法的监督职能在现行统计管理体制下还并未得到充分有效的发挥，统计执法明显不足的问题仍然普遍存在，执法水平整体提升存在障碍，执法的外部环境仍然亟待优化，执法的效果还难以达到立法者理想的预期状态，统计行政执法监督检查面临着重重的困境。目前，对统计数字腐败等统计违法行为的行政执法监督检查，还是过分依赖于自上而下开展的全国性的统计执法大检查，而各个地方的日常执法检查却是形同虚设。这其中当然有统计行政执法机构自身的一些原因，因为就其统计行政执法机构自身而言，其执法机构不健全、统计行政执法的权威性不够是一个突出问题：近50%的省份尚未设立独立的执法监督机构，尤其市县更突出，地方统计行政执法力量不足，少数统计执法人员的执法意识和责任心不强。另外，在我国其他一些地方特别是基层部门，还存在对统计行政执法工作不理解、不支持、不配合的现象。其中，山东省高密市因抵制、阻碍、拒绝国家统计执法检查，严重干扰违法案件的查处，被点名批评①。有些地方人民政府统计该机构对于查处本地统计数字腐败行为的自觉性还不是很强，不是积极主动性地进行统计行政执法，害怕出现问题，缺乏解决困难的信心和勇气，面对本地政府部门及单位不敢执法、不愿执法的现象还是在一定范围内存在，有些地方统计行政执法机构是压案不查，有些统计行政执法机构是瞒案不报，导致许多已经被当事人举报和上级统计机构发现的统计数字腐败案

---

① 王博勋. 强化执法监督，杜绝"数字腐败"[J]. 中国人大，2018（12）.

件未得到有效查处。此外，再加上统计行政执法机构对统计数字腐败责任主体的追究惩治还不到位，对相关人员的问责和处理偏轻，行政执法警示教育作用发挥不足等，也是导致统计数字腐败屡禁不止的重要客观因素。

三、统计督察刚起步方案人员配套不足

统计调查、统计报告、统计监督是统计机构和统计人员应依法独立行使的三大统计职权。其中的统计监督既包括监测社会经济的运行情况，也包括对统计行政执法的监督，即检查和监督各级统计行政执法机构对统计法律制度规定的执行情况，纠正和查处包括统计数字腐败在内的各种统计违法违纪行为，在法治的框架内维护统计工作秩序、保障统计数据的质量。《统计督察规定》明确规定由国家统计局组织开展统计督察工作，并要求各地方的省级人民政府和国务院有关部门，必须按照《统计督察规定》的要求建立必要的防范和惩治统计造假责任制，采取措施依法问责包括统计数字腐败在内的各种统计违法违纪行为，建立健全统计违法违纪案件的移送机制，同时，必须严格依照统计法和《统计处分规定》等统计法律法规的规定，依法追究包括统计数字腐败在内的统计违法违纪责任人的具体责任，充分发挥统计工作领域典型违纪违法案件对广大党员领导干部的警示和教育作用。统计督察工作的开展，是我国全面建立统计数据质量控制体系的一个重要环节，将有利于加强我国各地方的统计法治基础建设，同时，也为构建符合中国经济发展的新时代现代化统计调查体系奠定了基础。而且，为了充分贯彻和落实《统计督察规定》规定中的具体内容精神，国家统计局未来将会采取一系列的措施，为推进统计督察工作的开展提供机构人员和制度保

障，其中就包括即将成立统计督察领导小组及其办公室，并且要根据统计督察工作的具体任务组建统计督察组，负责在全国开展执行统计督察工作等。但是，由于我国的《统计督察规定》刚刚出台，国家统计局还没有具体开展全面的工作，因此还没有收到明显的效果。而且，《统计督察规定》中一共只有二十条规定，分别规定了统计督察的主体、督察对象、督察内容、督察方式、督察程序、督察处理和统计督察人员的责任等内容，但还需要进一步明确统计督察工作的基本原则、组织机构、督察组的构成、工作程序、意见反馈、整改落实和纪律要求等相关内容，因此，需要抓紧时间制定出台《统计督察规定》相应的实施办法。另外，国家统计局组织实施统计督察工作，还需要抓紧拟定统计督察工作的具体实施方案，拟定好今后一定年限范围内的统计督察工作方案，并且制定每一年的统计督察工作计划等。此外，《统计督察规定》在第六条和第七条中规定了统计督察工作的具体对象和内容范围，其中都包含了对统计数字腐败行为可以通过统计督察进行追究。但是，《统计督察规定》当中没有突出统计数字腐败这个重点对象，对统计数字腐败的督察内容没有做出详细的规定。而且，《统计督察规定》在其第十七条中只是规定了统计督察人员应当严格遵守政治纪律、组织纪律、廉洁纪律、工作纪律等有关纪律要求，并规定了相应的处分责任。但是，其中还缺乏关于统计督察人员资格、选任、培训、管理等相关规定。因为想提高统计督察的效果，必须要选配优秀的督察人员，并且应当按照先培训后督察的原则，有计划、有步骤地对统计督察人员进行培训，从而增强统计督察工作的针对性和实际效果，但《统计督察规定》对于统计督察人员有关上述内容却并未做出具体的规定，因此，应当出台具体措施对此加以明确。另外，《统计督察规定》中没有建立统计督察工作的监督机制和统计督察工作执行责任机制，缺少对统计督察工作责任过错追究机制，没有建立相应的统计督察整改落实调查回访制度，无法查验统计督察对象是否根据督察反馈意见认真落实了意见、采取了措施、改进了工作。而且，对在统计督察工作中发现统计数字腐败等统计违法行为，统计督察人员应当如何进行处理等问题也缺乏详细的规定，这些都应当在未来制定出台相关实施办法时予以完善。

第四节　行政执法规制统计数字腐败的主体机制完善

一、增强执法主体独立性实现垂直管理

一直以来，党中央、国务院对统计工作都高度重视。党的十八大以来，习近平总书记曾多次强调要从源头治理统计数据质量。党的十九大报告中也从健全党和国家监督体系角度，提出了要继续不断"完善统计体制"的明确要求。在党的十八届中央全面深化改革领导小组第二十八次会议上通过的《关于深化统计管理体制改革提高统计数据真实性的意见》中全面部署了统计管理体制改革的重点任务，明确提出要进一步推进统计机构及其人员管理改革。2017 年中央经济工作会议指出要加快形成推动高质量发展的统计体系，贯彻落实以习近平总书记为核心的党中央关于统计工作的系列重大决策部署，必须要坚定不移完善统计体制，积极探索统计垂直管理体制改革，通过改革遏制统计造假、弄虚作假，为统计数字保驾护航。当前，我国政府统计机构管理体系具体分为地方各级政府统计局和国家统计局地方调查队，地方政府统计局由地方政府分级管理，国家统计局对其派出到地方的调查队实行垂直管

理。各级政府统计机构由于受地方政府分级管理，导致统计监督职责履行不到位，部门运行经费难以保障，再加上垂直管理部门人员待遇与地方统计机构人员待遇有较大落差，彼此之间的流动性较差、缺乏职业激励等问题，也造成地方统计机构执法人员的积极性和主动性不高。此外，实践中统计行政执法监督机构设置的藩篱也难以破解。在统计管理体制改革启动后，各地也积极在统计行政执法监督机构的设置上尝试调整。例如，针对现行乡级统计管理体制越来越不适应统计发展需要的实际，张家口市统计局对乡级垂管改革工作进行了不同模式的探索与实践，积极探索乡级统计垂管新路，取得了一定的成效。① 但是，由于缺乏国家立法层面相关法律的具体明文规定，加上现存的精简机构编制等政策性因素，大部分地区的统计行政执法监督机构建设尚未有实质性的进展，尤其是在市级和县级的统计机构，多数仍是以撤销法规科（股）为条件新增执法监督机构或直接将执法监督机构挂靠在法规科（股），在职能上并未完全剥离，实际上是换汤不换药，统计行政执法监督机构独立的难题未能破解。因此，在坚持统一管理、分级负责的统计管理体制基础上，从统计行政执法监督角度着手，开展对统计执法监督机构进行垂直管理的体制探索，把统计执法监督的职能单独剥离出来，切实为提高统计数据质量、构建现代统计调查体系提供坚强法治保障就成为一个重要课题。

对此笔者认为，目前我国并行的地方统计局和统计调查队两种不同统计机构管理体系，应当进行统一规划，都改为实行垂直管理。这不仅可以使得统计基层力量更加充实、不断增强统计行政执法人员的积极性，也有利于促进统计数据质量和政府统计公信力的进一步提升。其中

---

① 许永生，靳永旺，李永宽，等. 乡级统计垂管改革在张家口市的探索与实践［J］. 中国统计，2010（6）.

最为突出的地方在于统计行政执法机构和执法人员敢于主动抵制地方各级政府的干扰，坚持实事求是，从严依法治"统"，通过大量执法来规范统计基层基础建设，树立统计数据权威，从而回归统计工作的客观性，保障统计法律规定的全面贯彻执行，最大最优地发挥统计执法监督效能，使得统计部门在数据管理上占据了更多主动，有效地推动统计数据质量的提升。统计机构及其行政执法机构实行垂直管理，有利于严查统计数字腐败行为，确保数据真实性，有利于提升统计行政执法工作的规范性、专业性、独立性，保障统计法律制度的贯彻执行，真正发挥防范和惩治统计造假、弄虚作假的职能作用，保障统计数字的客观、真实和准确。实行垂直管理之后，统计机构及其行政执法机构的人权、财权、事权等不再受制于本级地方政府的管理和支配，执法机构及其执法人员可以彻底脱离与其相关的本地利益群体的束缚，可以充分保证统计行政执法的严肃和统一。目前，地方各级统计行政执法机构在机构设置、人员配备、设备配置、业务素质、基础建设等方面存在很大差异，实行垂直管理有利于理顺统计行政执法监督体系，增强系统规范性，可以在一定程度上改变当前统计行政执法中存在的监督力量分散、执行力度不够、办事效率低下等现象，可以有效避免以往分散管理所造成的种种混乱局面，最大限度地保障统计行政执法系统实现政令畅通、运转协调、办事高效。此外，实行垂直管理还可以最大限度地整合利用各种执法资源，通过对零散的人力、物力、财力有效集中及技术、设备等实现优化组合，提升统计行政执法监督检查工作的专业化水平。

统计机构及其行政执法机构实行垂直管理，就需要调整目前的统计行政管理框架体系。构建省以下统计执法监督机构垂直管理的体制，要进一步强化省、市两级统计执法监督职能，继续夯实县级统计执法机构的监督检查职能，将市、县两级统计行政执法监督检查职能交由省级统计行政执法机构垂直管理。同时，省级和市级统计执法机构对县级执法机构统一实施统计行政执法监督。省级统计机构及其执法机构应当对本行政区域内的市、县两级政府及相关部门统计法律规定的执行情况、防范和惩治统计数字腐败等统计造假、弄虚作假责任制落实情况进行监督检查，及时向国家统计局进行报告，并适时通报地方党委和政府及其相关部门。另外，统计管理体制实行垂直管理还需要制定统一的内部监督管理制度，应以切实保障统计行政执法监督检查为方向，建立统一的人事管理制度，执法人员由省级统计机构统一管理，通过建章立制明确统计执法监督检查人员教育、培训、选拔、考核、监督、管理等方式方法，提升统计执法监督检查队伍的专业化水平，同时建立统一的财务管理制度、统一的党务管理、议事决策制度、组织生活制度、党风廉政建设责任制、重大事项报告制度、述职述廉述制度等。

总之，根据新时代经济社会发展的新要求以及全社会对统计数据质量的高关注、高期待，现代统计行政执法越来越趋向于垂直管理体制，也只有垂直管理才能更加高效、有序地开展统计执法监督工作，更加有力、有效地防范和惩治统计造假、弄虚作假等统计数字腐败行为。首先，垂直管理是建设推动高质量发展的统计体系的重要保障。中央经济工作会议提出要加快形成推动高质量发展的统计体系，为此亟须建立独立的统计执法监督体制，通过切实有效的行政执法监督为统计数据质量保驾护航，确保用最真实的统计数字服务于经济社会发展。其次，实行垂直管理也是推进依法统计、依法治统、依法查处统计数字腐败行为的有力支撑。如前所述，统计数字腐败的责任主体都是有关机构、部门和单位的负责人，由于其担任一定级别的领导职位并且享有一定范围的行政权力，因此这些统计数字腐败的责任主体对其所在地方的影响力是显而易见的。以往统计机构和执法人员受地方政府管理，实际很难秉公执法。只有通过垂直管理，才能摆脱统计数字腐败责任主体对执法人员的行政干预或者打击报复。

在新形势下推进依法统计依法治统，必须赋予统计行政执法监督检查主体独立的地位、充分的职权和专业的知识，才能真正做到对统计数字负责、对法律规定负责、对客观事实负责。最后，实行垂直管理也是为了满足社会公众对统计数据质量的迫切需要。当前，统计数字已渗透百姓生活，统计数据质量前所未有地受到公众与媒体的高度关注，统计外部监督的压力是越来越大，对此，就需要建立独立的统计行政执法监督体制，公正有效地开展统计执法监督，提高统计执法的权威性和政府统计的公信力，以满足社会公众对真实准确的统计数字需求。

二、界定统计行政执法主体机构的职权

2016 年 10 月习近平总书记主持召开中央全面深化改革领导小组第二十八次会议，审议通过了《关于深化统计管理体制改革提高统计数据真实性的意见》，要求强化监督问责，依纪依法惩处弄虚作假。2017 年 4 月，国家统计局统计执法监督局正式挂牌成立，很多省（自治区、直辖市）成立了省级统计执法监督机构，各地市级、县级的统计执法监督机构也都在陆续组建当中，省级、市级、县级三级地方统计执法监督检查机构体系正在逐步形成。《统计执法监督检查办法》在第十条规定了统计执法监督检查机构和统计执法检查人员的主要职责，对统计执法监督检查机构和执法检查人员的具体职权范围进行了较为详细的划分，同时，还规定了国家统计局、省级统计局、国家调查总队、市级、县级统计局和国家统计局市级、县级调查队各自的统计执法监督检查查处统计违法案件的管辖权限。根据最新修订的《统计执法监督检查办

法》第二十五条的规定："国家统计局负责查处情节严重或影响恶劣的统计造假、弄虚作假案件，对国家重大统计部署贯彻不力的案件，重大国情国力调查中发生的严重统计造假、弄虚作假案件，其他重大统计违法案件。省级统计局依法负责查处本行政区域内统计造假、弄虚作假案件，违反国家统计调查制度以及重要的地方统计调查制度的案件。但是国家调查总队组织实施的统计调查中发生的统计造假、弄虚作假案件，违反国家统计调查制度案件，由组织实施统计调查的国家调查总队进行查处。市级、县级统计局和国家统计局市级、县级调查队，发现本行政区域内统计造假、弄虚作假违法行为的，应当及时报告省级统计机构依法查处；依法负责查处本行政区域内其他统计违法案件。"但是，笔者认为该规定涉及以下三个方面的问题需要进一步采取相关措施加以解决。

第一个问题，这里所规定的"国家统计局负责查处情节严重或影响恶劣的统计造假、弄虚作假案件，对国家重大统计部署贯彻不力的案件，重大国情国力调查中发生的严重统计造假、弄虚作假案件，其他重大统计违法案件"，究竟何种情况可以视为"情节严重或影响恶劣"？省级统计局和市级、县级统计局或者相应的调查队应当在什么情况下，必须将其在统计执法监督检查中发现统计数字腐败等统计违法案件移交给国家统计局进行处理？对此问题笔者认为，"情节严重或影响恶劣"的统计造假、弄虚作假案件，一定是对统计数字进行造假的统计数字腐败行为，既然其造假的对象是统计数字，那就用统计数字来衡量该案件是否构成"情节严重或影响恶劣"则更为合适。也就是说，具体要看统计数字腐败责任主体造假行为涉及的"统计数字失实数额占应报数额的比例"来判断其是否构成"情节严重或影响恶劣"。如果"统计数字失实数额占应报数额的比例"超过60%，那就应当属于"情节严重或影响恶劣"，应当由国家统计局统计执法监督局负责查处，省级统计局和市级、县级统计局或者相应调查队在这种情况下必须将统计数字腐败案件移交给国家统计局统计执法监督局处理。

第二个问题，国家统计局、省级统计局和市级、县级统计局各自管辖所在区域统计违法案件的范围和具体标准是什么？在什么情况下统计数字腐败案件应当由省级统计局负责查处，在什么情况下应当由市级或者县级统计局负责查处？对此笔者认为，也应当借鉴上述用统计数字来衡量统计数字腐败案件情节或者影响的方法。也就是说，统计数字腐败责任主体进行统计数字造假行为所涉及的"统计数字失实数额占应报数额的比例"来看其是应当属于省级统计局来负责查处，还是应当由市级或者县级统计局来负责查处。对此问题笔者认为，如果统计数字腐败行为"统计数字失实数额占应报数额的比例"在 30%—60% 之间，那就应当属于"情节比较严重或者影响较为恶劣"的情形，在此时就应当由省级统计局负责查处；如果统计数字腐败行为"统计数字失实数额占应报数额的比例"在 10%—30% 之间，那就应属于"情节比较轻微或者影响较小"的情形，此时就应当由市级统计局负责查处；如果统计数字腐败行为"统计数字失实数额占应报数额的比例"在 10%以下，那就应当属于"情节显著轻微或者影响很小"的情形，在这种情况下就可以由县级统计局来负责查处。

第三个问题，最新修订的《统计执法监督检查办法》第二十五条第三款明确规定由"市级、县级统计局和国家统计局市级、县级调查队，发现本行政区域内统计造假、弄虚作假违法行为的，应当及时报告省级统计机构依法查处；依法负责查处本行政区域内其他统计违法案件"。因此，今后统计数字腐败案件是由省级统计局来负责查处。此规定避免了原来旧的《统计执法监督检查办法》第二十八条第三款中所出现的对于统计数字腐败案件究竟是应当由市级、县级统计局负责，还是应当由国家统计局市级、县级调查队来负责查处的问题。然而，笔者认为国家统计局此次通过修订《统计执法监督检查办法》的方式，明确规定市级、县级统计局和国家统计局市级、县级调查队，发现本行政区域内统计造假、弄虚作假违法行为的，应当及时报告省级统计机构依法查处，其根本原因在于考虑目前市级、县级统计局还未实行垂直管理，自身还未能实现完全独立，市级、县级统计局往往受到本地政府及有关部门的直接领导管理。而对于"自行造假""指使造假""打击报复"和"严重失察"四类统计数字腐败行为来说，这些统计违法案件的责任主体往往都是本地人民政府或者有关部门、单位的负责人，所以市级、县级统计局和国家统计局市级、县级调查队在进行案件查处等执法工作时，往往会受到来自各方面的干扰阻碍，统计行政执法监督检查人员也很容易遭到相应的打击报复。因此，国家统计局在新修订的《统计执法监督检查办法》中明确市级、县级统计局和国家统计局市级、县级调查队发现本行政区域内有统计造假、弄虚作假违法行为的，应当及时报告省级统计机构依法查处，目的就是希望通过提升对统计数字腐败案件的管辖机构级别，使得省级统计机构能够排除上述行政干扰，依法查处统计造假行为。但是，笔者认为，省级统计机构由于目前也还未能实现垂直管理和完全独立，在抗拒地方各级人民政府以及有关部门单位负责人的行政职权干扰方面，也并不具有十分明显的优势。因此，由省级统计机构负责对统计数字腐败等各种统计违法案件进行查处，也不见得就能完全保障统计行政执法监督检查的绝对公平公正。要想最终实现对统计数字腐败的依法查处，根本的治标方法在于实行完全的垂直管理体制，使得地方各级的统计机构能够真正实现全面独立。此外笔者认为，还应当根据"统计数字失实数额占应报数额的比例"来对统计数字腐败案件进行情节程度的划分，如果案情十分重大，则应当由国家统计局来负责直接查处更为合适。因此，笔者建议应当明确一个案件的管辖具体标准，如果统计数字腐败行为"统计数字失实数额占应报数额的比例"是在30%—60%之间，那就应当属于"情节比较严重或者影响较为恶劣"的情形，在此种情况下就应当由省级统计局负责查处；如果"统计数字失实数额占应报数额的比例"超过了60%，那就应当属于"情节严重或影响恶劣"的情形，此时就应当由国家统计局统计执法监督局负责查处，省级统计局和市级、县级统计局或者相应的调查队在这种情况下，就必须将统计数字腐败案件移交给国家统计局统计执法监督局进行处理。

三、引入第三方主体外聘专家参与执法

《统计执法监督检查办法》第十一条第二款规定："经县级以上人民政府统计机构批准，可以聘用专业技术人员参与统计执法监督检查。"在统计执法监督检查工作中，引入第三方监督主体，聘用专业技术人员参与统计执法监督检查，对统计工作进行评估是提高政府统计数据质量的有效机制。在高等院校、科研机构中存在大量从事统计专业教学研究的专家学者，这些人不属于政府统计机构的国家工作人员，但是本身却具有深厚的统计学理论知识背景和高超的专业技能，其完全可以接受各级政府统计机构以及统计执法机构的聘用，参与到统计执法监督检查工作中来，按照科学的统计制度、先进的研究方法、合理的标准及现代化手段，对政府部门的统计工作进行监督，包括对统计机构认定的综合统计数字进行评估审核等。聘用各类专业技术人员参与统计执法监督检查，可以从机构外部对统计内部工作展开监督，有利于及时地发现

和纠正在政府机构、有关部门和单位内部存在的统计数字腐败问题，加大统计行政执法工作力度和实施效果，有助于推动政府统计机构角色的科学定位和职责履行。

（一）引入第三方主体外聘专家参与执法的意义作用

首先，我国政府统计机构既是国民经济社会发展的"计分员"、统计工作的"运动员"，又是统计数字认定的"裁判员"。各级地方政府扩大丰富了政府统计机构的"运动员"身份，一些地方政府将纳入统计口径的经济社会发展指标任务直接下达给统计局，使得我国地方各级统计机构被赋予经济社会工作的"全能运动员"身份。虽然"主裁判"始终是各级地方政府统计机构，但是，引入了第三方主体外聘专家参与执法，这些外聘专家就相当于足球场上的边裁，不再由当地统计机构"一言堂"，能将统计机构从"全能运动员"中解放出来，成为统计工作单项"运动员"，安心当好经济社会发展的"计分员"，使得统计机构"裁判员""运动员"和"计分员"的身份相对独立。角色定位的科学明确，也更便于其职责的履行。

其次，聘用专业技术人员参与统计执法监督检查，客观上能够加快统计市场化进程提高统计能力。迅猛发展变化、往来纵横交错的经济社会总量及其结构使得党和政府乃至社会公众对统计信息的需求数量和质量都与日俱增，政府统计工作的任务空前繁重，但相对于统计需求和任务来看，统计工作的投入远远不足，尤其是基层政府统计机构往往是疲于应付、顾此失彼，加上统计调控力不强，统计的市场化运作模式难以形成，全社会的总体统计能力偏低。聘用专业技术人员参与统计执法监督检查，通过监督机制的建立和手段的加强，使得各地对统计工作的标准要求逐渐提高，促使地方政府加大统计投入，促进统计机构强化人员队伍和业务能力建设，加速统计执法技术手段的不断创新，共同推动统计事业向更高水平的发展。

再次，聘用专业技术人员参与统计执法监督检查，还能够起到净化政府统计数据源头的作用。政府统计数据最初源于国家机关、企业事业单位等统计调查对象。但目前我国基层统计基础比较脆弱，数据质量从源头上受到了一定程度的威胁。例如，统计数字腐败行为，就是少数单位负责人由于统计法治观念淡漠，对统计工作和数据质量的重视不够，从自身的经济利益出发"按需报数"或为了迎合上级要求按照主管部门意图报数等统计数字腐败情况。统计数字这个"原材料"如果真的出现了"自行造假"或者"指使造假"等腐败问题，以后的"生产流程"中再怎样控制也不可能排除统计数据失实的问题，原始数据不真实导致数据评估就变成了"数学演算"，统计数字也就失去了反映经济社会发展情况指标的作用和价值。聘用专业技术人员参与统计执法监督检查，可以对原始资料进行审核，数据源头得到经常性的净化，可有效保障统计数字的真实、准确、完整和及时，政府统计数据的质量基础才能得到夯实，把统计工作从"做数学题"回归到对国民经济社会发展情况的反映和研究上来。

最后，聘用专业技术人员参与统计执法监督检查，也可以降低统计数字腐败弄虚造假的可能性。当我国政府统计机构"运动员"身份被"全能化"后，其在充当整个国家经济社会发展"计分员"的同时又充当"运动员"。统计机构自身被绑架在统计数字的高低大小上，在"计分"的过程中最大化地进行"自行造假"或"指使造假"等统计数字腐败就成为可能。加上各级统计机构以及执法机构的人、事、财权都要依赖于各级地方政府及有关部门，导致统计机构及其统计人员报真数、填实数，往往就会受到来自地方政府及有关部门的行政干预，甚至统计机构负责人还可能为了获得认可，对反映经济社会发展的各项指标实施

"自行造假"或"指使造假"行为，充当统计数字腐败弄虚作假的急先锋。而聘用专业技术人员参与统计执法监督检查，由于统计数字的大小高低与其自身利益没有直接关系，因此就没有统计数字腐败的原动力。同时，由于其与地方政府没有直接的隶属和上下级关系，工作生活不在监督检查对象的掌控之内，被迫统计数字腐败弄虚作假也失去了存在的基础。只要这些专业技术人员在统计执法监督检查时秉公办案，各种统计数字腐败行为就能够得到一定程度的有效遏制。

（二）引入第三方主体外聘专家参与执法的具体建议

《统计执法监督检查办法》第十一条第二款规定："经县级以上人民政府统计机构批准，可以聘用专业技术人员参与统计执法监督检查。"其中，这些"专业技术人员"被聘用参与统计执法监督检查，聘用的条件是什么？具体职责有哪些？有哪些权利和义务？聘用工作的程序和日常的管理方式在实践中应当如何具体操作？对此笔者认为，国家统计局应当出台《聘用专业技术人员参与统计执法监督检查管理办法》，对以上问题进行详细具体的规定。

首先，对于专业技术人员聘用的具体条件要求，笔者认为至少应当包括以下几个方面：1.坚决拥护党的领导，有较强的政治责任感和社会奉献精神，认真贯彻执行党的路线和各项方针、政策，作风端正；2.具有较强的统计专业技能、统计法治意识、理论政策水平和较为丰富的社会工作经验，关心和了解统计行政管理和执法监督检查工作；3.能够始终坚持原则，依法实施开展各种统计监督检查工作，并且能够客观公正、实事求是地反映现实情况和被监督检查对象实际存在的问题；4.有一定的参政议政能力和强烈的社会责任感，能够深入开展调查研究，及时发现和掌握有关情况，积极提出意见和建议；5.具有良好的思想道德素质，处事公道、为人正派、廉洁自律、严守秘密，自觉遵守和执行统计法律规定；6. 热衷于统计执法监督检查工作，能够投入一定的时间和精力，认真履职完成各项任务；7. 身体健康，精力充沛，能胜任监督工作需要；8. 其他统计机构认为应当具备的条件。

其次，对于专业技术人员参与统计执法监督检查工作应承担的具体职责，笔者认为应当包括：1. 充分了解并积极宣传统计执法监督检查的重点工作、重点任务及统计行业的相关最新法律法规和政策措施；2. 对统计行政机关及其工作人员遵纪守法、廉洁从政、依法行政、办事效率、服务质量等情况进行监督检查；3. 通过明察暗访、接受投诉等多种渠道，收集意见建议和要求，监督检查统计工作，并采取电子信箱、电话、信函、面谈等方式全面及时地向统计执法机构反映社会各界包括其本人对统计行政执法方面的意见建议；4. 参加由统计执法机构安排的行风评议、问卷调查、实地走访等各项统计执法监督活动和检查工作。

再次，对于专业技术人员参与统计执法监督检查应当享有的权利和应承担的义务。笔者认为，专业技术人员在参与统计执法时享有的具体权利应当包括：1. 参加有关学习和培训，获取与监督检查工作有关的文件资料，了解统计行政执法建设的相关规定政策和工作动态；2. 对监督检查对象的统计管理和行政执法情况实施监督检查，可以进行评议，提出意见和建议；3. 向监督检查对象及其工作人员了解统计工作的有关情况，依法查阅相关的文件和资料。专业技术人员应当承担的具体义务包括：1. 遵守统计执法管理方面的相关规定，不以权谋私，不接受监督检查对象的吃请或者收受好处；2. 严格依照统计执法监督检查的具体程序流程，对监督检查中所涉及的统计工作信息严格保密，反馈书面意见时应有署名；3. 未经统计执法机构同意，不得采取任何方式擅自向社会公开发表对统计执法的意见，不得擅自接受新闻媒体对统计执法工作内容的采访，不得擅自处理监督检查中的具体问题。

最后，对于专业技术人员聘用的程序步骤和日常的管理方式，笔者认为可以采取以下措施：1. 由统计机构按照条件和实际需要，向所在单位提出聘任请求，在征求被推荐人和所在单位同意后填写《参与统计执法监督检查专业技术人员登记表》，经统计机构批准后确定；2. 由统计机构向被聘用的专业技术人员颁发聘书即《参与统计执法监督检查聘用证书》；3. 聘用的任期为三年，聘任期满后自动解聘，也可以根据工作需要及履职情况予以续聘；4. 聘用期间内，专业技术人员因故不能履职的，本人可提出辞聘要求，无故或者多次不参加统计机构组织的执法监督检查工作或者不能按时完成交办的任务，统计机构可以解聘；5. 统计机构应采取约谈、座谈会、情况通报会等形式交流沟通统计工作动态和监督情况；6. 专业技术人员每年年末要向统计机构书面报告其工作情况，统计机构应当加强与专业技术人员的沟通联系，对专业技术人员反映的情况和提出的意见应当及时进行整理登记，并根据内容性质在规定时间内进行调查处理，调查处理完毕后一个月内向专业技术人员反馈。

第五节　行政执法规制统计数字腐败的手段方式完善

一、细化统计数字腐败的举报程序环节

有学者指出，反腐败必须加强对一线执法者的监督，建立一套严格的检举制度，听取公众意见。① 对于统计违法行为举报案件的处理，

---

① 应松年. 反腐败须扎紧扎密制度笼子 [J]. 人民论坛，2017（13）.

《国家统计局关于完善统计违法举报工作制度的规定（试行)》明确规定："对国家统计局领导批准立案查处的举报，执法监督局组成检查组按照《统计执法监督检查办法》进行查处。对执法监督局直接核查的举报，违法情节严重的，经国家统计局领导批准后，由国家统计局立案查处；违法情节较重的，由省级统计机构立案查处；违法情节较轻的，由市级或者县级统计机构立案查处。"由此可见，对统计数字腐败等违法行为的举报，首先需要国家执法监督局对统计数字腐败违法情节进行衡量，再根据其情节的不同作出相应的处理，即对"国家统计局领导批准立案查处的举报"，执法监督局组成检查组直接进行查处；对于"执法监督局直接核查的举报，违法情节严重的"，则需要经过国家统计局领导批准后，由国家统计局立案查处；而对于"违法情节较重的"，则是由省级统计机构立案查处；对于"违法情节较轻的"，则是由市级或者县级统计机构立案查处。这里就存在这样一个问题，对于统计数字腐败等统计违法行为其"违法情节"的"严重""较重"和"较轻"应当如何进行衡量？是否存在一个客观公正的标准？对于以上这些问题在《国家统计局关于完善统计违法举报工作制度的规定（试行)》中没有作出详细具体的规定，省级统计机构在实际工作中就往往难以做出判断，应当予以健全完善。笔者认为，应当用统计数字来衡量该案件"违法情节"是否构成"严重""较重"或"较轻"。也就是说，具体看统计数字腐败责任主体造假行为所涉及的"统计数字失实数额占应报数额的比例"来衡量判断其"违法情节"的轻重程度。如果举报的统计数字腐败等统计违法行为"统计数字失实数额占应报数额的比例"超过60%，那就应当属于"违法情节严重"。如前所述，根据笔者在刑事立法规制中提出的建议，此种情形下有可能会构成犯罪而追究刑事责任，因此，应当由国家统计局统计执法监督局负责查处，省级、市级、县级统计机构或者统计违法举报受理中心在这种情况下必须将举报的统计数字腐败案件移交给国家统计局统计执法监督局予以处理。如果举报的统计数字腐败等统计违法行为"统计数字失实数额占应报数额的比例"在30%—60%之间，那就应当属于"违法情节较重"，应当由省级统计局执法机构来负责处理。如果举报的统计数字腐败等统计违法行为"统计数字失实数额占应报数额的比例"在10%—30%之间，那就应属于"违法情节较轻"，应当由市级统计局执法机构负责查处；如果举报的统计数字腐败等统计违法行为"统计数字失实数额占应报数额的比例"在10%以下，那就应当属于"违法情节轻微"，则可以直接由县级统计局执法机构负责查处。因此，如果国家统计局执法监督局发现举报的统计数字腐败等统计违法行为"统计数字失实数额占应报数额的比例"低于60%，则可以认为违法情节尚不构成"严重"程度，不属于国家统计局直接立案查处的范围，其违法情节只属于"较重""较轻"或者"轻微"程度，可以将举报的统计数字腐败案件按照"统计数字失实数额占应报数额的比例"直接移交给省级统计机构、市级或者县级统计机构立案查处，无须先将举报的统计数字腐败案件移交给省级统计机构，再由省级统计机构经过衡量之后，由其来决定自行立案查处或者移交市级、县级统计机构。国家统计局统计违法举报受理中心以及省级、市级、县级统计机构，对于其直接收到的举报统计数字腐败等统计违法案件，可以参照下面的举报案件管辖标准来确定具体的受理机构。

表1　举报统计数字腐败等统计违法案件的具体管辖标准（建议方案）

	统计数字失实数额占应报数额的比例	违法情节程度	举报案件受理机构
1	超过60%	严重	国家统计局统计执法监督局
2	30%—60%	较重	省级统计局执法机构
3	10%～30%	较轻	市级统计局执法机构
4	10%以下	轻微	县级统计局执法机构

　　根据以上举报统计数字腐败等统计违法行为案件管辖标准，就可以按照案件"统计数字失实数额占应报数额的比例"来确定其违法情节程度，客观明确地判断案件的具体处理机构。也就是说，国家统计局统计执法监督局可以按照案件"统计数字失实数额占应报数额的比例"确定其违法情节程度并作出判断，直接将统计数字腐败等统计违法行为案件的举报材料移交给具有相应管辖权力的省级、市级或者县级统计机构，省级、市级和县级统计机构在接收到国家统计局统计执法监督局转交的举报案件后，直接交给本部门的统计执法机构进行处理。如果省级、市级和县级统计机构自行接到统计数字腐败等统计违法行为举报案件，其就应当依据举报材料对"统计数字失实数额占应报数额的比例"进行确定后判断其违法情节程度，并且根据上述举报统计数字腐败等统计违法行为案件管辖标准作出相应的处理：如果发现举报的统计数字腐败等统计违法行为"统计数字失实数额占应报数额的比例"超过60%，属于违法情节"严重"的案件，应当上报由国家统计局统计执法监督局处理；如果发现举报的统计数字腐败等统计违法行为"统计数字失实数额占应报数额的比例"在30%—60%之间，属于违法情节"较重"的案件，市级或者县级统计机构应当将其移交给省级统计机构处理；如果发现举报的统计数字腐败等统计违法行为"统计数字失实数额占应

报数额的比例"在 10%—30% 之间、属于违法情节"较轻"的案件，省级或县级统计机构就应当将其移交给市级统计机构处理；如果发现举报的统计数字腐败等统计违法行为"统计数字失实数额占应报数额的比例"在 10% 以下、属于违法情节"轻微"的案件，省级或市级统计机构就应当将其移交给县级统计机构处理。总之，各级统计机构通过"统计数字失实数额占应报数额的比例"的方法来衡量判断举报案件的违法情节程度，进而确定统计数字腐败等统计违法行为案件在国家统计局、省级、市级和县级统计机构之间负责处理的职权主体，可以有效地解决目前在举报统计数字腐败等统计违法行为案件处理上存在的管辖范围不明、移交标准不清的问题。

二、加强统计执法监督检查常态化建设

随着市场经济的快速发展，统计所处的社会经济环境发生了根本性变化，统计行政执法工作面临越来越大的困难和挑战。[①] 目前对统计数字腐败等统计违法行为的发现和查处主要还是依靠统计机构的行政执法监督检查，如每隔几年在全国范围内以及地方各级政府在其管辖范围内开展的各种类型的统计执法大检查等。但是，统计行政执法监督检查工作始终未能形成一种长效机制，再加上统计数字腐败行为的隐蔽性较强而执法环境却又较为薄弱，使得很多具体责任追究在实践中难以得到真正的贯彻落实。因此，应当不断丰富和改进统计行政执法手段方式，加强统计执法监督检查常态化建设，及时发现和惩治统计数字腐败行为。

加强统计执法监督检查常态化建设，就是以提升统计执法效能为中

---

① 田铁真，王平，李永宽，等．统计行政联合执法机制的探索与实践［J］．中国统计，2009（9）．

心，树立常态化工作理念，以公开透明的执法流程、丰富多样的执法方式，高效实用的执法理念、法律至上的执法意识四个方面为着力点，针对当前统计执法工作新形势、新情况、新问题，实现阳光执法常态化、联合执法常态化、问责执法常态化、普法执法常态化，全面提升统计执法的整体效能水平。

第一，建立公开透明的执法流程，实现阳光执法常态化。统计执法机构在这方面应当坚持做到严格执行统计执法监督检查计划方案，切实维护被执法检查单位和执法监督检查人员名录库。按照程序规范随机抽取被检查单位，确保抽选过程公平公正，并且将随机抽取被检查单位名单在相关的门户网站公示，公开接受社会公众的监督。在统计执法监督检查过程中，应当严格执行"六不准"原则，做到执法检查工作重点突出，执法机构人员职责分明、执法监督检查手段先进、执法监督检查效果明显的统计执法监督检查运行机制，按照法律规定的流程进行统计数字核查，坚决杜绝执法程序存在任何瑕疵。在统计执法监督检查处理阶段，严格按照统计法、统计法实施条例、统计执法监督检查办法等统计法律制度的规定做到对所有被检查单位统一标准尺度，统一检查内容，确保处理结果公平公正、心服口服。

第二，采取丰富多样的执法方式，实现联合执法常态化。联合执法是一项创新性的工作，其打破了以往由单一统计行政执法队伍孤军奋战的局面，可以有效地破解统计执法监督检查工作中的诸多难题，树立统计执法在社会中的威信和地位。由于统计工作涉及国民经济和社会发展的各行各业，统计指标、逻辑关系、计算方法纷繁复杂，为了使统计执法监督检查内容更全面、依据更充分、证据更确凿、效果更理想，统计执法监督检查机构可以聘用专业技术人员参与联合执法检查，将具有丰富统计知识背景的专业技术人员与精通统计法律法规的执法人员共同组队开展统计执法监督检查，变临时联合为长期联合，变被动联合为主动联合，着力推动统计执法监督检查工作的平衡协调发展，在短时间内集中力量迅速有效地查处纠正棘手的统计数字腐败等统计违法行为，促进统计执法监督检查更完善、更准确、更到位。

第三，树立高效实用的执法理念，实现问责执法常态化。统计执法监督检查机构应当针对在以往执法监督检查中，出现统计数字差错率或者差错额较大、统计基础工作薄弱的被检查单位定期进行回访，及时了解被检查单位的整改情况，建设统一的执法监督检查信息化平台，推动统计执法监督检查标准化、规范化运作，实现可视化监督、动态化检查和信息化反馈，同时要夯实责任制、强化问责制。

第四，强化法律至上的执法意识，实现普法执法常态化。首先要落实《国家统计局关于完善违法举报工作制度的规定（试行）》等规定，明确举报途径、受理范围、受理部门等事项，将受理统计数字腐败等违法案件举报作为工作重点，鼓励社会全员参与统计执法监督检查。其次要严格执行各地现行的统计地方性法规、规章，并且在机构内部制定出台统计执法监督检查相关的配套实施办法，建立健全统计行政执法监督检查的法治机制，不断强化统计执法人员的法律意识和执法素养，大力提升统计执法人员的业务能力和执法水平，彻底消除统计执法人员在开展统计监督检查工作中存在的范围小、关系多、职位高、执法难的畏难情绪，有效加强统计执法人员与相关部门人员相互配合，共同提高统计执法监督检查的实施效果。最后还应当积极地贯彻"谁执法谁普法"的执法理念，采取多种途径和方式开展统计法治宣传教育，对发生的典型的统计数字腐败案件予以公开曝光，并且用以案说法、报告座谈的形式告知被检查单位及其负责人统计数字腐败等统计违法行为的法律责任以及相应的制裁措施，进一步拓展统计法律知识的普及广度和深度，强化被检查单位及其负责人的法律理念，营造依法治统、依法统计、依法执法的良好社会法治氛围。

三、推进统计督察工作机制的充实健全

统计督察制度的建立完善和全面实行，有利于促进我国统计行政执法工作水平的进一步提高，同时也有利于发现统计数字腐败等统计违法行为的线索并予以及时的查处。但是，由于我国的统计督察工作开展时间还比较短，仍处于实践探索和起步阶段，仍需要不断努力加强和改进保障措施，进一步完善和健全统计督察工作机制，统计督察才会更具有生命力。

（一）国家统计局应当尽快出台《统计督察规定》的实施办法

进一步明确统计督察工作的基本原则、组织机构、督察组的构成、工作程序、意见反馈、整改落实和责任追究等具体内容，抓紧拟定好一定年限范围内的统计督察工作实施方案，并应当详细制定每一年的统计督察工作计划。在统计督察工作原则方面，应当以提高统计数据质量为目的，以监督和引导被督察单位依法统计，营造和谐统计良好氛围为出发点，围绕统计中心工作和统计改革，规范被督察单位统计行为，提高源头统计数字的准确性，及时发现和解决包括统计数字腐败在内的统计违法违纪问题。对此笔者认为，统计督察工作的重点，应当放在全面排查，严肃惩治统计造假、弄虚作假和以数谋私等各种统计数字腐败行为方面，主要包括以下基本内容。

1. 对统计机构防范和惩治统计造假、弄虚作假的职责认识不清。其中，应当重点督察的内容包括：对中央和上级文件学习不深入、领会不到位；对产生统计数字造假、弄虚作假的原因认识不全面、不准确；

对于统计机构防范和惩治统计造假、弄虚作假的主体责任不知晓、不认同、不履行。

2. 对于统计数字失真、以数谋私等统计数字腐败的严重性和危害性认识不深刻、不充分。其中，应当重点督察的内容包括：对统计数字造假失真、以数谋私等统计数字腐败行为的严重程度没有主动发现、深入分析、认真总结，对其造成后果的严重性和危害性漠视不顾、见怪不怪。

3. 各种统计造假、弄虚作假等统计数字腐败行为。其中，应当重点督察的内容包括：强令或者授意统计机构、统计人员进行统计数字造假或者伪造、篡改统计资料；自行编造、篡改统计数字；放任或默认统计机构、统计人员统计数字造假、弄虚作假。

4. 对统计造假、弄虚作假防范和惩治不力。其中，应当重点督察的内容包括：统计机构依法独立行使统计调查、统计报告、统计监督职权的意识不强；执行国家统计调查制度和工作规范标准不严格；对于统计行政执法监督的重要性认识不到位，长期不执法、软执法、选择性执法，统计行政执法监督的人员不齐、力量不足、能力不强、保障不力；对统计造假、弄虚作假等统计数字腐败违法违纪案件的有关举报线索有案不查、压案不报、以数谋私等。

（二）应当加强统计督察人员的配备，选配优秀的统计督察人员

把那些政治素质好、业务能力强、作风过得硬、敢于坚持原则、公道正派的人员充实到督察队伍。同时，还要对统计督察人员加强管理，并且提出严格的要求，按照先培训学习后执行督察的原则，有计划有步骤地对统计督察人员进行培训，加强对统计法律规定的学习，提高统计督察人员的业务素质，增强统计督察工作的针对性和实际效果。为了确保和强化统计督察工作的顺利开展，严格落实中央八项规定精神和强化

统计督察工作纪律，国家统计局应当尽快制定和出台统计督察工作纪律规定，作为统计督察人员也应当严格遵守统计督察工作纪律，严于律己、心怀敬畏、清正廉洁、公私分明、守住底线。笔者建议，统计督察人员应严格遵守以下各项纪律：1. 不准参与或者接受被督察对象举办的宴请、娱乐、健身等活动；2. 不准接受被督察对象赠送的各种纪念品、土特产、劳务报酬、有价证券等钱物礼品；3. 不准参加由被督察对象安排组织的对当地自然遗迹、人文遗迹、自然保护区、风景名胜区等景点的参观游览；4. 不准向被督察对象报销任何应当由统计督察人员个人支付的相关费用；5. 不准采取任何形式公开发表与党中央、国务院各项决策部署不一致的言论、文章、观点等；6. 不准擅自以微博、微信、接受采访等各种公开形式发布与统计督察相关的工作信息；7. 不准对被督察对象态度恶劣、居高临下、任意贬低、盛气凌人、口大气粗；8. 不准包庇、纵容、袒护被督察对象包括统计数字腐败在内的违纪违法行为，也不准随意进行歪曲、捏造和夸大。

最后，还应当建立统计督察工作的监督机制，用完善健全的监督制度来规范统计督察的工作职责、工作程序、工作纪律、具体内容、管理办法、责任考核，形成统计督察工作的执行责任机制，建立和完善统计督察工作责任过错追究机制，强化统计督察整改落实工作的调查回访，随时督促和查验督察对象根据督察人员提出的反馈意见的整改落实情况，使统计督察人员提出的督察相关意见和建议能够真正落到实处。原来的统计机构人员在对统计机构以外特别是对政府其他部门依法进行统计行政执法监督检查时，往往会遇到各种行政干预。而现在统计督察工作全面开展以后，《统计督察规定》赋予了政府统计机构一把"尚方宝剑"，即明确规定统计督察报告和意见书直接要移交给中纪委、监察委、中组部，对地方省级党委和政府的统计督察意见将会报到党中央、国务院同意后再进行反馈，这样无疑会对统计数字腐败者的未来政绩和仕途将产生直接性的影响，从而将查处统计数字腐败行为的关口前移，有利于构建形成我国政府统计工作领域"不敢假、不能假、不想假"的统计生态法治氛围。

　　总之，应当把统计督察工作的出发点和最终落脚点放在保证统计数字的真实准确上，既要在统计督察实施过程中发现问题并予以严厉查处，从而对统计数字腐败者形成一种巨大震慑，同时也应帮助被督察对象解决问题，使统计督察成为提升统计数据质量的重要抓手。

第五章

统计数字腐败的司法追究规制

　　统计数字腐败的司法追究规制是指有监察权的监察委员会和有检察权的人民检察院，根据《中华人民共和国监察法》（2018 年 3 月 20 日施行）和《中华人民共和国刑事诉讼法》（2018 年 10 月 26 日修订）以及相关的法律规定，按照法定的管辖范围、职责权限和法定程序，对统计数字腐败的责任主体追究其所应承担的包括刑事责任在内所有相关责任的过程。统计数字腐败所涉及的滥用职权罪、玩忽职守罪和打击报复统计、会计人员罪，在监察法实施之前是由不同的机关分别予以立案侦查的。根据《关于人民检察院直接受理立案侦查案件立案标准的规定（试行）》（1999 年）的规定，统计数字腐败所涉及的滥用职权罪和玩忽职守罪是由人民检察院直接受理立案侦查，涉及的打击报复统计、会计人员罪是由公安机关予以立案侦查。但是在日常工作中，除了直接收到相关举报以外，人民检察院和公安机关自身都很难轻易发现统计数字腐败，大部分案件都是统计执法机构在发现问题线索之后移送到相关部门才能进行处理。然而，统计执法机构对于在工作中查处的统计数字腐败案件，如果认为其构成犯罪，究竟是移送到人民检察院还是公安机关？在现实操作中确实存在着一定的分歧。然而，根据 2018 年 4 月 17 日出台的《国家监察委员会管辖规定（试行）》规定，统计数字腐败所涉及的滥用职权罪、玩忽职守罪和打击报复统计、会计人员罪都属于国家监察委员会所管辖的六大类88个职务犯罪案件立案范围。因此，今后对统计数字腐败涉及的上述犯罪，都要先由监察委员会予以立案、调查和处置，并对其中查证属实构成犯罪的，再由监察委员会将其移送给人民检察院，最后由人民检察院向人民法院提出公诉。可见，国家监察委员会的设立和《中华人民共和国监察法》的颁布实施，更加明确了统计数字腐败的立案机关，并对案件的调查程序实现了统一的制度安排，这无疑非常有利于对统计数字腐败的司法追究规制。因此，本章要研究的主要内容，一方面是指出了当前监察委员会和人民检察院在查处统计数字腐败方面的具体职权，强调了两者互相配合协作查处统计数字腐败的重要意义和积极作用，并且详细地阐明了两者在统计数字腐败的司法追究中所应当遵循的具体法定程序；另一方面，则是针对监察委员会和人民检察院在对于统计数字腐败犯罪司法追究规制在处罚建议、调查管辖、证据收集、审查起诉四个方面仍然存在的相关问题进行了深入分析，尝试提出了一些具体的衔接完善建议措施，力图进一步健全完善统计数字腐败司法追究法律规制方面的程序性规定，努力使其更加详细具体并有操作性，最终能够实现统计数字腐败犯罪案件的调查处置与责任追究的有效衔接。

第一节 统计数字腐败司法追究规制主体与程序概述

一、监察委员会对于统计数字腐败依法行使监察权

（一）成立监察委员会有利于监督查处统计数字腐败

在监察委员会设立之后，检察机关对职务犯罪案件的侦查权将整体

移交国家监察委员会来行使。① 由监察委员会来行使对统计数字腐败等职务犯罪的侦查权，与原来由人民检察院行使职务犯罪侦查权相比，能够进一步整合现今各方面的监督力量，更能实现对监察对象的全面覆盖，有利于发挥集中统一的监督领导作用，从而构建出更加权威、高效的监察体制。如前所述，统计数字腐败主要是地方人民政府或者有关部门、单位的负责人利用手中的职权干预统计工作、进行弄虚作假的行为，因此统计数字腐败的责任主体都具有一定的职位并且掌握一定行政职权。原来对包括统计数字腐败在内的职务犯罪都是由人民检察院立案管辖，但是在司法实践中，除了最高人民检察院之外，我国省级以下的地方各级人民检察院都是由地方同级国家权力机关产生并向其负责。而且，地方各级人民检察院由于在人、财、物方面都要受到在地方同级人民政府的各种制约，因此，在这种受到制约的情形之下人民检察院对包括统计数字腐败等职务违法犯罪行为开展立案、侦查、审查起诉等各项反腐败工作，往往会因为各种原因难以对本地的地方人民政府或者有关部门、单位的负责人进行有效的监督。因此，人民检察院在很多情况下难以充分发挥职务犯罪侦查权所应有的功能和作用，很难对这些地方人民政府或者有关部门、单位负责人的统计数字腐败犯罪行为进行立案侦查工作。因此，要想真正实现对统计数字腐败犯罪行为予以相应的法律规制，就需要认真地研究如何有效地解决对这些地方人民政府或者有关部门、单位负责人的统计数字腐败等各种职务犯罪进行立案侦查的问题。新成立的监察委员会就有效地解决了原来人民检察院所面临的问题，由于我国的监察体制在改革之后，已经形成了一个独立于任何地方国家机关的、自上而下的垂直管理体系，监察委员会是由国家最高权力

---

① 张智辉. 检察侦查权的回顾、反思与重构 [J]. 国家检察官学院学报，2018（3）.

机关产生并且直接向国家最高权力机关负责的国家机关。因此，只有监察委员会在体制上摆脱了地方人民政府行政权力的约束和控制时，才有可能真正形成对地方人民政府或者有关部门、单位负责人包括统计数字腐败在内的职务违法犯罪行为的进行有效监督。根据《中华人民共和国监察法》第四条的规定："监察委员会依照法律规定独立行使监察权，不受行政机关、社会团体和个人的干涉。"这条规定的主要目的就是为了排除行政机关、社会团体和个人对监察机关的非法干扰。监察委员会依照法律规定独立行使监察权，既表明了监察权必须依法行使，又强调了监察权行使的独立性。监察委员会成立后作为专门行使国家监察职能的监察机关，履行职责必须遵循社会主义法治原则的基本要求，必须严格依照法律进行活动，既不能滥用或者超越职权，违反规定程序，也不能不担当、不作为，更不允许利用职权徇私枉法，放纵职务违法犯罪行为。这里的"干涉"，就包括各级地方人民政府或者有关部门、单位负责人利用职权、地位，或者采取其他不正当手段干扰、影响监察人员依法对统计数字腐败进行监督和处置的行为。例如，统计数字腐败的责任主体利用手中职权阻止监察人员对其统计数字腐败行为开展案件调查，利用职权威胁、引诱他人不配合监察机关工作等。因此，监察委员会行使的国家监察权，是传统立法权、行政权、司法权之外一种新型的权力——监督执法权。该种监督执法职权的行使必须具有独立性的特质，不受其他机关、团体和个人的非法干涉，这就非常有利于监察委员会对地方人民政府或者有关部门、单位负责人的统计数字腐败犯罪行为进行监督和查处并予以有效的法律规制。

（二）统计数字腐败的责任主体属于监察的对象范围

《中华人民共和国监察法》在第十五条中明确规定了监察的对象范围，是所有行使公权力的公职人员。由于公职人员在我们国家的经济、政治和社会生活中依法行使公共职权、履行公共管理职能，因此，判断一个人到底是不是属于公职人员，主要就是看他是不是行使公权力、履行公务。监察法明确了监察的对象范围，其最主要的目的就是通过法律的形式把国家监察对所有行使公权力公职人员的全面覆盖固定下来。马克思主义经典作家都反复强调，公职人员手中的权力不是私有物，而是人民给予的职责，要利用手中的权力为人民服务，当人民的勤务员，都是人民公仆。① 由此可见，监察法中所确立的监察对象范围，非常符合我国的政治体制，体现了制度的针对性。如前所述，《中华人民共和国统计法》在第三十七条规定统计数字腐败的责任主体是"地方人民政府、政府统计机构或者有关部门、单位的负责人"，上述规定的统计数字腐败的责任主体，全部都涵盖在监察法所规定的六类监察的对象范围当中，如果上述的这些地方人民政府、政府统计机构或者有关部门、单位的负责人出现了"自行造假""指使造假""打击报复"和"严重失察"这四种统计数字腐败职务违法犯罪行为，就应当由相应的监察委员会对其依法进行监督，根据监察法规定展开案件调查工作，对统计数字腐败的责任主体做出相应处置。此外，监察法中还设定了兜底条款，将"其他依法履行公职的人员"纳入监察的对象范围，这就远远超出了统计法中规定的统计数字腐败的责任主体范围，将我国所有公职人员的统计违法违纪行为全都包括在监察范围和对象中，有利于监察委员会在日后的监督调查工作中，对实际发生的包括统计数字腐败在内的统计违法行为予以查处。

---

① 吴建雄. 监督、调查、处置法律规范研究［M］. 北京：人民出版社，2018：87.

二、人民检察院对于统计数字腐败犯罪行使检察权

（一）宪法修正后人民检察院的检察权性质没有发生根本改变

在 2018 年 3 月 11 日《中华人民共和国宪法修正案》通过后，"一府一委两院"的体制正式形成。但是，人民检察院仍然还是和以前一样，作为国家的法律监督机关，仍然要按照法律规定独立行使检察权。因此，人民检察院自身的定位并没有发生根本性的任何改变，其所享有的检察权仍然是处于全国及地方各级人民代表大会的监督之下，与各级人民政府的行政权、各级监察委员会的监察权、各级人民法院的审判权平行并列的一项独立的国家权力。① 当然，关于我国检察权的性质，国内有不少学者从各自不同角度审视而有各自不同的说法，其中，比较有代表性的主要有包括像行政权、司法权、兼具行政权和司法权、法律监督权等各种观点。② 我国在推行了国家监察体制改革，出台了监察法，并且建立了监察委员会后，原来由各级人民检察院所行使包括对统计数字腐败犯罪行为的职务犯罪侦查权，现在已经交由国家各级监察委员会来负责行使。虽然这使得各级人民检察院原有的检察权之中的职务犯罪侦查权发生了划转，但是，这种变化并不能完全导致人民检察院的检察权性质发生实质性改变。因为人民检察院的检察权由多种权力共同构成的，而职务犯罪侦查权只是人民检察院的检察权所包含的众多权力类型

---

① 秦前红，王天鸿．国家监察体制改革背景下检察权优化配置［J］．理论视野，2018（8）．

② 韩成军．中国检察权配置问题研究［M］．北京：中国检察出版社，2012：10－17；胡勇．复合型态的检察权能：中国检察改革再思考［M］．北京：法律出版社，2014：82－113；邓思清．中国检察制度概览［M］．北京：中国检察出版社，2016：67－69．

中的一种，其他诸如批捕权、公诉权等权力并不是依附职务犯罪侦查权而存在。因此，人民检察院的检察权中最突出一项本质特征就是进行法律监督，其中也包括对监察机关开展的包括统计数字腐败相关的职务犯罪调查和处置进行全面监督。因此，对于统计数字腐败相关职务犯罪行为的司法追究来说，由于统计数字腐败行为可能会构成"滥用职权罪""打击报复会计、统计人员罪"或者"玩忽职守罪"三种犯罪。因此，根据监察法和刑事诉讼法的相关规定，人民检察院对于监察委员会在调查之后移送来的统计数字腐败犯罪案件，如果在经过详细的审查之后，认为该统计数字腐败犯罪案件的犯罪事实已经查清，而且犯罪的证据确实、充分，依法应当对统计数字腐败犯罪嫌疑人予以追究相应刑事责任的，就应当对其做出起诉的决定，向人民法院提起公诉；反之，如果人民检察院在经过认真的审查核实之后，认为监察委员会移送过来的统计数字腐败犯罪案件需要进一步补充核实的，应当将该统计数字腐败犯罪案件退回原来的监察委员会予以补充调查。当然，在一些必要的特殊情形之下，人民检察院还可以对受理的统计数字腐败犯罪案件进行自行补充侦查。而且，人民检察院交给监察委员会由其补充调查的统计数字腐败犯罪案件，监察委员会在接到人民检察院退回补充调查的案件之后，还应当在一个月内对案件进行补充调查完毕，并且这种补充调查的次数还不能过多，只能以最多二次为限。同时，人民检察院对于统计数字腐败犯罪案件有《刑事诉讼法》中所规定的不起诉情形的，在经过上一级人民检察院的批准之后，还可以依法做出对统计数字腐败犯罪嫌疑人不起诉的决定。当然，如果监察委员会认为人民检察院对统计数字腐败犯罪案件的不起诉的决定有错误的，其也可以向上一级人民检察院提请复议。可见，人民检察院在国家进行监察体制改革，将统计数字腐败等职务犯罪案件的侦查权划转给监察委员会之外，人民检察院继续行使包括对统计数字腐败在内的职务犯罪案件进行法律监督的检察权，对监察委员会的案件调查程序过程进行监督。

（二）人民检察院查处统计数字腐败需要对检察权进行调整和优化

众所周知，人民检察院的反腐败工作的成绩应当还是值得肯定的，办理了很多大案要案，产生了广泛的社会影响。在我国监察体制改革和《中华人民共和国监察法》出台之前，对包括统计数字腐败犯罪在内的职务犯罪侦查工作，在人民检察院的日常整体业务当中历来是处在一个极为重要的地位。但是，在全面推行监察体制改革和监察法颁布施行以后，人民检察院的职务犯罪侦查权的内容发生了变化与调整，监察体制改革以及监察法中的规定已经把人民检察院原来有权依法行使的查处贪污贿赂、失职渎职以及预防职务犯罪等相关职能转隶至监察委员会，这也引起了人民检察院检察权的重大变化。① 因此，人民检察院检察权原有的构架平衡，就需要根据国家监察体制改革之后的新的形势要求再行予以相应的调整优化。我们应当对国家监察体制改革背景下人民检察院的检察权变化要有一个全面、正确的认识，有必要对发生变化的检察权进行重新认识，在分析国家监察体制改革对人民检察院的检察权影响的基础上，探索对检察权实行优化配置的路径，以更好地完善我国对于检察权的配置，对于统计数字腐败犯罪来说，人民检察院就可以从强化和引导监察委员会行使侦查权入手。这主要是由于在以往的司法实践中，大部分的统计数字腐败犯罪需要追究的案件，都是需要人民检察院立案侦查，但是，限于获得统计数字腐败案件问题线索的渠道十分有限，再加上人民检察院本身的人手不够，很多检察官对统计数字腐败案件的社

---

① 秦前红，王天鸿. 国家监察体制改革背景下检察权优化配置［J］. 理论视野，2018（8）.

会危害性认识不足，觉得对这方面犯罪的查处无足轻重，甚至认为是浪费时间。再加上对犯罪嫌疑人能否构成犯罪、构成何罪等存在分歧，因此，往往很多人民检察院对统计数字腐败涉及的犯罪案件不够重视，在侦查阶段所获得的证据往往不够精准、不够专业，不能满足向法院依法提起公诉的需求，导致很多统计数字腐败犯罪案件的侦查都是半途而废。而且，由于统计数字腐败犯罪案件的调查取证专业性强、办案时间周期较长、调查涉及部门较多、侦查人员的积极性不够等问题，在对犯罪案件证据的收集和整理方面的效果一直不甚理想。此次在《中华人民共和国监察法》正式出台之后，将统计数字腐败犯罪案件的侦查权交由监察委员会来负责行使，由人民检察院对监察委员会的调查处置过程和案件处理结果实施法律监督。这样一来，由监察委员会对统计数字腐败犯罪进行专门调查，一方面可以减轻人民检察院的工作负担，另一方面，由于监察委员会整合了纪委、监察部等相关部门的职能，就可以形成监督的合力，集中力量办大事，更有利于对统计数字腐败犯罪案件的调查和处置。因此，人民检察院作为法律监督机关，应当对其享有的对统计数字腐败犯罪的检察权进行不断调整和优化。例如，人民检察院可以积极推进提前介入案件调查、引导案件侦查工作，着力与监察委员会密切配合，共同解决在统计数字腐败犯罪案件调查处置方面存在的难题，进一步强化人民检察院与监察委员会之间的衔接协作。

三、监察委员会与人民检察院之间的程序衔接协作

（一）查处统计数字腐败需要监察委员会与人民检察院之间互相配合

监察委员会在办理统计数字腐败相关的职务违法和职务犯罪案件时，应当与人民法院、人民检察院以及统计执法部门之间互相配合、互

相制约，共同完成监察制度与刑事司法制度的妥善和有效衔接，这既是准确有力惩治统计数字腐败违法犯罪的必然要求，又是中国特色社会主义法治原则的一个重要体现。部门之间互相配合、互相制约是一个问题的两个方面，不可偏废。所谓的互相配合，是指在对统计数字腐败犯罪案件进行依法查办和追诉审判过程中，应当在彼此按照法定职权进行分工负责的基础之上，监察委员会和人民检察院之间应当互相支持，互相补充，协调一致，通力合作，使得统计数字腐败犯罪案件的整个处理过程能够上下衔接，协同促进统计数字腐败犯罪案件事实的查明，从而实现监督、调查和惩治统计数字腐败犯罪的司法追究规制任务。所谓的互相制约，具体是指从监察委员会对统计数字腐败犯罪的监督执法调查，直到最终进入人民检察院的刑事诉讼程序，监察委员会和人民检察院必须要按照职责分工并且进行相互的监督，一方面要依法依规做好自身的各项本职工作，同时，也要对其他部门的履职情况进行相应的督促。如果监察委员会或者人民检察院发现对方在统计数字腐败犯罪案件的查处工作环节中出现了任何违法的情形，或是出现了非常明显的错误情况，即使不是属于自身的职权范围，但是，也应当及时向对方提出相关的意见或建议，采取措施加以纠正，从而确保准确适用法律来惩治统计数字腐败犯罪，切实有效地保障无辜者不受到刑事追究，在实践中真正做到对统计数字腐败的司法追究不枉法、不纵容、不错查、不遗漏。

（二）查处统计数字腐败要借鉴"两法衔接"的研究成果并予以转化

监督委员会的调查处置职责与人民检察院的审查起诉职责，两者之间是基于宪法、监察法、《刑事诉讼法》等法律对监察权和检察权划分考量而设置的性质不同的权力关系。统计数字腐败犯罪的调查处置和审查起诉之间的关系，从其实质上说，就是一种监督委员会与人民检察院之间的法定责任关系。监督委员会和人民检察院两个部门之间要通过衔接协作，共同打击包括统计数字腐败在内的各种违法犯罪活动，以维护国家安全和社会的稳定。在《中华人民共和国监察法》出台之前，学者们多关注的是行政执法与刑事司法之间的"两法衔接"机制①。有学者对"两法衔接"中的程序机制进行专门研究，提出需要加强检察监督机制与程序机制相互配合才能保障"两法衔接"机制的合理运行②。有学者指出，目前全国绝大部分的人民检察院都与相应的行政执法部门联合共同会签了加强工作联系的文件，初步建立了行政执法与刑事司法的衔接工作机制③。行政执法与刑事司法之间的"两法衔接"机制对维护国家的整体利益和我国法治建设都发挥了极为重要的作用，而且也取得了一定成效。但是从总体上来看，现有的"两法衔接"机制的运行状态还远远没有达到最为理想的状态，在实际运行中存在的问题还是很多。尤其是在监察法正式施行后，对于统计数字腐败犯罪案件的司法追究来说，原来的行政执法与刑事司法之间的"两法衔接"机制，就需要转变为监察委员会依照监察法行使监察权与人民检察院依照刑事诉讼法行使检察权之间形成一种新的"两法衔接"协作机制。前述专家学者对于原有"两法衔接"方面的众多有价值的研究成果，对于"两法衔接"工作存在问题的分析比较透彻，提供的建议措施所涵盖的内容也很广泛，完全可以为监察法与刑事诉讼法之间的新的"两法衔接"机制提供充分参考和借鉴。对于统计数字腐败犯罪案件的查处来说，近年来，随着统计数字腐败案件的数量逐渐增加，案件涉及的范围也是日渐广泛，因此，监察委员会和人民检察院应当不断健全规范统计数字腐

---

① 吴云. 法律监督视野下行政执法与刑事司法相衔接的制度完善［J］. 政治与法律，2011（7）.

② 刘艳红，周佑勇. 行政刑法的一般理论［M］. 北京：北京大学出版社，2008：174－177.

③ 杜萌. 行政执法与刑事司法相衔接机制日臻完善［N］. 法制日报，2006－04－10.

败犯罪案件的移送审查机制。一方面，作为各级监察委员会应当不断完善内部立案、审批、审核、移送制度，尽快建立健全与人民检察院之间的侦查沟通、衔接配合和案件的移送机制，采取有力措施促进案件移送工作的长效化、规范化、制度化建设；另一方面，作为人民检察院来说，也应当在与监察委员会的衔接协作方面发挥其应有的作用，全面落实法律监督职责，解决当前在统计数字腐败犯罪案件移送中所存在的各种问题。因此，监察委员会和人民检察院在查处统计数字腐败犯罪的相关案件时，应当借鉴国内学界已有的"两法衔接"方面研究成果并予以转化，在监察法与刑事诉讼法之间建立一种新的"两法衔接"有效机制。

（三）监察委员会将统计数字腐败犯罪案件移送人民检察院提起公诉

监察委员会在对统计数字腐败犯罪案件进行调查后，如果认定统计数字腐败行为的情节后果极为严重，被调查人涉嫌构成滥用职权罪、打击报复会计、统计人员罪或者玩忽职守罪的，监察委员会此时应当将案件移送人民检察院，由人民检察院依法向人民法院提起公诉。在刑事诉讼中，最终对于统计数字腐败犯罪的举证责任肯定是由人民检察院来负责承担的，但是同时，根据《中华人民共和国监察法》第三十三条的规定，监察委员会在调查过程中也应当调查取证，并且应当积极配合人民检察院对被调查人的统计数字腐败犯罪予以司法追究。在监察委员会向人民检察院移送起诉的具体材料要求中，还包括要制作起诉意见书，并且连同案卷材料、证据一并移送至人民检察院。其中的起诉意见书，是监察委员会在调查终结后认为统计数字腐败案件被调查人的行为构成了滥用职权罪、打击报复会计、统计人员罪或者玩忽职守罪时，依法向人民检察院提出的追究被调查人刑事责任的法律文书，而案卷材料、证据则包括监察委员会查办统计数字腐败案件所用的各种手续、法律文书等，这些材料都需要监察委员会在向人民检察院移送起诉时一并移交。人民检察院在接受移送并审查核实后，依法对统计数字腐败涉嫌职务犯罪的案件依法向人民法院提起公诉，这是监察委员会调查处置与人民检察院审查起诉之间实现紧密衔接，依法惩治统计数字腐败犯罪的一个重要环节。人民检察院对于监察委员会移送来审查起诉的统计数字腐败犯罪案件材料要逐一核实。首先，在犯罪事实认定上，应当做到基本情况清楚，包括犯罪嫌疑人的姓名、性别、籍贯、出生年月日、职业和单位等。同时，还应当做到犯罪事实和情节清楚，包括实施犯罪的时间、地点、经过、手段、动机、目的、危害后果等方面都要做到确实充分。其次，在适用法律上，应当做到认定的犯罪性质和罪名正确，严格区分滥用职权罪，打击报复会计、统计人员罪，玩忽职守罪，特别是对于犯罪构成方面，一定要确保统计数字腐败案件被调查人的犯罪行为达到了刑法中规定的滥用职权罪，打击报复会计、统计人员罪，或者玩忽职守罪的客观方面构成要件，罪名的认定恰当、合理。另外，对于上述各罪的从重、从轻、减轻或者免除刑罚的法定情节认定准确，做到罪责行相适应，引用的相关法律条文和司法解释做到准确、完整。最后，在调查活动上，应当做到案件的调查程序完全符合法律的规定，案件调查的各种审批手续和文书齐全完备。此外，其他一些条件也要符合相关法律规定，例如，证明统计数字腐败犯罪行为造成了严重后果，给国家财产、集体财产造成严重损失的证据材料要做到完备，"统计数字失实数额占应报数额的比例"一定要计算准确，对于不宜移送的证据的清单、复印件、照片或者是其他证明文件完备，涉及案件相关款物的查封、扣押、冻结的材料清单也要齐备。在上述的材料全部备齐之后，人民检察院在对统计数字腐败犯罪案件提起公诉时，要将材料移送人民法院。

第二节　统计数字腐败司法追究处罚建议的衔接完善

一、监察委员会可向人民检察院提出从宽处罚建议

（一）监察委员会有对统计数字腐败犯罪被调查人自首和立功的从宽处罚建议权

根据《中华人民共和国监察法》第三十一条规定，如果在监察委员会调查当中，涉嫌统计数字腐败职务犯罪的被调查人主动认罪认罚，可以在移送人民检察院时提出从宽处罚的建议，其主要目的是鼓励被调查人在犯罪后改过自新、将功折罪，积极配合监察委员会的调查工作，争取宽大处理，体现了"惩前毖后、治病救人"的精神；同时，也为监察委员会顺利查清案件提供有利条件，节省人力物力，提高反腐败工作的效率。当前，对自首和立功从宽的相关规定主要存在于我国刑法及刑事诉讼法的相关刑事犯罪领域内，在监察工作领域也有出现。监察委员会作为一个权威高效、集中统一的反腐败机构，在对涉嫌统计数字腐败等职务犯罪案件调查过程中，相关的被调查人难免会有自动投案、真诚悔罪悔过、积极配合、如实供述监察委员会还未掌握的违法犯罪行为以及具有重大立功表现等情形的出现。因此，为了达到鼓励被调查人自首和立功的效果，监察委员会移送人民检察院时可以提出从宽处罚的建议。当然，监察委员会对于统计数字腐败犯罪被调查人在自首和立功方面从宽建议权，只是一种监察委员会自身的意见建议，本身并不具有法律上的约束力，不会影响人民检察院独立行使检察权。自首是惩办与宽

大相结合的刑事政策的具体体现，是我国刑法中的一项重要的刑罚裁量制度，是出于惩罚与预防犯罪、司法机关的利益衡量及教育犯罪人重新做人的双重考虑。因此，对于统计数字腐败犯罪被调查人的自首行为也要依法予以考虑，坚持从宽惩处，不仅有利于维护国家的安全和社会的稳定和谐，也是充分体现了我国宽严相济的刑事政策。随着当前反腐败力度的加大，监察委员会对被调查人适用自首制度，是以较小的成本支出来最大限度地遏制犯罪，不仅实现了惩罚犯罪的效果，还实现了国家、社会的预防犯罪的效果。法律对立功的表现没有限定种类，对立功者是否出于悔罪不予考虑，对其提供的检举线索也无需承担查证属实的责任。只要被调查人的立功成立，其一般都可获得从宽处罚。设立立功制度，实际上是以对立功者提供从宽处罚的条件去获取其他未知犯罪的情况，从而达到有效预防和惩治犯罪的目的。同时，也有利于节省监察委员会人力、财力、物力方面的一些不必要的耗费，提高查获统计数字犯罪腐败案件的效益。监察委员会对于被调查人在自首和立功方面的从宽建议权属于相对从宽处罚原则，也就是说统计数字腐败犯罪被调查人最终是否被予以从宽，要由人民检察院在考虑统计数字腐败被调查人自首和立功具体情况后再做决定。

（二）监察委员会对统计数字腐败犯罪被调查人提出从宽处罚建议的具体情形

根据《中华人民共和国监察法》第三十一条的规定，监察委员会在对统计数字腐败职务犯罪案件的侦查过程中，如果被调查人能够主动认罪认罚，即被调查人自愿承认被指控的统计数字腐败行为，并且该统计数字腐败行为已经构成犯罪，被调查人对可能遭受的刑罚做出愿意承担的意思，则监察委员会可以提出自首和立功的从宽建议。具体来说这些情形包括以下几种。一是自动投案，真诚悔罪悔过。即涉嫌统计数字腐败职务犯罪的被调查人，其在实施犯罪行为之后和被监察委员会归案之前，出于自己的个人主观意愿，主动向监察委员会投案，表示完全接受和服从相关部门追诉，等待进一步交代自己所实施的犯罪行为，并且最终自愿接受审判机关的裁判。二是积极配合统计数字腐败案件调查工作，如实供述监察委员会还未掌握的违法犯罪行为。即对于监察委员会尚未掌握的犯罪事实，在没有被采取任何调查措施及进行谈话的情况下，被调查人主动向监察委员会投案，如实交代自己的统计数字腐败犯罪行为，配合监察委员会的工作，主动帮助监察委员会尽快侦破案件的。由于积极配合调查工作并且如实供述罪行是成立自首的另一重要法定要件，因此，即使犯罪嫌疑人是自动投案，但却不配合调查工作，没有如实供述自己的罪行的，也不能构成自首。这里的配合调查工作，如实供述自己的罪行是合乎逻辑的延伸，并使自首行为最终得以成立的关键。如果被调查人只是交代自己的一些一般违法违纪事实，并不能构成统计数字腐败所涉及的滥用职权罪、玩忽职守罪或者打击报复会计、统计人员罪的，这也不能成立自首。"还未掌握的违法犯罪行为"主要是指监察委员会完全未掌握的罪行，或者只知道一些问题线索，但线索不足以证明犯罪嫌疑人的罪行。三是积极退赃，减少损失。当然，由于统计数字腐败犯罪只是在数字上弄虚作假，一般不会直接获得赃款赃物，但是，被调查人积极采取措施来弥补其因统计数字腐败犯罪造成的损害，从而尽量减少统计数字腐败犯罪行为对国家和人民利益带来的不利影响，还是值得鼓励的。四是具有重大立功表现或者案件涉及国家重大利益等情形的。这样规定主要是因为统计数字腐败犯罪的社会危害性虽然十分严重，但是其也具有较强的隐蔽性，就使得监察委员会查办案件的难度日益增加。因此，统计数字腐败案件被调查人在归案后，如果其确实有重大立功表现或案件涉及国家重大利益等情形的，监察委员会可以对被调查人提出立功的从宽建议。需要注意的是，有些被调查人为了做到所谓的立功表现，胡乱指供，所供所指不仅不是事实，而且是诬陷好人，险些使无罪的人受到追究，对这些虚假的检举揭发和案件线索就不能认为是立功。有时被调查人提供的案情事实是大家知晓的，或者检举揭发和案件线索不符合法律规定的标准，不能帮助监察委员会破获案件，也不应认定为立功。另外，立功内容应当真实有效，被调查人向监察委员会提供的查获案件线索必须客观真实存在的，而且，立功的内容还应具有实质意义，即能够及时惩治罪犯，排除社会的潜在隐患，有效保护国家和人民利益。

二、统计数字腐败司法追究的处罚建议的现实问题

（一）监察委员会对统计数字腐败犯罪被调查人自首从宽处罚建议的问题

监察委员会作为权威高效、集中统一的反腐败机构，主要针对涉嫌统计数字腐败犯罪等重大职务犯罪，但是，统计数字腐败职务犯罪不同于其他一般的犯罪行为，有其自身的特点。例如，犯罪手段呈隐蔽化、多样化、智能化趋势。统计数字腐败职务犯罪的责任主体都是相关单位的负责人，在这些人手中都掌握着一定的行政职权，往往具有较高的职位、较高的智商以及较为丰富的社会阅历，因此，统计数字腐败行为人的反侦查能力都比较强，深知办案人员的工作思路和常规做法，这对监察委员会的监察人员在查处统计数字腐败职务犯罪十分不利。同时，由于统计数字腐败行为具有较强的隐秘性，对其查证往往面临实物证据稀缺的难题，这就使得言词方面的证据取得在对腐败犯罪行为的调查和处置中扮演着十分重要的角色。而被调查人作为被认定的腐败行为实施

者，自然是对与腐败相关证据信息掌握最充分的主体。反腐败工作事关党和国家生死存亡，对于统计数字腐败行为的调查和处置都必须建立在确实充分的证据基础之上，绝不能仅仅凭借办案人的主观臆测和道听途说的风闻传言就作出处理决定。因此，统计数字腐败犯罪的被调查人自身言词证据的获取，对于监察委员会查获案件有着重要的作用。采取有效措施积极鼓励被调查人认罪自首，赋予监察委员会可以提出自首从宽处罚建议权，这就使得被调查人的自首有了法律上的保障，不仅有助于监察委员会节约侦查统计数字腐败犯罪被调查人所需的人力和物力，也有助于监察委员会能够及时、全面地收集证实犯罪所需的证据材料，达到惩治职务犯罪的目的，全面维护党和国家人民的利益。

　　由于监察委员会提出自首从宽建议权只是一种建议的权力，并不具有法律强制约束力。对于符合条件的统计数字腐败犯罪被调查人，监察委员会只是在移送人民检察院时可以向其提出被调查人具有自首情节，建议审查起诉时予以从宽处罚，这种建议不能影响人民检察院依法行使检察权。而且，监察委员会对这种符合自首条件的统计数字腐败犯罪被调查人提出的从宽处罚建议，应当经领导人员集体研究，并且需要报请上一级监察委员会，经过上一级监察委员会的审查批准之后才能决定。可见，监察委员会对于被调查人自首的从宽处罚建议是有程序上的严格规定的，这也是为了防止从宽处罚建议权被随意滥用，对其采取了要经过两级监察委员会同意的程序步骤予以非常谨慎小心的方式对待。但是，对于这种实际上是由两级监察委员会共同提出的对统计数字腐败犯罪被调查人自首的从宽处罚建议，在《中华人民共和国监察法》的条文中并没有对人民检察院是否予以采纳做出制度性的规定，也就是说，如果人民检察院在审查起诉过程中认为被调查人不符合自首条件，不认为是自首，而没有采纳监察委员会所提出的自首从宽处罚建议，而监察委员会却无权进行干涉，这使得实际上是两级监察委员会共同作出的自首从宽处罚建议落空，有悖设立监察委员会自首从宽处罚建议权的初衷，会影响到自首从宽处罚建议权制度的功能发挥。与之形成鲜明对比的是，监察委员会作出的监察建议却是一种强制性规定，有关单位必须采纳，无正当理由拒不采纳监察建议的要依法予以处理。当然，监察委员会提出的监察建议是一种具有强制性的处罚方式，有关单位必须执行，而对于监察委员会提出的自首从宽处罚建议权却没有这种强制执行力，两者不可同日而语。但是，对统计数字腐败犯罪被调查人的自首从宽处罚建议是经过上一级监察委员会审查批准的，其内容的真实性应当是确定无疑的，人民检察院即使对监察委员会的从宽处罚建议有着不同的认识和理解，也应当采取一定的措施予以监督，人民检察院应当对不采纳监察委员会从宽处罚建议的具体理由有责任和义务向监察委员会作出明确的说明。

（二）监察委员会对统计数字腐败犯罪被调查人立功从宽处罚建议的问题

一方面，从统计数字腐败涉嫌犯罪的被调查人自身的角度来看，其立功行为在本质上是有利于国家和社会的行为，因而应当得到肯定积极的评价自然成为其合理的期待。鉴于其所实施的统计数字腐败犯罪应受刑罚处罚的特殊情况，立功制度依据其立功行为对社会贡献的大小而适度减轻甚至免除刑罚是完全适当的，是法律正义性的体现。另一方面，从社会公众的角度来看，立功制度所具有的"善有善报、恶有恶报"道义根基为其奠定了牢固而广泛的群众基础，对犯罪分子刑事责任上的从宽量刑平复了人们善恶报应的情感，从而使其正义性得以体现，其对社会法治进步所具有的促进作用显而易见。因此，对统计数字腐败犯罪被调查人在立功时提出相应的量刑从宽建议，不仅有利于及时发现潜在犯罪行为，促进社会稳定，弘扬社会正气，还可以充分体现法律的公平精神。凡是有统计数字腐败职务犯罪的被调查人，不论性别、年龄、民族、职位如何，无论其应被判处何种、多重的刑罚，都可以成为立功的主体，只要有符合监察法所规定的立功表现，都可以被认定有立功情形而得以从宽量刑，保证了立功制度可得到平等适用。此外，监察委员会对统计数字腐败犯罪被调查人立功可以提出量刑从宽建议，也可以体现出了司法效率的原则。由于在很多统计数字腐败职务犯罪中，大多数责任主体都是有一定职权的单位负责人，其在工作中往往会知悉一些上下级之间以及单位同事之间的其他职务犯罪线索。因此，在这种情况下，如果被调查人能够如实交代已知的其他人员一些违法犯罪情况或者能够提供重大问题线索，这对于监察委员会调查其他关联公职人员的腐败犯罪案件就显得意义重大，也极大提高了司法效率，有利于节约司法资源。

监察委员会提出立功从宽处罚建议与前面所述对自首提出的从宽处罚建议一样，都不具有法律强制约束力。对于符合立功条件的统计数字腐败犯罪被调查人，监察委员会只是在移送人民检察院时可以向其提出被调查人具有重大立功情节，建议审查起诉时予以从宽处罚，而且这种建议同样不能影响人民检察院依法行使检察权。而且，监察委员会对这种符合立功条件的统计数字腐败犯罪被调查人提出的从宽处罚建议与符合自首条件提出的从宽处罚建议在程序上完全相同，都应当经领导人员集体研究，并且也需要报请上一级监察委员会，经过上一级监察委员会的审查批准之后才能决定，这实际上也是由两级监察委员会共同提出对统计数字腐败犯罪被调查人立功从宽处罚建议。同样，监察法的条文中也没有对人民检察院是否必须采纳监察委员会提出的从宽处罚建议作出强制性的规定，也就是说，如果人民检察院在审查起诉时认为被调查人不符合重大立功条件，认为其不属于重大立功，而没有采纳监察委员会提出的立功从宽处罚建议的，监察委员会在这种情况下也是无权进行干涉。即使统计数字腐败犯罪被调查人立功从宽建议是经过上级监察委员会审查批准的，人民检察院也完全可以不予采纳，而且无需进行解释。笔者认为，人民检察院独立行使对统计数字腐败犯罪的检察权，负责对案件审查和提起公诉，办案的检察官对本职公诉业务工作有自己的分析和判断，当然有权对监察委员会提出的立功从宽处罚建议不予认可。但与此同时，人民检察院也应当充分尊重和考虑监察委员会提出的立功从宽处罚建议，其也应当采取一定的必要方式，把不采纳的理由向监察委员会作出详细和具体的说明，让监察委员会能够充分了解相关具体情况，做到加强沟通、密切配合。同时，监察委员会与人民检察院应互相监督、互相制约，因此，监察委员会应当有权对人民检察院无正当理由拒不采纳监察委员会的立功从宽处罚建议，或者不予采纳立功从宽处罚建议的理由不充分的情况，采取措施进行有效制约。

此外，《中华人民共和国监察法》第三十一条规定统计数字腐败犯罪的被调查人必须是"具有重大立功表现或者案件涉及国家重大利益等情形的"才能提出从宽处罚建议，但是第三十二条中规定对于涉案人员来说，只要揭发有关被调查人职务违法犯罪行为，查证属实的，或者提供重要线索，有助于调查其他案件的都可以提出从宽处罚建议。可见，对统计数字腐败犯罪被调查人的立功标准更高，必须是"重大立功表现"，而"涉案人员"只是一般的立功标准。在我国刑法中也是规定只要犯罪嫌疑人有立功表现的，就可以从轻或者减轻处罚，而不一定是非常重大立功表现才能从轻或者减轻处罚。因此，根据法律面前人人平等的刑法基本原则，监察委员会对于统计数字腐败犯罪被调查人也应当按照刑法规定的立功标准，只要被调查人有一般立功表现时，就应当向人民检察院提出从宽处罚建议，而不是非得出现"重大立功表现"的情形下才能向人民检察院提出从宽处罚建议。

（三）监察委员会对统计数字腐败犯罪被调查人能否提出从严处罚建议的问题

监察法中并没有规定，如果统计数字腐败职务犯罪的被调查人不仅不主动认罪认罚，而且还有其他一些情节恶劣、后果严重等情形的，监察委员会是否可以向人民检察院提出对被调查人从严处罚建议？在从严处罚方面，最高人民法院在其出台的意见中曾有从严惩处的规定，非常值得我们借鉴。例如，《最高人民法院关于进一步加强危害生产安全刑事案件审判工作的意见》中明确提出对严重危害生产安全犯罪，尤其是相关职务犯罪，在处理时应当做到罪责刑相适应。在从严惩处方面，该意见指出有特殊情形的，依法从重处罚，其中就包括"（六）事故发生后，采取转移、藏匿、毁灭遇难人员尸体，或者毁灭、伪造、隐藏影响事故调查的证据，或者转移财产，逃避责任的；（七）曾因安全生产设施或者安全生产条件不符合国家规定，被监督管理部门处罚或责令改正，一年内再次违规生产致使发生重大生产安全事故的"。笔者认为，统计数字腐败犯罪案件中也可能会有类似上述从重处罚的一些情形。例如，被调查人如果毁灭、伪造、隐藏统计数字腐败相关证据，或者曾因统计数字腐败被相关部门查处，一年内多次被发现有统计数字腐败行为的，这两种情形就非常类似前述意见中的（六）和（七）中规定的部分内容。因此，假如出现了上述情况，笔者认为应当允许监察委员会在移送人民检察院时提出对统计数字腐败犯罪被调查人从严处罚建议。

三、统计数字腐败司法追究的处罚建议的完善措施

（一）对统计数字腐败犯罪被调查人自首和立功从宽处罚建议的完善措施

监察委员会的设立有效整合了现有的反腐败资源力量，逐步建立了集中统一、权威高效的监察体系，从而保障其能依法履行宪法和法律所赋予的反腐败工作任务职责。在当前党中央、国务院大力推进反腐败开展的高压态势下，对待自首和立功应严格依照监察法规定的条件和程序认真贯彻落实。如果监察委员会与人民检察院在对自首和立功的从宽处罚建议方面缺乏衔接，导致自首和立功的从宽处罚建议不被认定，就违背了法律的公平原则，影响被调查人认罪伏法的积极性，有悖监察法设立该制度的初衷，会削弱刑法的犯罪预防作用。因此，应当允许监察委员会对统计数字腐败犯罪被调查人的自首和立功提出从宽处罚建议。只要是符合《中华人民共和国刑法》第六十七条中规定的自首条件和第六十八条中规定的立功条件的，监察委员会都可以有权提出相应的从宽处罚建议，而且不应当再以必须"具有重大立功表现"这一过高的标准来衡量，应当完全按照刑法的规定来执行。笔者建议，在未来制定出台的监察法实施条例中明确规定："涉嫌职务犯罪的被调查人有法律规定的自首和立功情形的，监察委员会可以在移送人民检察院时提出从宽处罚建议。"

此外，对于监察委员会提出的从宽处罚建议人民检察院是否采纳，也应当有相应的制约机制，这方面可以参考借鉴监察法中规定的监察委员会对人民检察院不起诉情况的规定。《中华人民共和国监察法》第四十七条中明确规定监察委员会对人民检察院的不起诉决定可以提请复

议。因此，笔者认为对于统计数字腐败被调查人自首和立功的从宽处罚建议是否采纳的问题可以借鉴上述监察法中对不起诉决定的规定，允许监察委员会对人民检察院不予采纳自首和立功从宽处罚建议的情况予以监督，有权向上一级人民检察院提请复议，由上一级人民检察院对监察委员会提出的自首和立功从宽处罚建议再次进行审查核实，如果经过审查核实仍然不予采纳从宽处罚建议的，应当由上一级人民检察院及时向监察委员会做出回复并予以充分的理由说明，从而保证监察法设立的自首和立功从宽处罚建议制度在实践中能得到真正的贯彻落实，发挥其应有的价值功能。在未来制定出台《监察法实施条例》时，相关机构可以参考借鉴《中华人民共和国监察法》第四十七条的规定，允许监察委员会对人民检察院是否采纳自首和立功从宽处罚建议依法进行监督。具体规定如下，"人民检察院对于监察机关提出的从宽处罚建议，经审查核实后应当予以采纳；如果经审查核实后不予采纳的，其应当向监察机关予以说明。监察机关认为人民检察院不予采纳的决定确有错误的，可以向上一级人民检察院提请复议。"也就是说，人民检察院对于监察委员会提出的自首和立功从宽处罚建议原则上应当采纳，如果经审查核实后不予采纳的，应当及时向监察委员会予以回复，详细具体说明不予采纳的充足理由。同时，监察委员会对人民检察院无理由拒不采纳自首和立功从宽处罚建议，或者不予采纳立功从宽处罚建议的理由确有错误的，应当允许它向上一级人民检察院提请复议，由上一级人民检察院对监察委员会的自首和立功从宽处罚建议再一次审查核实。

（二）对统计数字腐败犯罪被调查人能否提出从严处罚建议的完善措施

如果统计数字腐败职务犯罪的被调查人不仅其本人不主动认罪认罚，甚至还有其他一些对抗调查、窝藏包庇等情节十分恶劣、后果较为严重情形的，笔者认为在出现上述情况下，监察委员会也可以有权向人民检察院对统计数字腐败犯罪被调查人提出对其从严处罚建议。此时，可以借鉴前述《最高人民法院关于进一步加强危害生产安全刑事案件审判工作的意见》中的规定。根据"自行造假""指使造假""打击报复"和"严重失察"四种统计数字腐败行为的表现形式，结合现行统计法、《统计法实施条例》、《统计处分规定》等法律规定，笔者认为，如果统计数字腐败犯罪的被调查人存在下列情形之一的，监察委员会可以考虑在移送人民检察院时对被调查人提出从严处罚建议。主要内容如下："1. 使用暴力或者其他威胁方法拒绝、阻碍统计执法监督检查，情节严重的；2. 阻碍、对抗、拒绝、抵制监察机关监督调查，严重影响监督调查工作的；3. 对依法履行职责或者拒绝、抵制统计违法违纪行为的统计人员进行打击报复，造成严重后果的；4. 在本单位出现严重的统计数字腐败行为，单位负责人知情不报或者谎报案件处理情况，造成严重后果或恶劣影响的；5. 在本单位多次出现统计数字腐败行为被相关机构查处，一年内被责令改正三次以上的。总之，上述情形都是统计数字腐败犯罪被调查人对抗调查的表现或者是行为造成了严重后果或者恶劣影响，假如真的有上述情形出现，就应当允许监察委员会在移送人民检察院时提出从严处罚建议。因此，笔者建议在将来出台的《监察法实施条例》中应当规定："涉嫌职务犯罪的被调查人有使用暴力或者威胁方法拒绝、阻碍、对抗调查，或者转移、隐匿、篡改、毁弃证据等情形，情节恶劣或者造成严重后果的，监察委员会可以在移送人民检察院时提出从严处罚建议。"

第三节 统计数字腐败司法追究调查管辖的衔接完善

一、监察委员会对统计数字腐败案件有调查管辖权

（一）监察委员会对统计数字腐败犯罪独享调查管辖权

在监察体制改革完成后，我国监察法确立了一种集党纪调查权、政纪调查权与刑事调查权于一身的单轨调查体制。① 监察法对于职务违法犯罪问题线索移送制度和调查管辖的规定，赋予监察委员会对统计数字腐败犯罪案件享有调查管辖权。之所以规定了职务违法犯罪问题线索移送制度，主要是督促有关国家机关能及时向监察委员会移送其发现的公职人员涉嫌职务违法犯罪的问题线索，充分发挥各方机关和监察委员会反腐败的协同配合作用，确保监察委员会能及时查处包括统计数字腐败犯罪在内的各种职务违法犯罪行为。因此，明确职务违法犯罪案件的管辖权，有利于监察委员会和其他有关国家机关各司其职、各尽其责，避免产生争执或互相推诿。监察委员会的职务犯罪调查管辖权，是指依据监察法的规定，人民法院、人民检察院、公安机关、审计机关等国家机关在工作中发现公职人员涉嫌贪污贿赂、失职渎职等职务违法或者职务犯罪的问题线索，应当移送监察机关，由监察机关依法调查处置。② 也就是说，对任何国家机关及相关部门发现的涉嫌统计数字腐败犯罪问题

---

① 陈瑞华. 论监察委员会的调查权［J］. 中国人民大学学报，2018（4）.
② 吴建雄. 监督、调查、处置法律规范研究［M］. 北京：人民出版社，2018：181.

线索，必须要移送监察委员会，由监察委员会来负责对统计数字腐败案件进行调查和处置。在以往的司法实践中，对一般刑事案件进行侦查是公安机关的重要职责，如果涉及公职人员的贪污贿赂、失职渎职等职务违法或者职务犯罪，根据原来旧的《刑事诉讼法》的规定，这些涉嫌贪污贿赂犯罪、国家工作人员的渎职犯罪、国家机关工作人员利用职权实施的侵犯公民人身权利以及侵犯公民民主权利的犯罪，由人民检察院立案侦查。但是，《中华人民共和国监察法》第三十四条将涉嫌公职人员包括统计数字腐败犯罪在内的诸如贪污贿赂、失职渎职等职务违法或者职务犯罪进行调查和处置的侦查权，都已交由监察委员会来行使，由监察委员会享有和行使职务犯罪调查管辖权。监察法之所以规定统计数字腐败等职务犯罪调查管辖权由监察委员会独享，也是借鉴了域外国家和地区反腐败工作的成熟经验。目前职务犯罪侦查（或调查）机构独立行使职务犯罪侦查权（调查权），已经是世界各国和地区发展的普遍趋势，如新加坡的反贪污调查局。这类反腐机构在体制上的独立性使得其在反腐败实际工作中可以排除干扰，在惩治和打击腐败犯罪方面的作用效果表现十分突出。因此，监察法通过确立监察委员会独立的地位，保障其依法独立行使职务犯罪调查权。此外，监察法对于统计数字腐败犯罪问题线索的移送机关的规定是一种不完全的列举。公安机关的刑事侦查、人民检察院的审查起诉、人民法院的刑事审判和统计执法机构的监督检查都有可能发现统计数字腐败犯罪问题线索，则都应当移交到监察委员会进行立案调查。

（二）在互涉案件中监察委员会的职务犯罪调查权优先

在职务犯罪互涉案件中，监察委员会对于职务犯罪调查权优先。职务犯罪的互涉案件，是指监察委员会在调查公职人员职务违法或职务犯罪案件时，发现当事人还实施了属于公安机关立案管辖的犯罪案件，或者公安机关在侦查其他的普通刑事案件时，发现当事人实施了应当属于监察委员会管辖的职务犯罪案件。根据《中华人民共和国监察法》第三十四条规定，在此种情况下，监察委员会享有对包括统计数字腐败犯罪在内的职务犯罪的调查优先权。这种职务犯罪调查优先权的确立，保证了监察委员会一旦对统计数字腐败犯罪的被调查人决定开展调查工作，其他任何的机关都无权干涉。互涉案件中监察委员会的职务犯罪调查权优先这一原则的确立主要是基于打击包括统计数字腐败犯罪在内的职务犯罪的需要。目前，我国社会中各种职务犯罪呈高发态势，严厉打击和坚决惩治各种腐败犯罪势在必行。同时，由于职务犯罪案件与其他的普通刑事案件有所不同，在司法实践中对其立案查处具有相当大的难度。例如，实施统计数字腐败犯罪的责任主体是本身具有一定职位、手握掌握着公权力、对其所在单位享有领导权的国家公职人员，其自身的较高素质和丰富的工作阅历，会使其对腐败案件调查具有一定的反查处能力。同时，诸如统计数字腐败犯罪等职务犯罪方式往往都具有隐蔽性，证据在现实中难以收集。在我国以往的司法实践中，对于像统计数字腐败等职务犯罪的互涉案件，往往采用的是各管各的、主罪主侦模式。由于在监察法实施之前，统计数字腐败等职务犯罪案件是由人民检察院来负责侦查，而一般普通刑事案件是由公安机关负责侦查，因此，以往都是由公安机关和人民检察院按照各自法定分工分别进行侦查活动。但是，由于在侦查阶段很难区分侦查对象的主罪从罪，因此也很容易对犯罪案件侦查管辖产生争议。同时，在此种共同侦查模式下，由两个不同的侦查主体对互涉案件分别行使各自的管辖权，非常容易造成人力物力的重复投入、重复取证，影响相关统计数字腐败案件的侦查效率。因此，在监察法正式施行之后，强调监察委员会享有统计数字腐败职务犯罪调查优先权原则，就是确立了以监察委员会的调查为主，人民检察院、公安机关等其他机关要密切配合协助，这一方面可以实现办案资源的及时共享，从而避免了重复取证和浪费公共资源，另一方面也可以保证监察委员会能够及时综合所得的证据从整体高度出发对案件进行展开集中的调查。因此，此种模式不仅有利于统计数字腐败职务犯罪的司法追究，也有利于对互涉案件的查处。

二、以监察委员会为主进行调查管辖所面临的问题

在司法实践中，如果统计数字腐败犯罪案件的被调查人既涉嫌职务犯罪，如滥用职权罪、打击报复会计、统计人员罪、玩忽职守罪等，又涉嫌构成其他一般违法犯罪，如故意杀人罪、绑架罪、强奸罪等，这种互涉案件中统计数字腐败犯罪被调查人犯了数罪，监察委员会和公安机关都有管辖权。监察法规定是一般应当由监察机关为主调查，其他机关予以协助。有学者指出，监察法规定实际上对职务犯罪的互涉案件问题是采取了"监察为主"的管辖原则。① 但是，应在哪些特殊情况下由其他机关为主调查呢？监察法没有对此问题作出规定。在司法实践中，如果监察委员会和其他有管辖权的机关的理解不尽相同，就会在认定调查管辖方面产生争议。比如，如果统计数字腐败犯罪的被调查人涉嫌触犯了滥用职权罪、打击报复会计、统计人员罪或者玩忽职守罪，但是与此同时，其又涉嫌实施了故意杀人罪、绑架罪、强奸罪等，还有些暴力型犯罪，这种情况下如果仍然是由监察委员会为主进行调查，在案件的侦查和证据的提取等方面都不合适。因为在统计数字腐败这种职务犯罪和其他普通刑事犯罪相关联的互涉案件中，在普通刑事案件的情节更加恶

---

① 龙宗智. 监察与司法协调衔接的法规范分析［J］. 政治与法律，2018（1）.

劣、危害更为巨大、后果更为严重和复杂的情况下，如果上述被调查人所有犯罪案件按照《中华人民共和国监察法》第三十四条的规定，公安机关仍然必须交由监察委员会为主进行调查。但是，在统计数字腐败犯罪被调查人的各种罪数当中，相比于其所涉及的统计数字腐败行为所涉嫌的滥用职权罪、打击报复会计、统计人员罪或者玩忽职守罪，其所涉嫌的故意杀人罪、绑架罪、强奸罪等这些罪行则显得危害后果更为严重。而且，对于故意杀人罪、绑架罪、强奸罪等这些严重暴力犯罪的侦破困难程度较大，侦查的危险系数较高，通常还可能需要动用现场勘验、医学鉴定等各种刑事技术侦查手段，而监察委员会内部调查机构中则可能缺少具备侦查此种类型犯罪专业能力和经验的技术侦查人员。因此，如果不能具体问题具体分析，而是不管实际的情况如何，生搬硬套、囫囵吞枣地全盘适用监察法中所规定的"监察为主"原则，则可能会延误对被调查人涉嫌的故意杀人罪、绑架罪、强奸罪等普通刑事案件侦查工作。因此，上述问题应当采取相应措施解决。

三、监察委员会为主调查统计数字腐败的完善措施

在以往的刑事诉讼司法实践中，对犯罪嫌疑人既涉嫌贪污贿赂犯罪，又涉嫌其他应由公安机关管辖的其他违法犯罪的，要对犯罪嫌疑人所犯的多个罪行进行区分，在确立主罪后由其涉嫌主罪的管辖机关为主负责侦查，其他机关予以配合。但是，在《六机关规定》中对于"人民检察院侦查渎职侵权类案件涉及公安机关管辖的刑事案件，或者公安机关侦查普通刑事案件涉及人民检察院管辖的渎职侵权类案件时未做规

定"①, 职务犯罪相关的"互涉案件的牵连管辖"一直存在这样的问题②。监察委员会对包括统计数字腐败犯罪在内的所有公职人员的职务犯罪有优先调查权。但是, 监察委员会对职务犯罪享有的优先调查权不是绝对的。根据该条规定, 如果统计数字腐败犯罪被调查人既涉嫌滥用职权罪、严重职务违法或者职务犯罪, 又涉嫌其他违法犯罪的, 一般应当由监察委员会为主进行调查, 其他机关予以协助。但是, 这里只是规定在一般情况下应当由监察委员会为主进行调查, 那么, 在何种特殊情况下应当由其他机关为主进行调查呢? 监察法并未进一步作出相应的详细规定。统计数字腐败犯罪在一般情况下当然是由监察委员会为主进行调查, 其他机关予以必要协助。但是, 在未来制定出台的《监察法实施条例》中, 应当进一步明确对于统计数字腐败犯罪被调查人涉嫌犯多罪的, 在哪些情况下由公安机关为主进行调查更为合适。这是因为在当前监察委员会中, 从事调查工作的监察人员, 主要是由原来在纪委部门、行政监察部门和人民检察院的反贪渎职部门中工作的人员集合构成的。因此, 上述这些监察人员对于公职人员涉嫌的单纯职务违法犯罪的调查, 无论是从侦查业务技能方面还是实践工作经验角度肯定是没有问题。但是, 如果统计数字腐败犯罪被调查人涉嫌的罪行中还包括故意杀人罪、绑架罪、强奸罪等暴力型犯罪, 由于这些犯罪都由公安机关负责侦查, 因此, 监察委员会监察人员对此类案件的侦查无论是专业技术层面还是实践经验方面还存在一定的欠缺, 因此, 有必要明确规定在什么情况下对职务犯罪的互涉案件由公安机关为主进行调查更为合适。笔者

---

① 王定顺、陈祖德. 职务犯罪侦查机制的实践与反思［M］. 北京: 中国检察出版社, 2012: 195.
② 朱孝清等. 我国职务犯罪侦查体制改革研究［M］. 北京: 中国人民公安大学出版社, 2008: 85 – 93; 甄贞等. 21 世纪的中国检察制度研究［M］. 北京: 法律出版社, 2008: 210 – 214.

认为，如果被调查人既涉嫌滥用职权罪或玩忽职守罪等统计数字腐败犯罪，同时其又涉嫌故意杀人罪、绑架罪、强奸罪等其他一些社会危害性更大犯罪案件的，在这些极为特殊情况之下，就可以适用"主罪为主"原则，即由公安机关为主进行侦查，监察委员会应当予以充分配合。另外，如果监察委员会和公安机关对职务犯罪互涉案件调查管辖如果产生争议，都认为应以本部门为主进行调查对互涉案件的侦查更为合适，那么此时应当如何进行协调处理？这些问题也应当作出明确规定，避免产生不必要的矛盾。因此，笔者建议在未来制定的《监察法实施条例》中规定，被调查人既涉嫌严重职务违法或者职务犯罪，又涉嫌其他违法犯罪的，如果涉嫌主罪属于公安机关管辖的，应当由公安机关为主侦查，监察机关予以协助。如果公安机关和监察机关对案件管辖产生争议，应当由公安机关与监察机关进行协商，共同决定管辖机关。

第四节　统计数字腐败司法追究证据收集的衔接完善

一、在刑事诉讼中可以使用监察委员会收集的证据

（一）监察委员会调查收取统计数字腐败犯罪证据的合法性

对于统计数字腐败犯罪的证据收集来说，监察委员会有权调查收取统计数字腐败犯罪的相关证据，其行使取证职能及其享有的合法性是毋庸置疑的，而且，监察委员会依法收集的全部证据材料能够在监察程序和刑事诉讼程序中流转，这就要求监察委员会的取证必须与刑事侦查机关的取证标准一致。坚持监察程序和刑事诉讼程序取证要求的同质性，

主要有两个目的。一方面，由于监察委员会有权对涉及统计数字腐败职务违法的公职人员直接作出政务处分决定，这一决定将严重影响被处分人的实体权利，因此，监察委员会必须在证据充分、事实清楚的基础上作出处置决定。这样通过借鉴刑事诉讼中对于证据的高标准、严要求，就有利于保障被调查人的合法权益，有助于提高监察委员会的办案质量。另一方面，在我国，由于具有犯罪案件审判权的各级人民法院是唯一具有定罪权的国家审批机关，因此，监察委员会在统计数字腐败职务犯罪调查中收集的有关资料，在调查处置结束后，必须都要交由人民检察院来负责对该案件提起审查起诉，再由人民法院依法对犯罪嫌疑人作出裁判，这必然会导致涉嫌职务犯罪的公职人员及其相关证据在监察程序和刑事诉讼程序中的移送。因此，监察法通过立法对监察委员会在统计数字腐败犯罪的取证工作提出了具体的要求，就可以保证统计数字腐败案件的犯罪证据在监察调查和审查起诉两个不同程序中的同质性。监察委员会对统计数字腐败等职务犯罪的调查，已经替代了原有的人民检察院的职务犯罪侦查，构成了"监察委员会调查—人民检察院审查起诉—人民法院审判"的模式。因此，规定监察委员会依照法定程序收集的证据可以在刑事诉讼中作为证据使用有着重要的程序价值。

（二）监察委员会对统计数字腐败犯罪调查取证的要求标准

《刑事诉讼法》要求提供的证据必须具有客观性、关联性、合法性，监察法同样也对监察委员会调查收集的各种监察证据，提出了与刑事证据在法律效力方面的同质性要求。依据我国以前司法工作中的实践经验，参照刑事审判对于证据的要求和标准，监察委员会在收集、固定、审查、运用证据时，应当符合以下几项基本要求和证明标准。首先，在收集、固定证据方面，监察委员会必须依照法定程序收集证据。除了与案件有关的人参与调查可能会泄露案情，导致被调查人逃跑，或者与被调查人串通，毁灭、隐匿证据外，监察委员会可以吸收与案件有关或者了解案情的公民协助调查。对涉及国家秘密的案件，不应知悉该国家秘密的人也不得参与调查。其次，在审查、运用证据方面，监察委员会应当在证据材料收集的基础上，约束证据材料取舍的活动准则。在以往长期的司法历程中，人民检察院在侦办各类职务犯罪刑事诉讼过程中确立了五大证据规则，即关联性规则、非法证据排除规则、最佳证据规则、意见证据规则和补充证据规则，监察委员会也应当遵守上述规制，即只有与诉讼中需要证明的事实具有关联性的证据才允许在诉讼中提交；以非法方法取得的证据不得进入审判程序用作证明被告人有罪的根据；以书证来证明案件主要事实，除非有法定例外情形，必须提供书证材料的原始件；证人只能就其所亲身感知的案件事实作出陈述，而不得对案件事实作出推断性意见。同时，为了防止错误认定事实，在运用某一证明力薄弱的证据来证明案件事实时，法律规定须有其他证据予以补强等。总之，由于监察委员会是具有实体处置权力的国家机构，其在审查、运用证据时也应当借鉴原有的刑事诉讼证据规则，在查办统计数字腐败职务违法和职务犯罪中，保护被调查人合法权益，确保程序衔接顺畅。

二、监察委员会与人民检察院证据衔接方面的问题

（一）监察委员会对统计数字腐败犯罪调查收集证据的监督制约问题

监察委员会在开展对诸如统计数字腐败职务犯罪调查时，应当全面贯彻证据裁判原则，要使调查过程中收集的证据最终符合人民法院定罪

量刑的标准和要求，经得起审判的检验。① 监察委员会办理统计数字腐败犯罪案件是监察法所规定的一种调查工作，但是在本质上类似于以往公安机关和人民检察院所承担的侦查工作，由于其处于犯罪案件办理的最前端，而人民法院的审判活动处于犯罪案件办理的最末端，监察委员会办理的案件在理论上也存在无罪判决的可能性。只要监察委员会调查统计数字腐败犯罪案件是依法进行的，即使在之后经过人民法院审判后未能判决有罪，监察委员会的办案人员也不应当承担责任；反之，如果监察委员会的办案人员在统计数字腐败犯罪的办案过程中存在违法行为，即使经过其调查的统计数字腐败犯罪案件被调查人最终被人民法院判为有罪，也应根据《中华人民共和国监察法》第六十五条和第六十六条的规定，追究相关监察委员会工作人员法律责任。因此，无论对于监察委员会、人民检察院还是人民法院，其工作人员必须严格按照法定程序各司其职、依法办案，最终统计数字腐败犯罪案件被调查人是否被追究、如何被追究等都是相应部门依法而为的结果，被调查人以及社会公众才会接受，才能经得起历史的检验。在以往的司法实践中，行政执法机关所收集的证据必须要经过一定的转化程序，才有可能被刑事司法机关所接受。② 有学者指出："监察体制改革以前，纪委在双规调查后将涉嫌职务犯罪的案件移送检察院立案侦查，移送证据的做法是：物证、书证等实物证据移送后直接适用于侦查阶段；询问笔录、证人证言等言词证据不直接移送，由检察院重新收集，转化为合法的证据材料。"③ 但是在监察体制改革以后，监察委员会对统计数字腐败犯罪进

① 杨宇冠，高童非. 论监察机关与审判机关、检察机关、执法部门的互相配合和制约 [J]. 新疆社会科学，2018（3）：110.
② 黄世斌. 行政执法与刑事司法衔接中的证据转化问题初探——基于修正后的刑事诉讼法第 52 条第 2 款的思考 [J]. 中国刑事法杂志，2012（5）.
③ 陈光中，邵俊. 我国监察体制改革若干问题思考 [J]. 中国法学，2017（1）.

行调查收集和提供的各种证据材料，是否能够被人民检察院在移送审查时实际采纳，最终要由人民检察院进行审查核实后才能做出决定，也就是说人民检察院掌握着证据采用决定权。然而，监察委员会对人民检察院的证据采用权决定缺乏必要的监督，在实际工作中就可能会出现监察委员会经过调查和收集的各种证据，在将统计数字腐败犯罪案件移送给人民检察院之后，可能最终没被人民检察院在向人民法院提起公诉时所采用。对此，如果监察委员会对人民检察院的证据采用问题存有异议，那应当如何处理呢？形成以上问题的原因，主要是因为监察委员会和人民检察院对待案件证据处理的标准往往会存在一定差异。因此，当监察委员会和人民检察院对证据的运用出现分歧时，监察委员会按照目前的规定对人民检察院的证据采用无权干涉。因此，在统计数字腐败犯罪的审查起诉过程中，如果对证据的采用缺乏制约，就可能导致监察委员会费时费力调查收集的各种证据，在审查起诉环节不被人民检察院采用而导致完全落空，对此问题应当加以改进。

（二）监察委员会对统计数字腐败犯罪非法方法收集证据的排除问题

在证明统计数字腐败犯罪的物证、书证的非法排除方面，由于物证、书证等实物证据在一定程度上具有唯一性、不可再生性，一旦被排除之后就不可能再次取得，而且这类证据在性质上属于客观证据，取证程序的违法一般不影响证据的可信度。所以，监察委员会在统计数字腐败犯罪的调查过程当中若要排除非法收集的物证、书证时，可以参考《中华人民共和国刑事诉讼法》第五十六条所规定的"应当予以补正或者作出合理解释；在不能补正或者作出合理解释后，才对该证据予以排除"做法，不应当不分情况绝对予以排除。此外，对于负责统计数字腐败犯罪调查的监察委员会监察人员和负责审查起诉的人民检察院检察人员来说，在实践工作中可能也会对非法证据的认定和是否采纳有着不同的理解和判断，可能会发生以下两种情况。第一种情况，在统计数字腐败犯罪的调查阶段，监察委员会的监察人员将一些收集不符合法定程序，可能严重影响司法公正的物证、书证全部予以排除，但是在将统计数字腐败犯罪案件证据移送到人民检察院之后，检察人员在审查起诉过程中发现这些物证、书证虽然存在非法收集的情况，但是可通过补正或者做出合理解释的方式予以采纳。此时，人民检察院可以自行采取通过补正或者做出合理解释的方式对这些物证、书证予以采纳。但是此时，监察委员会对人民检察院采纳这些其认为属于非法方法收集应依法予以排除的物证、书证的决定是否可以提出异议？第二种情况，监察委员会在统计数字腐败犯罪案件的调查过程中依法收集的物证、书证，其认为都是合法有效的，不存在非法收集的情况，但是在将案件移送给人民检察院审查起诉后，人民检察院在审查后却认为监察委员会收集物证、书证不符合法定程序，可能严重影响司法公正，同时也不能补正或者做出合理解释，人民检察院就可以直接依据《中华人民共和国刑事诉讼法》第五十六条的规定对监察委员会收集的物证、书证予以排除。而在此时，监察委员会对人民检察院依法排除这些其认为属于合法收集并不存在非法方式收集的物证、书证的决定是否也可以提出不同的意见？上述这些问题都应当采取必要的措施加以解决。

三、监察委员会与人民检察院证据衔接的完善措施

（一）监察委员会可以对人民检察院不予采纳证据建议的决定提请复议

完善监察委员会与人民检察院在统计数字腐败犯罪证据采用方面的

衔接机制非常重要。监察委员会在依法开展的统计数字腐败犯罪案件调查中，凡是对认定被调查人的犯罪事实有重要意义价值的证据材料，都必须依法进行收集和调取。监察委员会应当按照其法定职责，全面收集和调取统计数字腐败犯罪被调查人的"自行造假""指使造假""打击报复"以及"严重失察"统计数字腐败行为是否有罪或者无罪，其所构成的滥用职权罪、打击报复会计、统计人员罪或者玩忽职守罪是否罪轻或者罪重的相关证据。而且，监察委员会依照法律规定在收集调查证据资料、固定证据法律效力、审查证据的真实合法、运用证据进行处置时，应当与刑事审判中人民检察院关于刑事证据的要求和标准保持一致。当然，由于监察委员会和人民检察院对待案件证据处理的标准可能会存在一定差异，监察委员会对统计数字腐败犯罪进行调查所收集和提供的各种证据材料，是否能够被人民检察院在移送审查时所实际采纳，最终还要由人民检察院在审查核实后才能决定。这就可能会出现监察委员会调查收集的统计数字腐败犯罪证据，在将案件移送人民检察院之后，最终没有被人民检察院在向人民法院对统计数字腐败被调查人提起公诉时所采用的情况。如果此时监察委员会对于人民检察院的证据采用存有异议，监察法中并没有对此做出规定。也就是说，在监察委员会和人民检察院两个部门对统计数字腐败犯罪案件证据的运用出现分歧时，由于人民检察院对证据采用享有最终的决定权，监察委员会对于人民检察院对统计数字腐败犯罪案件的证据采用决定无法制约，造成两个部门在证据处理方面存在一定的衔接障碍。对此问题，笔者认为，在将来制定《监察法实施条例》时应当对此问题采取措施加以解决，也就是人民检察院对于监察委员会提供的证据材料在提起公诉时不予采用的，应当向监察委员会做出具体的说明，监察委员会也可以对人民检察院的证据采用决定提出复议，从而保证监察委员会调查收集的合法证据在人民检察院的审查起诉时能够得以有效利用。因此，笔者建议，在将来制定的《监察法实施条例》中应当规定，监察机关依照法律规定收集的物证、书证、证人证言、被调查人供述和辩解、视听资料、电子数据等证据材料，人民检察院在刑事诉讼中不将其作为证据使用的，应当向监察机关作出明确的说明。监察机关认为人民检察院对相关证据不采用的理由确有错误的，可以向上一级人民检察院提请复议，实现监察委员会对人民检察院证据采用的监督和制约。

（二）监察委员会与人民检察院对非法证据排除应当建立有效制约机制

对于前述提到的监察委员会与人民检察院对于物证、书证的非法排除问题，笔者认为，上述两种情况产生的主要原因就在于监察法和刑事诉讼法对于非法证据的排除规定确实存在一定的差异，而作为监察委员会和人民检察院在各自职权范围内，对统计数字腐败犯罪的证据采纳标准在实践中可能会有所不同。虽然根据《中华人民共和国刑事诉讼法》第五十六条的规定，人民检察院对非法方法收集的证据定性有最终的决定权，但是，也应当赋予监察委员会对于人民检察院的非法方法收集证据排除决定权可以采取一定的方式予以充分监督和有效制约。因此，在未来制定的《监察法实施条例》规定中应当建立一种有效协调机制，从监察委员会与人民检察院分工负责、相互配合的衔接体系出发，使两个部门能够互相制约，使监察法和《刑事诉讼法》对非法方法收集证据予以排除的规定都能得到不折不扣的贯彻执行。为此，笔者建议在将来出台的《监察法实施条例》中应当增加相应的规定，人民检察院认为监察委员会依法予以排除的物证、书证应当作为证据使用的，可以自行予以补正或者作出合理解释后采纳，但是应当向监察委员会做出说明；监察委员会认为证据采纳确有错误的，可以向上一级人民检察院提请复议。人民检察院认为监察委员会在案件调查过程当中收集的物证、书证不符合法定程序，可能严重影响司法公正，并且不能补正或者作出合理解释的，应当对该物证、书证予以排除，但是，应当向监察委员会作出说明；监察委员会认为人民检察院对物证、书证的排除确有错误的，可以向上一级人民检察院提请复议。

第五节　统计数字腐败司法追究审查起诉的衔接完善

一、人民检察院对统计数字腐败犯罪案件审查起诉

人民检察院对包括统计数字腐败在内的职务犯罪进行审查起诉，这是其依法行使检察权的重要体现。《中华人民共和国监察法》第四十七条规定了人民检察院对监察委员会移送的案件如何处理的问题，其主要目的就是保证人民检察院依法及时开展审查起诉工作，确保监察委员会与人民检察院在办理职务犯罪案件过程中有序衔接、相互制约，对查处统计数字腐败案件来说也是同样适用的。习近平总书记强调，要通过改革创新，整合反腐败职能，在法治和制度上形成既相互衔接，又相互制衡的机制。① 统计数字腐败犯罪案件移送审查起诉主要包括四个方面。一是由人民检察院依法采取强制措施。监察委员会移送的统计数字腐败犯罪案件被调查人，人民检察院可以依照刑事诉讼法的规定进行审查，视情况采取拘留、逮捕、监视居住等强制措施。为了做好监察委员会与

①　吴建雄．监督、调查、处置法律规范研究［M］．北京：人民出版社，2018：231.

人民检察院办理职务犯罪案件工作衔接，对监察委员会已经采取留置措施的案件，人民检察院应当在移送案件之前，对是否采取和采取何种强制措施进行审查，在移送之日作出决定并且予以执行。二是人民检察院依法作出起诉决定。对监察委员会移送过来交由人民检察院依法提起公诉的案件，如果该统计数字腐败犯罪案件的犯罪事实在调查过程中全部都已经被查实清楚，而且相关的犯罪证据也做到了确实、充分，确实符合应当依法应当追究"滥用职权罪""打击报复会计、统计人员罪"或者"玩忽职守罪"的刑事责任条件的，人民检察院就应当依法作出起诉决定。三是对于退回补充调查或者自行补充侦查方面。对监察委员会移送的统计数字腐败犯罪案件，人民检察院经审查后认为被调查人的"滥用职权罪""打击报复会计、统计人员罪"或者"玩忽职守罪"犯罪事实不清、证据不足，需要补充核实的，应当退回监察委员会补充调查，必要时也可以自行补充侦查；监察委员会进行补充调查的期限是一个月，补充调查的次数最多为两次，这也是人民检察院对监察委员会进行监督的重要体现和制度措施。四是规定了作出不起诉决定。对监察委员会移送的统计数字腐败犯罪案件，人民检察院经审查认为刑事诉讼法规定的不起诉情形的，经上一级人民检察院批准，可以对统计数字腐败犯罪案件作出不起诉的决定；如果监察委员会认为人民检察院作出的不起诉决定有错误的，可以向其上一级人民检察院提请复议。而且对于一般的普通刑事诉讼，《中华人民共和国刑事诉讼法》的第一百七十五条规定了人民检察院在审查起诉环节中"补充侦查"情形。对于监察委员会办理统计数字腐败犯罪案件而言，如果人民检察院认为需要补充核实的情形，可以进一步调查或者侦查，这将有助于审查和未来的提起公诉活动。因此，监察法规定中设置了类似于《刑事诉讼法》关于补充侦查的程序机制，用以进一步增强和巩固监察委员会的办案成果，提高人民检察院办理监察委员会移送案件的质量。2018年10月26日新修订的《刑事诉讼法》也与监察法的规定保持了一致。我国在刑事诉讼程序当中之所以规定了不起诉制度，其主要目的就是通过及时终结错误或者不必要的刑事追究活动，来强化对刑事诉讼中犯罪嫌疑人的权益保障，而且也有利于节约诉讼资源，同时，通过不起诉裁量权的正当行使，还可以合理地分流刑事案件，更好地实现刑罚本身所应有的目的。因此，对于监察委员会调查涉嫌统计数字腐败犯罪等职务违法犯罪案件，仍然是由人民检察院来具体承担审查起诉和起诉职能，同样，也还要对接和适用刑事诉讼法规定中关于不起诉的相关规定，由人民检察院行使对统计数字腐败犯罪案件不起诉裁量权。同时，根据《中华人民共和国监察法》第四十七条中的相关规定，如果监察委员会认为人民检察院对统计数字腐败犯罪案件做出的不起诉决定确实有错误的，还可以依法向其上一级人民检察院提请复议。

二、监察委员会与人民检察院移送审查存在的问题

（一）监察委员会对统计数字腐败犯罪向人民检察院案件移送的问题

根据《中华人民共和国监察法》第四十五条的规定，监察委员会作为统计数字腐败行为的第一处置机关，根据其对统计数字腐败的监督、调查结果，可以依法采取不同的处置方式。监察委员会对有统计数字腐败行为但情节较轻的，可以进行谈话提醒、批评教育、责令检查的方式，甚至还可以予以诫勉。这种处置实际上是对被调查人没有进行任何处分，更谈不上将其移送给人民检察院追究刑事责任。监察委员会对于有统计数字腐败行为，并且已经构成违法的，可以做出警告、记过、

记大过、降级、撤职、开除等政务处分决定。其中监察委员会，对于"严重失察"的统计数字腐败行为，可以将其视为不履行或者不正确履行职责，对"严重失察"的统计数字腐败责任主体直接做出问责决定，或者向有权做出问责决定的机关提出问责建议。上述两种处置也是用政务处分和实施问责的方式追究了统计数字腐败被调查人的行政责任，实际上也都没有对统计数字腐败案件进行移送，并追究其刑事责任。也就是说，监察委员会在上述情况下可以按照监察法的规定对统计数字腐败的责任主体行使其所享有的自由裁量权，而由于此时监察委员会并没有将其移送人民检察院审查起诉，所以人民检察院在这种情况下就无法进行任何的干预。笔者认为，监察委员会对于统计数字腐败犯罪案件的处置权也应当受到合理的监督和制约，如果其处置权缺乏有效的监督机制，就有可能会导致极少数监察人员有机会滥用自由裁量权，随意对统计数字腐败犯罪案件进行处置，就会提供滋生腐败的机会，而且有法不依、执法不严、以罚代刑的现象就会产生。这是由于对于统计数字腐败行为是否构成犯罪的认定方面，其究竟是属于行政违法还是刑事违法，在行政处分和刑事处罚的界线之间仍然存在一定的不确定性，对于统计数字腐败案件的实际处理中，监察委员会和人民检察院的办案人员对被调查人是否构成"滥用职权罪""打击报复会计、统计人员罪"或者"玩忽职守罪"可能会出现认识上的差异。因此，笔者认为，监察委员会对统计数字腐败犯罪案件的处置权也应受到合理的监督和制约，有必要建立对监察委员会处置权的有效监督机制，采取有效措施防止监察人员滥用自由裁量权随意对统计数字腐败案件进行处置，杜绝有法不依、执法不严、以罚代刑的现象。

（二）人民检察院的起诉决定与监察委员会的起诉意见书不一致问题

统计数字腐败犯罪案件的起诉决定是由人民检察院依法单独做出的，但是，监察委员会依据《中华人民共和国监察法》第四十五条的规定在向人民检察院移送案卷材料和证据时，也作出了对统计数字腐败犯罪行为的《起诉意见书》。而且人民检察院做出的《起诉决定》很有可能与当时监察委员会移送的《起诉意见书》的内容不完全一致。例如，人民检察院在《起诉决定》中对统计数字腐败犯罪被调查人的罪名认定与监察委员会的"起诉意见书"的罪名认定不同。此时，如果监察委员会发现了这个问题，其是否可以对人民检察院的"起诉决定"提出异议？《中华人民共和国监察法》第四十七条规定监察委员会对人民检察院不起诉的决定可以提请复议，那么监察委员会是否可以对人民检察院的"起诉决定"参照上述方式向上一级人民检察院提请复议？当然，人民检察院对统计数字腐败犯罪案件有独立的检察权，其作出的"起诉决定"不应当受到其他任何相关部门的非法干涉，这当然也包括监察委员会。但是，笔者认为，监察委员会在对统计数字腐败犯罪实施监督调查时，其作为犯罪第一侦查机关，严格按照法定程序开展监察工作，在办案中投入了大量的人力物力，对案情的了解也是最多，因此，其最后向人民检察院提出的对统计数字腐败犯罪被调查人的起诉意见书对人民检察院在作出相应的起诉决定时应当具有极为重要的参考价值。此时，如果人民检察院单独作出的起诉决定与监察委员会在移交案件时提交的起诉意见书在内容方面如果差异较大，虽然不能由此认为这是一种错误，但是也应当由上一级人民检察院通过复议形式向监察委员会作出必要的说明。笔者认为，应当在上述程序设置方面建立一种有效的制约机制，也就是应当授权监察委员会可以对人民检察院作出的起诉决定进行必要的监督，因此，《监察法》在此方面的规定存在一定的欠缺。

三、监察委员会与人民检察院移送审查的完善措施

（一）监察委员会对统计数字腐败犯罪向人民检察院案件移送的完善措施

由于监察委员会依法处置统计数字腐败的责任主体，因此，判断该责任主体的行为究竟是属于行政违法还是属于刑事违法就显得非常重要。以统计数字腐败行为当中的"严重失察"情形为例，"严重失察"是指地方人民政府、政府统计机构或者有关部门、单位的负责人，对本地方、本部门、本单位发生的严重统计违法行为失察，如前所述有可能构成玩忽职守罪。但是，对于监察委员会已经展开调查的有"严重失察"的统计数字腐败行为的责任主体，其不依法履行职责的行为是应被政务处分还是应当追究刑事责任？在现实中对于这样的实际案情，监察委员会和人民检察院可能会作出不同的认定。如果监察委员会认为"严重失察"的统计数字腐败责任主体的行为情节较轻，可以按照管理权限直接或者委托有关机关、人员，对该责任主体采取进行谈话提醒、批评教育、责令检查的方式，甚至是对责任主体予以诫勉，即使监察委员会认为其具体情节较重，也可以直接作出相应的政务处分决定或者问责决定，并不将"严重失察"的统计数字腐败案件移送人民检察院提起公诉。而在上述这种情况下，即使人民检察院通过其他途径发现"严重失察"统计数字腐败责任主体的行为已经"造成恶劣社会影响"，应当按照《中华人民共和国刑法》第三百九十七条的规定以玩忽职守罪追究刑事责任，但在此时，人民检察院也无权要求监察委员会对"严重失察"的统计数字腐败责任主体予以立案调查。可见，对于同样

一个统计数字腐败案件，监察委员会和人民检察院可能会做出不同的认定，对统计数字腐败究竟属于行政违法还是刑事违法会有不同的认识。笔者认为，在司法实践中出现上述问题的原因主要有为以下两个方面。第一，监察委员会的监察人员对统计数字腐败行为是否构成犯罪以及是否达到了移送审查的标准这方面较难把握。由于监察委员会进行处置的依据是统计法、监察法、《统计法实施条例》等法律规定，惩治对象是统计数字腐败违法行为，监察人员在调查过程中对于统计数字腐败案件的认识和判断上可能会与人民检察院的检察人员对刑法以及相关司法解释等刑事法律规范的认识和判断存在一定差距。第二，监察委员会可能有地方政府形象和社会利益影响的考虑。由于统计数字腐败责任主体都是一些地方政府或者有关部门单位的负责人，在当地可能已经形成了一定的影响力，甚至可能与监察委员会的关系十分密切。因此，监察人员在内部自行处置一些统计数字腐败犯罪案件，觉得将其作为一般的行政违法行为处理，以为这样就可以维护本地政府的形象，试图减少对当地的社会造成的不良影响。所以少数的监察人员可能会处于上述的原因考虑，在本职权力范围内随意处理有关案件，导致本应构成统计数字腐败刑事犯罪的一些案件出现了流失。再加上监察人员在查处统计数字腐败案件方面本身就需要付出大量的时间和精力，有一些情况复杂的统计数字腐败犯罪案件有时会被人民检察院退回补充调查，客观上会增加监察人员的工作负担，所以，少数人员难免会产生畏难情绪和怕惹麻烦的思想，在监察工作中对向人民检察院移送统计数字腐败犯罪案件比较消极。对此有学者认为，现有程序上规定的笼统而不明确，使得很多案件在实际操作过程中出现了大量的偏差，典型的就是"以罚代刑"的现象。笔者认为，要真正实现行政执法与刑事司法顺畅衔接，必须构建健全的程序衔接机制①。

　　综上所述，笔者认为，监察委员会对统计数字腐败职务犯罪的调查处置权也应当受到必要的监督和制约，可以从内部监督和外部制约这两方面入手。一方面，监察委员会应当在机构内部依法加强自我监控，对统计数字腐败犯罪线索处置情况应当定期汇总、通报，定期检查、抽查，如果监察人员出现干预监督调查工作、以案谋私等违法情况，对负有责任的领导人员和直接责任人员依法给予处理；另一方面，应当建立人民检察院对监察委员会统计数字腐败犯罪案件处置的外部制约机制，构建必要的沟通和协调机制，为了防止对犯罪的定性不准，应当允许人民检察院提前介入案件，这有助于监察委员会正确把握案件的调查方向和犯罪的定性及对证据的收集和固定。根据最新出台的《人民检察院刑事诉讼规则》第二百五十六条第二款的规定"经监察机关商请，人民检察院可以派员介入监察机关办理的职务犯罪案件"，监督委员会在必要的情况下，完全可以让人民检察院适当提前介入统计数字腐败犯罪的调查。这样一方面有利于发现监察委员会在调查统计数字腐败案件时，是否存在统计数字腐败行为已经涉及构成刑事犯罪，却没有依法被移送给人民检察院审查起诉的情况，防止发生有罪不纠、有案不送、以罚代刑等问题；另一方面也可以对监察委员会及其工作人员在案件调查过程中，监察人员自身是否存在滥用职权、徇私舞弊等违法行为，实现对监察人员调查处置行为的外部监督。在目前的司法实践中，上海市已经成立了职务犯罪检察官办公室，实现人民检察院刑事诉讼程序与监察

---

① 周佑勇，刘艳红. 行政执法与刑事司法相衔接的程序机制研究［J］. 东南大学学报（哲学社会科学版），2008（1）.

委员会调查程序高效对接①。此外，对监察委员会是否将统计数字腐败等职务犯罪案件移送审查起诉问题，应当建立人民检察院的监督制约机制。因此，笔者建议，在未来制定的《监察法实施条例》中对上述问题作出以下规定：人民检察院应当设立职务犯罪专门机构，实现与监察机关有效衔接；人民检察院可以提前介入案件，提出证据的完善建议；监察委员会对涉嫌职务犯罪案件没有移送审查起诉，人民检察院认为被调查人构成犯罪应当移送审查起诉追究刑事责任的，可以向上一级监察委员会提起复议。

（二）人民检察院对统计数字腐败犯罪案件移送审查起诉程序的完善措施

对于监察委员会移送的统计数字腐败犯罪案件，如果人民检察院作出了不起诉的决定，根据《中华人民共和国监察法》第四十七条的规定，该不起诉决定必须要应当经过上一级人民检察院批准。这借鉴了我国刑事诉讼中的实践经验和相关规定。因为刑事诉讼中对于普通的刑事案件，根据最高人民检察院在2005年12月发布的《关于省级以下人民检察院对直接受理侦查案件作撤销案件、不起诉决定报上一级人民检察院批准的规定（试行）》和《人民检察院刑事诉讼规则》（2019年12月30日起施行）三百七十一条的规定，人民检察院对于监察机关移送起诉的案件，拟做不起诉决定的，应当报请上一级人民检察院批准。这一规定是上一级检察机关对人民检察院自侦案件侦查监督重要体现，也是最高人民检察院建立自侦案件侦查监督体系的内容之一，对于增强人民检察院内部监督制约、提高执法公正性和公信力具有重要的意义。我国刑事诉讼相关规定中为了防范不起诉权力的滥用，保障公民的合法权

---

① 施坚轩，靳子．高效对接监察机关调查 实现办案专业化 上海成立职务犯罪检察官办公室［J］．检察风云，2018（10）．

益，因此，监察中规定不起诉决定也必须要经过上一级人民检察院批准，这一方面是人民检察院内部监督制约机制的延续，而且在案件的类型上，原来由人民检察院直接受理侦查的职务犯罪案件也已经全部移交给了监察委员会，延续不起诉决定报请上一级人民检察院批准的模式也没有扩大适用的案件类型；另一方面，监察法中规定由上一级人民检察院批准不起诉决定，也体现出对人民检察院对于审查起诉统计数字腐败等职务犯罪案件进行处理的慎重和严谨。对此笔者认为，除了不起诉决定需要经上一级人民检察院批准之外，当人民检察院作出的起诉决定如果与监察委员会提出的起诉意见书内容差异较大时，应当由上一级人民检察院予以复议。主要原因如下：监察委员会在对统计数字腐败犯罪案件实施各种调查时，其作为犯罪案件的第一侦查机关，严格按照法定程序开展监察工作，在办案中投入了大量的人力和物力，对案件情况的了解掌握也是较为全面的。因此，监察委员会将相关案件向人民检察院移送审查起诉时，其对统计数字腐败案件提出的起诉意见书内容，对人民检察院作出的起诉决定应当具有极为重要的参考价值。此时，如果人民检察院自身所作出的起诉决定与监察委员会的起诉意见书在犯罪认定等方面差异较大，虽然不能由此认为这就是一种错误，但是，也应当允许监察委员会认为该起诉决定中确实存在一定的错误时，可以向上一级人民检察院提请复议，由其对起诉决定予以重新审查核实，从而在衔接程序方面应建立一种相互制约机制。因此，监察法在对不起诉决定和起诉决定的衔接方面确实是存在一定的疏漏，将来在制定出台《监察法实施条例》时应当对此问题予以进行补充完善，笔者建议在未来的《监察法实施条例》中应当增加相关规定：监察机关认为人民检察院做出的起诉决定确有错误的，可以向上一级人民检察院提请复议。

总之，监察委员会的监督调查与人民检察院的审查起诉进行刑事司法有效衔接，是包括统计数字腐败犯罪在内所有职务犯罪司法追究所要共同面对的一个现实课题。在我国的监察体制全面建立和监察法正式施行之后，在司法实践操作中对包括统计数字腐败犯罪在内的职务犯罪进行有效的司法追究衔接，无论对于监察法的贯彻落实还是《刑事诉讼法》的具体实施来说都具有十分重要的意义。笔者认为，逐渐完善统计数字腐败的司法追究规制，就是以现行立法为基础，细化衔接的流程规定，从监察委员会和人民检察院对统计数字腐败司法追究规制在处罚建议、调查管辖、证据收集、审查起诉四个方面入手，明确具体职责，严格规范程序，既要保障统计数字腐败犯罪被调查人的合法权益，又要实现法律的公平正义。

参考文献

（按作者姓氏拼音排序）

中文著作类

1. ［美］E·博登海默. 法理学：法律哲学与法律方法 ［M］. 邓正来，译. 北京：中国政法大学出版社，1999.

2. ［美］特里·L. 库珀. 行政伦理学：实现行政责任的途径 ［M］. 4版. 北京：中国人民大学出版社，2001.

3. ［美］杰拉尔德·E. 凯登，O·P. 德威维迪、约瑟夫·捷波朗. 腐败：权利与制约 ［M］. 北京：人民日报出版社，2017.

4. ［美］爱德华·L. 格莱泽、克劳迪娅·戈尔丁. 腐败与改革：美国历史上的经验教训 ［M］. 北京：商务印书馆出版社，2014.

5. ［俄］哈布里耶娃. 腐败：性质、表现与应对 ［M］. 北京：法律出版社，2015.

6. ［新］杰瑞米·波普. 制约腐败：构建国家廉政体系 ［M］. 清华大学公共管理学院廉政研究室，译. 北京：中国方正出版社，2003.

7. ［新］克里斯·肖尔，［美］迪特尔·哈勒. 腐败：人性与文化

［M］．南昌：江西人民出版社，2015.

8.［英］戴维·M. 沃克．牛津法律大辞典［M］．北京：光明日报出版社，1989.

9. 邓小平．邓小平文选：第 2 卷［M］．北京：人民出版社，1994.

10. 安建．中华人民共和国统计法释义［M］．北京：法律出版社，2009.

11. 卞建林．腐败犯罪诉讼程序专题研究［M］．北京：中国人民公安大学出版社，2014.

12. 陈国权等．权力制约监督论［M］．杭州：浙江大学出版社，2013.

13. 陈雷．反腐败国际公约视野下我国反腐败刑事立法及其完善［M］．北京：中国人民公安大学出版社，2008.

14. 陈兴良，周光权．刑法学的现代展开 I ［M］.2 版．北京：中国人民大学出版社，2015.

15. 陈正良．中国"软实力"发展战略研究［M］．北京：人民出版社，2008.

16. 程子林．统计法基础知识［M］．北京：中国统计出版社，2010.

17. 程文浩．预防腐败［M］．北京：清华大学出版社，2011.

18. 邓杰，胡廷松．反腐败的逻辑与制度［M］．北京：北京大学出版社，2015.

19. 邓思清．中国检察制度概览［M］．北京：中国检察出版社，2016.

20. 高铭暄，马克昌．刑法学［M］.7 版．北京：北京大学出版社、高等教育出版社，2016.

21. 管文虎. 国际形象论 [M]. 北京：电子科技大学出版社，2000.

22. 郭剑鸣. 传统政府治理与监管模式下的公务腐败 [M]. 北京：中国社会科学出版社，2017.

23. 韩成军. 中国检察权配置问题研究 [M]. 北京：中国检察出版社，2012.

24. 韩起祥. 腐败渎职犯罪的刑法控制策略 [M]. 北京：人民出版社，2017.

25. 郝文清. 当代中国衍生性权力腐败研究 [M]. 北京：北京师范大学出版社，2011.

26. 贺铿，郑京平. 中外政府统计体制比较研究 [M]. 北京：中国统计出版社，2001.

27. 胡勇. 复合型态的检察权能：中国检察改革再思考 [M]. 北京：法律出版社，2014.

28. 贾宇. 刑法学 [M]. 3 版. 北京：中国政法大学出版社 2017.

29. 姜明安. 行政法与行政诉讼法 [M]. 6 版. 北京：北京大学出版社，高等教育出版社，2015.

30. 姜明安. 行政执法研究 [M]. 北京：北京大学出版社，2004.

31. 蒋小燕. 渎职罪比较研究 [M]. 北京：中国人民公安大学出版社，2004.

32. 蒋周明. 腐败探源与反腐败研究 [M]. 北京：中国检察出版社，2012.

33. 黎宏. 刑法学各论 [M]. 2 版. 北京：法律出版社，2016.

34. 李建华，周小毛. 腐败论 [M]. 长沙：中南工业大学出版社，1997.

35. 李翔. 反腐败法律体系构建的中国路径研究 ［M］. 上海：上海人民出版社，2013.

36. 李晓明. 控制腐败法律机制研究 ［M］. 2 版. 北京：法律出版社，2017.

37. 梁水强. 新形势下统计打假之我见 ［M］∥林贤郁. 统计法制工作研究文集. 北京：中国统计出版社，2008.

38. 林贤郁，方宽，等. 中外统计规范概览 ［M］. 北京：中国统计出版社，2008.

39. 林贤郁. 统计法制工作研究文集 ［M］. 北京：中国统计出版社，2008.

40. 林喆，马长生，蔡雪冰. 腐败犯罪学研究 ［M］. 北京：北京大学出版社，2002.

41. 林喆. 权力腐败与权力制约（修订本）［M］. 2 版. 济南：山东人民出版社，2012.

42. 林文肯，方向，吴桂韩. 从源头上治理腐败研究 ［M］. 北京：中国社会科学出版社，2014.

43. 刘继南. 大众传播和国际关系 ［M］. 北京：北京广播学院出版社，1999.

44. 刘仁文. 反腐败的刑事法治保障 ［M］. 北京：社会科学文献出版社，2016.

45. 刘伟丽. 我国腐败犯罪的刑法规制 ［M］. 北京：中国人民公安大学出版社、群众出版社，2017.

46. 刘艳红，周佑勇. 行政刑法的一般理论 ［M］. 北京：北京大学出版社，2008.

47. 卢乐云. 潇湘检察论坛：第10卷 [M]. 长沙：中南大学出版社，2017.

48. 卢汉桥，郑洁. 腐败防治论 [M]. 北京：社会科学文献出版社，2015.

49. 宁吉喆. 领导干部统计法律读本 [M]. 北京：党建读物出版社，2018.

50. 倪星. 惩治与预防腐败体系的评价机制研究 [M]. 广州：中山大学出版社，2012.

51. 聂资鲁，等. 域外防止公职人员利益冲突理论与实践研究 [M]. 广州：广东世界图书出版有限公司，2017.

52. 聂辉华，仝志辉. 创新纪检监察体制，遏制"一把手"腐败 [M]. 北京：中国社会科学出版社，2015.

53. 钱小平. 法治反腐的路径、模式与机制研究 [M]. 南京：东南大学出版社，2017.

54. 乔德福. 一把手腐败治理研究 [M]. 北京：法律出版社，2015.

55. 任学强. 腐败犯罪特殊诉讼程序研究 [M]. 北京：中国政法大学出版社，2015.

56. 任建明，杜治洲. 腐败与反腐败：理论、模型和方法 [M]. 北京：清华大学出版社，2009.

57. 宋大涵. 行政执法教程 [M]. 北京：中国法制出版社，2011.

58. 宋英辉. 刑事诉讼原理导读 [M]. 北京：法律出版社，2003.

59. 孙国祥. 贪污贿赂犯罪研究 [M]. 北京：中国人民大学出版社，2018.

60. 孙谦. 国家工作人员职务犯罪研究 [M]. 北京：知识产权出

版社，1998.

61. 孙道祥，任建明，等. 中国特色反腐倡廉理论研究［M］. 北京：中国方正出版社，2011.

62. 王传利. 新中国成立初期的腐败高发期及其治理方略研究［M］. 北京：清华大学出版社，2016.

63. 王定顺，陈祖德. 职务犯罪侦查机制的实践与反思［M］. 北京：中国检察出版社，2012.

64. 王沪宁. 反腐败：中国的实验［M］. 海口：三环出版社，1990.

65. 王沪宁. 腐败与反腐败：当代国外腐败问题研究［M］. 上海：上海人民出版社，1990.

66. 王启金，张韧. 依法统计的现状与对策［M］//林贤郁. 统计法制工作研究文集. 北京：中国统计出版社，2008.

67. 卫磊. 社会资本范式下反腐败刑事政策研究［M］. 北京：中国法制出版社，2011.

68. 吴建雄. 监督、调查、处置法律规范研究［M］. 北京：人民出版社，2018.

69. 吴高庆，等. 腐败犯罪刑事程序研究［M］. 北京：法律出版社，2016.

70. 习近平. 在庆祝中国共产党成立95周年大会上的讲话［M］. 北京：人民出版社，2016.

71. 熊振南. 统计法导读［M］. 北京：中国统计出版社，2001.

72. 闫德民，刘兆鑫. 论"期权腐败"及其治理［M］. 北京：人民出版社，2012.

73. 杨绪盟，黄宝荣. 腐败与制度之"笼"：国外反腐经验与启示

[M].北京：人民出版社，2014.

74. 游伟.刑法基本原理与司法适用［M］.上海：上海交通大学出版社，2011.

75. 于洪珠.腐败治理新论［M］.广州：广东世界图书出版有限公司，2012.

76. 袁峰.当前中国的腐败治理机制：健全反腐败惩戒、防范和保障机制研究［M］.北京：学林出版社，2015.

77. 张华.腐败犯罪控制机制研究［M］.北京：中国长安出版社，2013.

78. 张宏杰.顽疾：中国历史上的腐败与反腐败［M］.北京：人民出版社，2016.

79. 张杰.科学治理腐败论［M］.北京：中国检察出版社，2012.

80. 张明楷.刑法学［M］.5版.北京：法律出版社，2016.

81. 张文显.法理学［M］.4版.北京：高等教育出版社，北京大学出版社，2011.

82. 张远煌，黄晓亮，彭德才.政道与正道：领导干部职务犯罪风险防控指南［M］.北京：中国法制出版社，2017.

83. 张绍谦，杨力.腐败的风险与刑法综合治理［M］.上海：上海三联书店出版社，2018.

84. 赵秉志，莫洪宪，齐文远.中国刑法改革与适用研究［M］.北京：中国人民公安大学出版社，2016.

85. 甄贞.遏制腐败犯罪的对策研究［M］.北京：法律出版社，2015.

86. 甄贞，等.21世纪的中国检察制度研究［M］.北京：法律出版社，2008.

87. 郑京平．中国宏观经济景气监测指数体系研究［M］．北京：中国统计出版社，2013.

88. 中华人民共和国国家统计局．统计人员常用法律汇编［M］．2版．北京：法律出版社，2008.

89. 周光权．法治视野中的刑法客观主义［M］．2版．北京：法律出版社，2013.

90. 周佑勇．论行政不作为［M］//行政法论丛：第2卷．北京：法律出版社，1999.

91. 周志忍．政府管理的行与知［M］．北京：北京大学出版社，2008.

92. 朱孝清，等．我国职务犯罪侦查体制改革研究［M］．北京：中国人民公安大学出版社，2008.

期刊报纸类

93. ［英］保罗·海伍德．政治腐败：问题与透视［J］．何增科，译．马克思主义与现实，1998（6）.

94. 陈慕华在统计法颁布10周年纪念会上说——在统计上弄虚作假也是腐败行为［J］．河南统计，1994（1）.

95. 曾荇．杜绝"数字腐败"［N］．人民日报，2010-03-17.

96. 陈光中，邵俊．我国监察体制改革若干问题思考［J］．中国法学，2017（1）.

97. 陈后俭．统计监督是反腐败斗争的重要手段［J］．江苏统计，1998（3）.

98. 陈可雄．反腐败必修釜底抽薪——访著名经济学家吴敬琏教授

[J] . 新华文摘, 1994 (1) .

99. 陈仁恩 . "数字"与"统计数字"[J] . 中国统计, 2006 (7) .

100. 陈瑞华 . 论监察委员会的调查权 [J] . 中国人民大学学报, 2018 (4) .

101. 陈兴良 . 腐败的成因及其抗制 [J] . 法律科学, 1995 (6) .

102. 陈郁 . 弄虚作假统计数字现象透视 [J] . 中国统计, 2000 (2) .

103. 陈云生 . 关于反腐败的几点思考 [J] . 中国法学, 1998 (4) .

104. 丁建庭 . 更要反思统计造假的生成机制 [N] . 南方日报, 2017 - 06 - 21.

105. 董玉庭, 于逸生 . 司法语境下的法律人思维 [J] . 中国社会科学, 2008 (5) .

106. 杜萌 . 行政执法与刑事司法相衔接机制日臻完善 [N] . 法制日报, 2006 - 04 - 10.

107. 傅新 . 全球化时代的国家形象——兼对中国谋求和平发展的思考 [J] . 国际问题研究, 2004 (4) .

108. 高辰年 . 论行政不作为的赔偿责任 [J] . 行政法学研究, 2000 (4) .

109. 郭道晖 . 腐败的制度根源与从制度上遏制腐败 [J] . 河北法学, 1998 (1) .

110. 郭国松 . 浮夸风幽灵重现鄂西北 贫困县肆无忌惮放卫星 [J] . 中国贫困地区, 2000 (1) .

111. 郭慧辉 . 论行政执法的规范化 [J] . 山西财经大学学报,

2011（2）．

112. 郭蕾．论我国行政决策权制约机制的构建［J］．法治研究，2010（1）．

113. 过勇．经济转轨、制度与腐败——中国转轨期腐败蔓延原因的理论解释［J］．政治学研究，2006（3）．

114. 何家弘．中国腐败犯罪的现状评估［J］．现代法学，2014（6）．

115. 何家弘．中国腐败犯罪的原因分析［J］．法学评论，2015（1）．

116. 韩明德．对加强和完善党内监督机制的思考［J］．毛泽东思想研究，1997（4）．

117. 胡鞍钢，康晓光．以制度创新根治腐败［J］．改革与理论，1994（3）．

118. 华民刚，谭荣鑫．我国统计法律体系及立法中的几个问题［J］．统计与决策，2002（9）．

119. 黄世斌．行政执法与刑事司法衔接中的证据转化问题初探——基于修正后的刑事诉讼法第52条第2款的思考［J］．中国刑事法杂志，2012（5）．

120. 黄应绘．中国统计法律体系的国际比较及改革［J］．统计与决策，2004（8）．

121. 姜明安．加强程序制约，让公权力腐败不易、不能［J］．中国法律评论，2014（4）．

122. 姜明安．正当法律程序：扼制腐败的屏障［J］．中国法学，2008（3）．

123. 江必新．反腐败国家治理的理性思考［N］．检察日报，2014 -

07 - 03.

124. 蒋建湘. 论预防腐败的行政程序法治之路 [J]. 政治与法律, 2014 (12).

125. 蒋林, 石共文. "数字出官与官出数字" 导致的数字腐败及其对策 [J]. 株洲师范高等专科学校学报, 2005 (4).

126. 李俊超, 冯高林. "三步联动" 遏制统计腐败 [J]. 中国统计, 2008 (7).

127. 李克强. 尸位素餐就是典型的吏治腐败 [N]. 京华时报, 2015 - 07 - 09.

128. 李林. 全面推进依法治国的时代意义 [J]. 法学研究, 2014 (6).

129. 李莉. 海外中国腐败研究文献述评 [J]. 当代中国政治研究报告, 2013 (1).

130. 李明星, 蔡受清. 统计弄虚作假也是一种政治腐败 [N]. 中国信息报, 2004 - 02 - 24.

131. 廖增军. 滥用职权罪与公民权利保障 [J]. 政法论坛, 1996 (4).

132. 廖增昀, 冯锐. 当前腐败现象剖析与廉政建设建言 [J]. 法学研究, 1995 (6).

133. 刘金国. 权力腐败的法理透析 [J]. 法学杂志, 2012 (2).

134. 刘毅. "合法性" 和 "正当性" 的译词辨 [J]. 学术评论, 2007 (3).

135. 刘玉琴. 理解新《统计法》的 7 个维度 [J]. 统计研究, 2009 (10).

136. 龙宗智. 监察与司法协调衔接的法规范分析 [J]. 政治与法

律，2018（1）．

137. 娄金海，孔秀群．庸政懒政现象的成因及治理［J］．廉政文化研究，2016（2）．

138. 卢建平．美国《反海外腐败法》及其启示［J］．人民检察，2006（13）．

139. 马怀德．改革创新是反腐败的关键一招［J］．中国监察，2013（24）．

140. 马建堂．坚决贯彻执行统计法，为提高统计能力、数据质量和公信力提供法治保障［N］．中国信息报，2010－04－01.

141. 马建堂．深入贯彻落实中央关于反腐倡廉指示精神　全面推进统计系统党风廉政建设和反腐败工作［J］．中国统计，2010（3）．

142. 毛强华．违反《统计法》必究［J］．中国统计，1990（6）．

143. 宁吉喆．深入学习贯彻党的十九大精神　推动新时代统计工作再上新台阶［J］．人民论坛，2017（11）．

144. 彭新林．腐败犯罪刑事推定若干问题研究［J］．法学杂志，2015（3）．

145. 齐英武．邵某行为是否构成玩忽职守违纪［N］．中国纪检监察报，2014（1）．

146. 秦前红，王天鸿．国家监察体制改革背景下检察权优化配置［J］．理论视野，2018（8）．

147. 曲淑辉．做党的群众纪律的守护者［N］．中国纪检监察报，2015－05－26.

148. 任诚宇．填补我国统计立法"盲区"——给"虚报浮夸"者一个刑事上的"说法"［J］．河南省情与统计，1995（5）．

149. 任春．西方妖魔化中国出现新动向——从"中国威胁论"到

"中国崩溃论" [J] . 党政干部文摘, 2002 (8) .

150. 陕西省旬阳县统计局 . 篡改统计数字　党纪国法不容 [J] . 统计, 1985 (1) .

151. 施坚轩, 靳子 . 高效对接监察机关调查　实现办案专业化 上海成立职务犯罪检察官办公室 [J] . 检察风云, 2018 (10) .

152. 石平 . 严明党的组织纪律和组织规矩 [J] . 求是, 2015 (4) .

153. 史跃萍 . 论数字腐败及其治理 [J] . 浙江统计, 2003 (8) .

154. 谭世贵 . 论反腐败的威慑功能建设 [J] . 海南大学学报 (社会科学版), 1994 (3) .

155. 田铁真, 王平, 李永宽, 等 . 统计行政联合执法机制的探索与实践 [J] . 中国统计, 2009 (9) .

156. 王博勋 . 强化执法监督, 杜绝"数字腐败" [J] . 中国人大, 2018 (12) .

157. 王健 . 拒绝"数字腐败" [J] . 人民政坛, 2004 (10) .

158. 王明高 . 十八大后亟待制定《反腐败法》 [J] . 人民论坛, 2012 (34) .

159. 王世洲 . 美国预防行政官吏腐败的基本制度 [J] . 中外法学, 1993 (4) .

160. 王松 . 《统计法》修订的不足与完善 [J] . 统计研究, 2010 (7) .

161. 王松 . 论《统计法实施条例》对统计数字腐败的规制创新 [J] . 行政管理改革, 2018 (10) .

162. 王松 . 论党纪戒尺对统计数字腐败的规制 [J] . 领导科学, 2017 (17) .

163. 王威.“夸大统计数字”遭刑事调查的启示 [N]. 检察日报, 2011 - 11 - 30.

164. 王作富, 但未丽.《联合国反腐败公约》与我国贿赂犯罪之立法完善 [J]. 法学杂志, 2005 (4).

165. 吴飞飞. 论渎职犯罪中的“徇私舞弊” [J]. 河南大学学报(社会科学版), 2013 (4).

166. 吴云. 法律监督视野下行政执法与刑事司法相衔接的制度完善 [J]. 政治与法律, 2011 (7).

167. 习近平. 要把维护党的政治纪律放在首位 [J]. 党建, 2013 (3).

168. 肖金明. 论政治腐败及其控制——政治文明不能忽略的论题 [J]. 法学论坛, 2004 (3).

169. 萧鸣政, 张满. 公务员职业道德规范及其内化机制分析 [J]. 东北师范大学学报(哲学社会科学版), 2012 (5).

170. 谢华. 浅析我国统计腐败的治理对策 [J]. 统计与管理, 2014 (9).

171. 谢雄伟. 论统计工作的刑法保护 [J]. 统计与决策, 2006 (11).

172. 徐彬, 阮海青. 干部欺上瞒下的心理逻辑分析 [J]. 国家治理, 2015 (45).

173. 徐光华. 统计人员职务犯罪的刑法对策 [J]. 统计与决策, 2006 (11).

174. 徐立. 关于统计失职及其刑法规制的思考 [J]. 统计与决策, 2006 (11).

175. 徐敏宁, 陈安国. 应警惕基层组织再吹浮夸之风 [J]. 理论月刊, 2013 (12).

176. 徐唐先. 统计数据虚假浮夸备忘录 [J]. 统计与决策, 1995 (12).

177. 徐英. 浅谈《统计法》与遏制"数字腐败" [J]. 贵阳市委党校学报, 1999 (1).

178. 许道敏, 陈正云. 制度反腐败论 [J]. 法学家, 1999 (6).

179. 许永生, 靳永旺, 李永宽, 等. 乡级统计垂管改革在张家口市的探索与实践 [J]. 中国统计, 2010 (6).

180. 严家英. 打击报复统计人员应负法律责任 [J]. 中国统计, 1990 (4).

181. 颜德纶. 论统计数字的全面质量管理 [J]. 统计研究, 1990 (2).

182. 杨希. 工作纪律是一把刚性的尺子 [N]. 中国纪检监察报, 2015 - 08 - 27.

183. 杨宇冠, 高童非. 论监察机关与审判机关、检察机关、执法部门的互相配合和制约 [J]. 新疆社会科学, 2018 (3).

184. 应松年. 反腐败须扎紧扎密制度笼子 [J]. 人民论坛, 2017 (13).

185. 余钢, 朱悦. "水数字"——滋生腐败的祸水 [J]. 中国监察, 1995 (8).

186. 余志涛. 反腐败要形成"不敢腐、不能腐、不易腐"机制 [J]. 人才资源开发, 2014 (24).

187. 湛中乐. 浅谈遏止"行政不作为" [J]. 中国党政干部论坛, 2003 (9).

188. 张斌. 如何理解打击报复会计、统计人员罪 [J]. 统计与咨询，2000（1）.

189. 张平. 论打击报复统计人员罪与报复陷害罪的界限 [J]. 统计与决策，2007（7）.

190. 张平. 试论打击报复会计、统计人员罪 [J]. 统计与决策，2005（9）.

191. 张全德. 行政干预是统计执法的最大难题 [J]. 中国统计，2004（11）.

192. 张塞. 廉政和统计法制建设 [J]. 中国统计，1990（1）.

193. 张小虎. 论我国刑法滥用职权罪的实行行为 [J]. 法学杂志，2009（11）.

194. 张泽涛. 行政违法行为被犯罪化处理的程序控制 [J]. 中国法学，2018（5）.

195. 张智辉. 检察侦查权的回顾、反思与重构 [J]. 国家检察官学院学报，2018（3）.

196. 赵秉志. 论我国反腐败刑事法治的完善 [J]. 当代法学，2013（3）.

197. 周佑勇，刘艳红. 行政执法与刑事司法相衔接的程序机制研究 [J]. 东南大学学报（哲学社会科学版），2008（1）.

198. 朱海滔. "数字出政绩" 导致统计腐败 [N]. 中国商报，2012－04－13.

外文参考文献

199. BANERJEE A，MULLAINATHAN S，HANNA R. Corruptio [A]. National Bureau of Economic Research Working Paper，

2012: No. w17968.

200. BANURI S, ECKEL C. Experiments in Culture and Corruption: A Review [A]. World Bank Policy Research Working Paper, 2012: No. 6064.

201. BLACKBURN K. Corruption and Development: Explaining the Evidence [J]. Manchester School, 2012, 80 (4).

202. BOULDING K E. National images and international systems [J]. Journal of Conflict Resolution, 1959 (3).

203. DEUTSCH CK W. The nerves of government: Models of political communication and control [M]. New York: Free press of Glencoe, 1966.

204. DRUGOV M, HAMMAN J, SERRA D. Intermediaries in Corruption: An Experiment [J]. Experimental Economics, 2014, 17 (1).

205. FRANK B, LAMBSDORFF J G, BOEHM F. Gender and Corruption: Lessons from Laboratory Corruption Experiments [J]. European Journal of Development Research, 2011, 23 (1).

206. FRIEDRICH C J. Political Pathology [J]. The Political Quarterly, 1966 (37).

207. GNEEZY U, SACCARDO S, VAN V R. Bribery: Greed versus Reciprocity [J]. Working Paper, 2013 (2).

208. GUPTA S, DAVOODI H, ALONSO R. Does Corruption Affect Income Inequality and Poverty? [J]. Economics of Governance, 2002, 3 (1).

209. HEIDENHEIMER A J, JOHNSTON M, Political Corruption: Concepts and Contexts [M]. 3rded. New Brunswick: Transaction, 2001.

210. PHILIP M. Access, Accountability and Authority: Corruption and

the Democratic Process ［J］. Crime, Law & Social Change, 2001 (36).

211. JOSEPH N. Corruption and political development: A cost – benefit analysis ［J］. American Political Science Review, 1967, 61 (2).

212. ACKERMAN R, SUSAN. Corruption: A study in political economy ［M］. New York: Academic Press, 1978.

213. YOU J S. Corruption as Injustice ［J］. In Annual Meeting of the American Political Science Association, 2007.

后 记

记得那是在 2009 年暑假的一个夏日，我们法学院的一位老师给我打电话，说有个统计系统的培训班，想找位老师给讲讲最新修订的统计法。说实话，当时我对统计法一无所知，因为从来没有学过统计法，所以更谈不上讲授了。但是碍于情面，实在不好推辞，于是我就接下了这个任务。之前从来就没看过统计法，我只能临时抱佛脚自己先学习一下：上网买了几本书，又找了一些相关论文，用了一周的时间，把新修订的统计法从前到后、逐字逐句认真地学了一遍。自学完之后，我发现统计法修订的内容还真不少，有很多的问题确实值得研究。于是，我就带着准备好的资料，站到了培训班的讲台上，从上午一直讲到下午，足足讲了一天。培训班的学员们都是来自各基层统计机构的统计人员，在中午就餐闲谈以及下午自由讨论时，都积极和我进行坦诚、热烈的交流。大家纷纷表示我讲的内容在法学理论方面没问题，他们也都比较认可和赞同。但是，统计法中的很多规定还是无法解决他们实际统计工作中遇到的难处。很多规定是"用不上"或者说是"不好用"。对此，我也感到非常好奇，就跟他们详细地了解了一下基层日常的统计工作状态，尤其是在基层统计机构中统计法的实际执行情况。学员们向我反映了很多实际的问题。

　　通过与学员们的交流，加上反复的思考，我渐渐发现统计法是非常值得研究的，是法学界一块亟须开发的领域。于是，从 2009 年的夏天开始，我就把自己的学术研究方向转向了统计法的研究。我针对我国统计法存在的问题加上自己的一些见解，在 2009 年的年底写了篇论文《〈统计法〉修订的不足与完善》，当时抱着试试看的想法投稿到《统计研究》编辑部。令我没想到的是，几个月之后，这篇论文竟然在《统计研究》2010 年第 7 期上发表了。这真让我又意外、又欣喜、又激动，我高兴了好几天！这也更极大地激发了我对统计法研究的兴趣和热情！于是，我开始全面地进行论文写作，同时积极申报各类项目，曾先后发表了《浅论统计违法违纪行为的责任》（《统计与咨询》2010 年第 6 期）、《统计法的基本原则新论》（《法制与社会》2010 年第 8 期）等论文；还先后申报成功 2010 年辽宁经济社会发展一般项目课题"辽宁统计地方性法规完善问题研究"、2010 年全国统计科学研究计划项目一般项目课题"统计法理论与实施问题研究"和 2010 年辽宁省依法行政研究课题自选项目"辽宁统计执法机构依法行政问题研究"等课题。

　　2011 年，我在《统计研究》2011 年第 11 期上又再次发表了论文《统计四大工程建设的法制保障研究》。如果说第一次论文发表时我主要是高兴，那么第二次论文发表我内心充满了感谢和感激！一直到今天，我对《统计研究》杂志仍然满怀感恩！可以说，正是这篇论文，让我在统计法的研究道路上，坚定了信心、鼓足了勇气。

　　正所谓"天道酬勤，功不唐捐"。2013 年，我申请的国家社科基金项目"统计数字腐败的法律规制研究"又获得了立项。这是对我继续统计法研究的最大的鼓励和最鼎力的支持！在课题立项的六年多来，我始终围绕"统计数字腐败"这个研究对象，一方面归纳和阐述其基本理论，另一方面，又从行政立法规制、刑事立法规制、行政执法规制和司法追究规制四个方面，研究总结了具体的法律规制措施。本书就是该课题研究的最终成果。当然，由于本人水平有限，书中还有不妥之处，请各位专家学者多多批评指正。

时至今日，我始终清醒地认识自己在统计法方面的研究还是刚刚起步，之所以能取得一点成绩，这一切都要归功于习近平总书记在党的十八大以来所强调的法治反腐理念，要归功于新时代中国特色社会主义法治所倡导的依法统计、依法治统的目标，要归功于国家统计局和有关部门在防范惩治统计造假、弄虚作假及保障统计数据质量等方面的积极努力。在这里，我要衷心感谢东北财经大学法学院的各位领导和老师，正是在他们的细心教导和全力支持下，我才能成长为一名法学教师，才有了我的今天。另外，我还要感谢我的家人：我的母亲、我的岳父母，让我没有后顾之忧；特别感谢我的妻子王娜，竭尽所能地帮助我实现梦想；也要感谢我的女儿王茗宇，让我的身边充满了欢声笑语。最后，我要衷心感谢光明日报出版社的编辑同志及相关工作人员，为这本书的出版所付出的辛勤劳动！

最后，我要感谢这个伟大的时代，让我与统计法在这十年结下了深深的不解之缘，也让统计法的研究遇到了前所未有的发展机遇、获得了我国社会各界的广泛关注和支持。我始终相信，我国统计法的明天一定会更加美好！中华民族伟大复兴的中国梦必将实现！

王　松

2020 年 2 月